作者简介

刘齐文 男，文学博士、教授，就职于贵州师范大学外国语学院。研究领域：中日语言文化比较，文化翻译学。在上述领域中，迄今已发表论文30余篇，主持并参与了国家及省部级课题，获省部级奖励1项。现任日本白帝社国际期刊《日本学研究》（ISSN1882-4056）执行主编，中国日语教学研究会贵州分会副会长。

贵州师范大学博士科研基金资助

当代人文经典书库

ZHONGRI YUYAN WENHUA
BIJIAO YANJIU

中日语言文化比较研究

刘齐文◎主编

东北师范大学出版社
NORTHEAST NORMAL UNIVERSITY PRESS

长 春

图书在版编目（CIP）数据

中日语言文化比较研究 / 刘齐文主编 . —长春：
东北师范大学出版社，2017.3

ISBN 978 - 7 - 5681 - 2829 - 2

Ⅰ.①中… Ⅱ.①刘… Ⅲ.①文化语言学—对比研究
—汉语、日语 Ⅳ.①H1②H36

中国版本图书馆 CIP 数据核字（2017）第 040938 号

□策划编辑：王春彦　　　　　　□封面设计：中联学林
□责任编辑：徐小红　刘齐文　　□内文设计：中联学林
□责任校对：许寅逸　　　　　　□责任印制：张 允 豪

东北师范大学出版社出版发行

长春市净月开发区金宝街 118 号（邮政编码：130117）

销售热线：0431 - 84568122

传真：0431 - 84568122

网址：http://www.nenup.com

电子函件：sdcbs@mail.jl.cn

北京天正元印务有限公司印装

2017 年 3 月第 1 版　2017 年 3 月第 1 次印刷

幅面尺寸：170mm×240mm　印张：13.5　字数：242 千

定价：68.00 元

编　委　会

序　言

　　2007年仲秋，贵州师范大学与日本福山大学正式签订了合作协议，以"2＋2"办学模式展开实质性交流。同时，在贵州师范大学成立了日本学研究中心，致力于有关中日语言文化等方面的学术研究。为了充分发挥该平台的作用，为了中日学者能够互享各自的学术成果，在贵州师范大学外国语学院刘齐文教授的提议下，经首都师范大学日本文化中心主任李均洋教授牵线，在日本涉谷育英会理事长小丸法之和日本国立广岛大学校长佐藤利行教授的倾力支持下，日本福山大学联合日本著名出版社白帝社，以白帝社名义在日本为日本学研究中心正式申请注册了学术期刊《日本学研究》，于2008年创刊。同时，贵州师范大学的日本学研究中心成立《日本学研究》杂志编辑部，由外国语学院刘齐文教授任执行主编，负责征稿并组织专家审稿。审稿通过的论文经中心编辑，排版印刷后，由白帝社在日本发行。

　　《日本学研究》设有五个版面，分别为中日语言文化比较、文本・文学研究、日语教学实证研究、翻译研究和论考。自创刊以来，《日本学研究》已发表学术论文130多篇，内容涉及日本思想史、日本语教学、文学・文本研究、翻译研究、中日语言文化对比研究、少数民族文化研究等。《日本学研究》杂志因学术性强，论文质量较高，得到了国内外学界的认可。学术研究需要交流，需要争鸣，更需要资源共享。秉承此宗旨，遂萌发编辑本书的想法。

　　本书由四个部分构成，分别为中日语言文化比较、文本・文学研究、翻译研究和论考，共23篇论文。中日语言文化比较共有8篇论文，研究范围涉及日本思想史、近代日本知识分子的中国考察、日俄关系、日本近世文学研究、中日神话传说、日本民俗学等内容。北京大学刘金才教授援用历史考察和文本分析方法，对内藤湖南"文化中心移动观"的提出与日本"对清甲午战争"的关系、内藤"文化中心移动轮"的理论建构过程及其主要内涵和政治指向，进行了历史性考察和基于思想史视角的分析。这样，不仅理清了该论先以"日本天职论"确立"侵华正当论"之观念，而后又通过"地势论"和"宋世近世说"一步步构建其理论逻辑的合理性之轨迹，而且阐析了该论论证"日本取代中国成为东亚文化中心"之理论内涵的本质，揭示了其旨在确立入侵中国的"道义正当性"和为"大东亚共荣圈"论的建构奠定思想理论基础的终极指向。中日甲午战争对包括对中国文化青睐的日本汉学家们的学术走向也产生了深刻影响，而"文化中心移动轮"之类的学说，不仅为其后日本的全面侵华战争奠定了意识形态舆论和理论基础，而且对部分日本人至今不能正视和反省侵华战争历史也具有不可忽视的思想影响。厦门大学吴光辉教授则以近代日本知识分子的中国记行或中国古都考察或中国内陆旅行等为视角，基于西方"现代性"理论，揭示了现实中国与想象中国之间的巨大反差。这种差异构成了一种内在的张力，即"形象张力"。在这样的紧张关系下，近代日本人的中国考察，自中国的外部表象深入到中国社会、美术或宗教、风俗习性、文学志趣、文化性格、地域风土等诸多领域。它对日本人的"中国形象"的形成与转化产生了深远的影响，导致了在日本人中建构起了有别于日本的、作为"文化他者"的"中国形象"。这种"中国形象"的实质是日本屈服在西方的中国观之下，通过实证考察来突出、论证"中国停滞论"这一西方近代以来的话语结构的工具而已。苏民育教授以日本《近松世话净琉璃》剧本为切入点，论述了江户时代町人的"一分"意识，即体面意识的形成过程。与武士的体面意识相比，它更具有个人意识和社会性。可以说，"一分"意识的形成是日本江户时代社会经济发展的产物。日本福山大学赵建红教授以中日制服妖怪的神话传说为研究对象，通过文本细读与考证，揭示了中日不同的动物观和自然观。国际关系学院孙敏副教授以日本民俗学之父柳田国男氏神信仰论中的文化重层论为例，剖析了其民族文化建构中与西方思想千丝万缕的联系。浙江财经大学贾莉副教授以晚清驻日参赞黄遵宪所著《日本国志》中的日本婚俗词汇为考察对象，探讨了日本婚俗的程序及词汇与汉民族的异同；揭示了中日两国深厚的文化渊源关系，也是漫长的中日文化交流史的一个侧面。深圳大学殷国梁博士以日本古学派代表人物伊藤仁斋天道观为考察对象，通过分析"天道"与"人道"以及"天道"与"性"的关系，阐明了在江户时代特定的时代和文化背景下，伊藤思想天道观的特点及其进步性与局限性。海南大学高伟博士以 18—19 世纪日本所谓的"对俄危机"时代（俄国势力南下后日本思想界形成的"北方认识"时代，"北方认识"包括北警论、虾夷地开发论、同化论、交战轮、贸易论等）为考察对象，指出日本学者虽对此有过相关论述，但这些论述与华夷思想的关联有值得商榷之处。作者基于华夷思想的对立统一性，重新考察了德川时代日本知识人的北方认识，分析了俄船袭击虾夷地事件前后这种认识的变化，阐析了平田笃胤所著《千岛白浪》所反映的自他意识，明确了其在国学思想以及整个平田国学中的思想定位。

　　文学·文本研究的 5 篇论文，内容涉及日本物语文学与西方宫廷文学的对比，中日现代小说"狂人"比较，日本私小说表达方式的深度解读，当代小说的现实性意义解构，"白桦派"代表志贺直哉文学思想对郁达夫文学创作的影响。北京邮电大学王雪博士以鲁迅《狂人日记》、芥川龙之介《河童》作品中的两个性格迥异的"狂人"为分析对象，从叙事结构、叙事手法等方面进行对比分析，挖掘出了两篇小说更丰富的内涵和现实意义。洛阳外国语学院魏丽华副教授以深受日本喜爱的电视剧《半泽直树》为文本，深入剖析日本式的社会现象和生存法则，有利于读者更精准地认识当代日本社会，洞悉当代日本文化。湖南师范大学杨芳副教授以两部宫廷恋爱小说《源氏物语》和《克莱芙王妃》为比较文本，从宫廷恋爱小说的特征、恋爱观的对比两方面，对比分析了日本和西欧恋爱观的差异，指出中国日本文学研究者在对日本文学作品进行解读时，容易缺失和回避道德审判这一角色。内蒙古大学周砚舒博士分析了武者小实笃小说《天真的人》中所呈现的"自我书写"这种日本私小说的叙事手法，并探讨了这种手法为私小说的发展所带来的革命性变化，即排除了自然主义私小说"恶露"的特点，在树立自我、追求自我等方面为私小说曝出了新光。

　　翻译研究的 5 篇论文，其中 4 篇主要涉及中国古典作品《三国演义》的日译研究问题。另外一篇，主要探讨近年来一个比较热门的表达方式"被 XX"的翻译问题。贵州师范大学刘齐文教授的系列论文主要是就中国古典作品《三国演义》的日译问题进行探讨。日本学界研究《三国演义》的成果相当丰硕，而国内学界对《三国演义》日译本的研究成果却不多见。编者把自己在国内外学术期刊上发表的一部分有关《三国演义》日译本的研究论文收集整理出版，旨在抛砖引玉，引起国内学界的重视，强化我国典籍作品外译策略的研究，彰显文化自信，提升文化软实力。南京农业大学武锐副教授对"被 XX"的翻译方法进行了全方位的探讨和尝试，总结出了"零译＋意译法"或"零译＋背景加注法"。它们既能弘扬中国语言文化，又增加了译文的可理解性和接受性，对翻译教学具有一定的实践指导价值。

论考的 5 篇论文，内容涉及民族学研究、社会学实证研究、管理学、日语教学研究、日本生态文学研究。中国人民大学张威教授介绍了几种具有代表性的日语书面语、口语以及学习者的日语使用语料库，并就这些语料库的申请方法以及使用方法进行了说明。最后，作者利用现代日语书面语均衡语料库（BBCWJ）进行定量调查，考察了文脉指示词「このその」与助词「はが」的组合方式，得出了与庵功雄不同的调查结果，并针对这一研究结果进行了解释说明。贵州大学王晓梅教授梳理了晚清时期日本学者对中国西南地区展开的研究情况，指出了日本学者研究方法以田野调查和文献研究为主，调研内容广泛，记录详实丰富。可以说，这些成果既可为我们提供重要的田野材料和研究视角，也能弥补我国晚清民初时期社会调查之不足。同时，作者旨在通过这种方式来搞活区域经济，促进地方与大学之间的合作。南京师范大学池建新副教授通过对日本《个人信息保护法》形成的过程进行跟踪考察，其目的在于为我国的个人信息安全保护政策的制定和实施提供参考。广东财经大学李春植教授分析了广东省日语教学方面存在的问题和不足，指出日语教学要围绕提高日语运用能力为中心，必须对现存的教学理念和方法进行改革和创新，以适应日语教学形势的发展。

总之，本书研究范围涵盖了中日语言文化比较研究的主要内容。作者们理论基础扎实，涉及诸多交叉学科，研究方法多样，观点新颖，具有较高的理论水平。同时，也反映了在新形势下，中国日语学界对日本学研究这一课题的积极思考和探索。应该说，该著具有较高的学术水平，值得学界同仁参考借鉴。

刘齐文

2016 年 11 月 30 日

贵阳市相宝山照壁楼简陋室

目 录
CONTENTS

第一篇 **01**

| 中日语言文化比较研究 |

甲午战争与内藤湖南"文化中心移动论"的建构

刘金才

一、导　言

100多年前的中日甲午战争，既是近代日本对华侵略的肇始，也是日本谋求东亚霸主地位而付诸行动的开端，其影响不仅构成了第二次世界大战日本大举侵华的经济与思想基础，而且成为二战后日本右倾势力否认侵略战争罪行的思想源头。因为，当时日本为了取得侵华战争的胜利和实现其"东亚霸主之梦"，不仅在军事和外交上采取了一系列霸道侵略手段，而且在文化上进行了"侵华正当论"的思想理论建构，酿造了"日本取代中国成为东亚盟主"的意识形态舆论。例如，主张"脱亚入欧"的文明论者福泽谕吉，把"日清战争"（甲午战争）定性为文明的日本对野蛮清朝的"文野之战"和"文明的义战"，称这场战争"是谋求文明开化之进步者与阻碍其进步者之间的战争，绝非两国间的战争"，认为文明淘汰野蛮实属必然，无论采取何种方法都符合"大义"，都是"义战"；再如，国民主义论的代表人物陆羯南，原本对中国文化推崇备至，但在甲午战争爆发后立即改弦声张"文明胜战"论，将侵华日军称为"征蛮之王师"，把清朝视为"东洋之一大野蛮国"，称"王师的最大目的是旨在谋求东洋之进步而对中国之野蛮进行征服"；还如，以倡导自由、平等、和平主义而登上中央论坛的"国民思想家"德富苏峰，也把对清朝开战视为"是对世界上顽固主义的一大打击"，认为这场战争的意义是"为让野蛮的社会沐浴文明之恩光"，是作为"文明的向导""光明的使者"对顽固野蛮的清朝进行"教化"。因此，他在当时不断鼓吹对清朝开战的"大义名分"和"正当性"。

明治维新后的日本，虽然在大量吸收西方文明和进行近代化国家建构中对往日之师的中国文化价值进行了诸多扬弃，也逐渐摆脱了以往对中国的敬畏，但在当时的国民道德教育中，就如以明治天皇名义颁布的《教学大旨》和《教育敕语》那样，均融入了诸如"明仁义忠孝""明君臣父子之大义""崇尚诚实品行""臣民克忠克孝，亿兆一心，世济其美"等儒家的伦理精神。这些儒家思想，被日本学者视为日本"国体之精华"。难道拥有如此"精华"的文明中国，因为日本要对其开战就即刻变成了"顽固野蛮"之国了吗？这显然于理不通。尽管甲午战争的胜利和大获暴利使日本民族主义空前高涨，也似乎一夜之间改变了日本人的中国观，但是以内藤湖南（1866—1934）为代表的深谙东亚历史文化的日本汉学家们深知，要让世人认知日本对华开战的"大义名分"，认同"日本取代中国成为亚洲新盟主"的"正当性"，仅靠福泽谕吉等人基于"脱亚入欧"的"文明侵略论"和肆意贬华的日本狂热民族主义是很难做到的。可以说，只有基于文化主义立场，通过对以中国为中心的东亚历史文化进行重新定位和理论重构，认识到"中国的存亡是坤舆的一大问题"，洞彻"文明大势的移动方向"，才可能达成上述目的。近代著名汉学家内藤湖南的"文化中心移动论"，就是以甲午战争的爆发为契机，应日本"侵华正当论"和"东亚霸主梦"的民族扩张主义之要求，从"文化中心主义"的角度而建构的。因此，要讨论甲午战争的影响，我们有必要对内藤湖南"文化中心移动论"的建构起因、理论内容和政治指向，以及它对后来日本全面侵华战争乃至"历史认识"问题的影响作用进行考察和分析。

二、"日本天职论"与"文化中心移动观"

所谓"文化中心移动论"，其核心观点是"坤舆（世界）文明和文化的中心均是与时移动的，东亚的文化中心已移位到日本"。这一观念和学说，在迄今学界的论述中，多以为是在"宋代近世说"或"唐宋变革论"的基础上建构的，而实际的顺序却恰好相反。在内藤湖南的著述谱系中，是首先有"文化中心移动论"，而后才出现为其找理论根据的"宋代近世说"或"唐宋变革论"。内藤"文化中心移动论"的产生，其实是导源于他为对清战争张目的"日本之天职论"。甲午丰岛海战之后，日本和清政府正式宣战，但战争局势尚不明朗，日本国内对这场战争也产生了"和好论"与"征服论"等不同呼声。在这种情势下，内藤湖南于1894年8月25日在《大阪朝日新闻》上发表了《所谓日本的天职》一文，先后否定了"和好论"与"征服论"，从天职论的角度论述了这场战争的意义。他说：

日本的天职就是日本的天职，它不是以西方文明为媒介传给中国，再弘扬推广于整个东方；也不是保持中国陈旧的东西而后再传给西方，而是让我们日本的文明、日本的趣味风行天下，光被坤舆。我们在东方立国，而东方诸国中，以中国为大，所以要成就这一事业，就必须以中国为主。

由此可见，内藤试图把这场战争定性为一种进行"文明传播"的事业，将对清战争美化成为履行"让日本文明光被坤舆"的"天职"。然而，这虽然回避了征服论和殖民论的侵略意味，但作为汉学家的内藤非常清楚，两千年来日本都处在中国文明的光被之下，其"传播文明"的资格又从何而来呢？随着日本在甲午战争中的节节胜利，内藤更加确信"拯救东方是日本被赋予的历史使命"，并力图从理论上证明这种使命的天赋性。为此，他又于1894年11月12日在《大阪朝日新闻》上发表题为《地势臆说》的社论，正式提出了"文化中心移动论"。

关于"文化中心移动论"，内藤湖南在《地势臆说》中首先论述了地势与人文的因果关系，随后借用赵翼的《长安地气说》、顾祖禹的《燕京论》、章潢的《南北强弱论》等明清历史地理学家关于地气盛衰和人文兴替的论说，以"地势论"为基础建构了其"文化中心移动论"的雏形。其基本内容为：中国的地势发于冀豫两州之间，进而从洛阳移至长安，再移至北京，同时东北的地气也十分旺盛，而人文中心则移至江南。尽管政权在北方不断更替交叠，而文化中心却一直在江南地区，当下地势则在岭南，进而成为文化中心所在地。内藤在其论述的最后指出，"中国的存亡是坤舆的一大问题"，因而需尝试在地势论中"思考文明大势的移动方向"，即提出了"这个文化中心今后将移向何方"的问题。

继《地势臆说》发表一周之后，内藤又在《大阪朝日新闻》上发表了题为《日本的天职与学者》的社论，开篇即说埃及、印度、希腊、罗马等世界文明相继而起，"当时它们最有力量宣扬人道与文明，因此在其整个发展过程中，可以看到它们都为尽其责而出力。文明的中心之所以与时移动，其因即在于此。今又将大移，识者实知此间肯綮，日本将承其大命"。他暗示了文明的中心最终将由中国转移到日本。他在文章中进而论述道："在文明中心移位之际，后之中心必于前之中心有所承继，有所损益，前者之特色或失，故代之以后者之新特色。"因而，他要求"连接前后两个文明之中心之人，即学术之士，更须稽古揆今，以创造新思想"，提倡"其在野学者，早赴亚细亚大陆探险，收集学术新资料，于学理之上，亦有勇于发奋创立新说者"。如此，日本将"成就东方之新极致，以代欧洲而兴，成为新的坤舆文明之中心"。

由此，内藤不仅将"日本天职论"与"文化中心移动论"紧密连接在了一起，而且将日本文明的兴起与世界文明中心的转移结合了起来。但内藤的真意并不是要"通过提高学术、文化来复兴东方",而是旨在以学术为"国之利器",为侵略中国的甲午战争提供有力的思想和理论支持。然而,初时的"文化中心移动论",是时任记者内藤湖南在为《大阪朝日新闻》撰写的社论中提出的,尚未形成完整的理论体系。因此,它最初与其说是一种理论,莫如说是一种"观点"或"观念"。

三、"宋代近世说"对"文化中心移动论"的理论补建

如前所述,内藤的"文化中心移动论"是应"日清战争"之舆论需要,为证明日本具有"让日本文明光被坤舆"之使命的天赋性而提出的,尽管他借用赵翼等人的学说得出了"日本将取代中国成为东亚文化的中心"之结论,但尚未从理论上系统地证明它的合理性和正确性。为了印证这种论说的合理性和正确性,内藤湖南自 1899 年起十次来华旅行或考察,足迹遍及中国的华北、东北、长江流域,与当时众多的官宦名人进行交流,撰写了《燕山楚水》《游清记》《满韩视察旅行日记》《中国观察记》等十余种游记或日记,为其验证"文化中心移动论"的合理性和理论构建搜集了不少论据。

例如,内藤通过从地力、人种和风土三个方面对中国南北两地进行了观察。在地力方面,他认为北京郊外的"地力已经枯竭,即便有真命天子出世,也不会再以这里为都城";在人种方面,他认为中国"北方人大多浑朴桀骜,只是缺少英气。南方人大多英锐慧敏,缺点是不善持久,就像我国人一样";在风土方面,他认为上海郊外草木茂盛,和日本别无二致,"江南(苏杭)民风和物产的丰富,与北京附近迥然不同……估计关中的民风和物产,一定没有往昔的繁盛了,地力人才都比不上江南"。这就是说,他通过对中国南北地势与文化差异的亲历性观察和体验,不仅得出了中国"北衰南兴"之结论,而且形成了"中国南方人很像日本人,南方风土也很像日本"的印象。内藤这种"北衰南兴"的结论,对于其在《地势臆说》中提出的"中国文化的中心由北向南移位"的论说,无疑是有力的印证。其关于中国南方"很像日本"的说法,也隐含了"文化中心将由中国移向日本"的深意。

然而,这种依据地力、人种和风土的差异而印证的"北衰南兴"和"中国文化中心由北向南移动"的结论,并不足以从理论上证明"日本将取代中国成为东亚文化的中心"的合理性。于是,内藤湖南在 1907 年进入京都帝国大学任教,在开设《东洋史概论》《清朝史》等课程的同时,开始从学术上构建其历史理论框架,以从历史中寻找"文化中心移动论"的理论根据,由此创造出了"宋代近世说"。

"宋代近世说"亦称"唐宋变革论",是将"唐宋"作为历史分界,以"宋代"为近世起点的,带有内藤"强烈目的性"的中国历史分期法的论说。之所以说其带有"强烈目的性",是因为内藤在建构中国历史分期法的过程中,始终把要证明"日本将取代中国成为东亚文化的中心"之合理性作为论说的出发点,为中国历史时代的分期设定了多项需要依据的"理论纲要"和应关注的事项范畴。概括而言,包括以下几点内容:

第一,他确立了"所谓的东洋史,亦即指中国文化发展的历史"之概念,认为中国历史的时代划分,不应仅仅局限于中国历史及文化的发展,而应放在东方这一视域中看待。由此,他将日本也纳入了"中国文化发展的历史"之中。

第二,他认为应关注中国文化"由内部向外部发展的路径,即上古某时代发生于中国某一地区的文化,逐渐发展并向四周扩散的路径",以及"向周边野蛮民族辐射"的情形和作用。暗指日本也在中国文化的辐射范围之内。

第三,他认为应关注"中国文化向四周扩散,由近及远地促进周边野蛮民族的觉醒以及其觉醒的结果——时而出现强有力者和势力而反过来向中国内部施加影响"。暗示日本已经觉醒并形成了强大势力,可以"不断地给中国的政治以及其他的内部状态带来显著变化"。

第四,他认为应该关注中国文化在向四周辐射过程中所产生的"作用力"与"反作用力",以及其"不断反复而产生的文化上的时代特色"和"波动大势"的变化,根据这种"文化上的时代特色"和"波动大势"的变化进行中国历史的时代划分。以此,为论证"日本对中国发生反作用乃是文化发展的波动大势"埋下伏笔。

根据以上的理论纲要和目的指向,内藤把中国史分成上古(从开天辟地到东汉中期)、中世(东晋、五胡十六国时代到唐中期)、近世(宋元时代、明清时代)三个时期,并在每个时期之间设立了过渡期。他认为上古时期是中国文化生成并从一个地方逐渐向周边地区扩展的时代;在之后的第一过渡期(从东汉后期到西晋),中国文化向外部的发展逐渐停止下来;中世时期则是周边民族受中国文化影响觉醒后,其势力开始向中国内部发生反作用力影响的时代;之后,经过第二过渡期(从唐末到五代)——前述的外来势力在中国的鼎盛时期,便进入了与唐代性质不同的近世时期。即内藤通过以上的历史考察,认为中国自宋代开始在君主地位、民众地位、选举制度、朋党性质、经济模式(实物经济向货币经济转换)以及经学、文学、艺术等方面,都发生了质的变化,过早地进入了近世时期。近世中国文化得到了空前的发展,同时也开始步入老年期,文化活力降低,不易接受新事物,逐渐走向衰老,至清代中国文化已耗尽了活力，进入垂暮之年，呈现出"守旧"和"自我中毒"的现象。因而，内藤认为需要靠受中国文化影响发展起来的日本文化去推动和"解毒"，才能使它"恢复活力"和"返青"。

至此，内藤为证明"日本取代中国成为东亚文化的中心"之道义上的正当性和理论上的合理性，终于完成了理论框架的基础建构。

四、《新支那论》与"文化中心移动论"的扩展及其影响

对于上述的"北衰南兴说"和"宋代近世说"，也有学者认为："内藤是从'中国'视角出发在'文化中心移动'中追寻中国文化内部的'活力'，形成了对'中国文明停滞论'的理论抵抗。"然而，我们从他后来的《新支那论》（1924年）等一系列的著述中可以看出，内藤"对'中国文明停滞论'的理论抵抗"，并非是要"在'文化中心移动'中追寻中国文化内部的'活力'"，而是要在"文化中心移动论"的基础上进一步扩展，将日本确立为亚洲新的文化中心，从而在文化和政治上对日本和中国进行重新定位。例如，他在《新支那论》中明确指出：

> 现在日本正在成为亚洲文化的中心，成为对中国文化来说的一种势力……中国人虽以一种猜疑的目光看待日本的兴隆，但如果由于某种情况，日本与中国形成了政治上的一个国家，文化中心移到日本，日本人活跃于中国的政治社会方面，中国人不应将之视为特别奇怪的现象。这从昔日汉代中国人对当时的广东人及越南人的感情来推测即可明白。从亚洲文化的发展来说，国民的区别之类的事是小问题。

内藤湖南这种对日本和中国在文化政治上的重新定位，在文化上明确了"日本正在成为亚洲文化的中心，成为对中国文化的一种势力"，在政治上设定了"日本与中国形成一个国家"、日本人活跃于中国政治社会的模式，并以亚洲文化发展为由要求"中国人对此不应感到不可思议"，放弃国民区别的认识。总之，内藤为日本在文化政治上入侵中国寻求一切合理性。

在确立了上述入侵（在文化政治上）中国的"合理性"之后，内藤进而为日本在经济上入侵中国寻求合理性。在看到中国戊戌变法等由上而下的政治改革失败之后，内藤更加确定日本应该为改革中国发挥作用，但他认为这必须要以能够给日本带来利益为前提。为此，内藤首先从经济资源和从业性质方面对中日进行了定位。例如，他在1909年就提出，"中国人是劳动的国民，但不是

工业国民"，中国有着丰富的工业资源，其中大部分有助于日本的工业发展。在此基础上，内藤在其《新支那论》中进而论述日本经济入侵中国的理由和方法。他认为中国物产丰富却不知利用，"可谓暴殄天物，而其近邻日本却为人口过剩苦恼"，因而希望通过日本小商人在中国进行经济运动，并说："根据日本的经验，有必要从中国经济组织的基础做起，日本人改革中国的使命即在此处。"同时，他在《新支那论》中再次运用"宋代近世说"的论点，说历史上周边民族对中国的统治，非但没有导致中国的灭亡，反而刺激了中国文化的新觉醒，屡屡使中国文化衰老下去的生命返老还童。因此，日本在中国的经济活动具有使濒死的"中国民族之未来生命得以延长的莫大效果"。如此，内藤为日本从经济上"改革中国"和入侵中国构筑了堂而皇之的理由和"正当性"。

上述内藤湖南由其"文化中心移动论"而扩展来的思想，无论是文化政治上入侵中国的"合理性"，还是经济上入侵中国的"正当性"，虽然都是为自甲午战争以来的"侵华正当论"服务的，但是他仍然打着一个"为中国人考虑中国之事"的冠冕堂皇的招牌。随着日本对中国的经济侵略和领土主权的要求日益加深，中国国内的反日情绪日益高涨，日本国内也出现了反战的声音，这让内藤湖南无法容忍。于是，他直接提出主张说："以日本的力量加诸中国，无论是促其革新，还是其自发革新，最好的捷径便是在军事上进行统一。"

这种堂而皇之地主张在别人的家园里使用武力，公开批评反战言论和为日本军国主义侵略行径进行狡辩的做法，使内藤的"文化中心移动论"终于扯掉了温情脉脉的面纱，在认知层面上"与军国主义的大陆政策合谋在了一起"，在实践层面上将"日本的天职论"具体化了，在思想上为之后"大东亚共荣圈"论的建立提供了理论基础。

五、结　语

综上所述，内藤湖南"文化中心移动论"的构建轨迹可做如下归纳：

第一，内藤湖南的"文化中心移动观"是以日本"对清甲午战争"为契机而提出的，但内藤为论证日本"对清甲午战争"的正当性，首先提出的是"日本天职论"。

第二，为证明日本具有"让日本文明光被坤舆"之使命的天赋性，借用中国学者的"地势论"而提出了"文化中心移动观"，认为"日本将取代中国成为东方文化的中心"。

第三，为了从理论上系统地证明这一观点的合理性和正确性，继而从历史中寻找理论根据，创造出了"宋代近世说"，以证明这种"文化中心由中国移向日本"是历史文化的大势发生变化的自然结果。

第四,在确立"日本取代中国成为东亚文化中心"的理论"正确性"之后,进而从文化、政治、经济、军事方面论证日本入侵中国的道义"正当性",为"大东亚共荣圈"论的建构奠定理论基础。

尽管"文化中心移动论"的构建过程多基于"历史文化主义"的视域,但其终极指向在《新支那论》中彻底暴露出来,不仅与福泽谕吉等"文明侵略论"者主张的"侵华正当论"无本质区别,而且较之更具有迷惑性、实践性和影响力。这说明,中日甲午战争对日本汉学家们的学术走向也产生了深刻影响。而他们诸如"文化中心移动论"之类的学说,不仅为其后的全面侵华战争奠定了意识形态舆论和理论基础,也对部分日本人至今不能正视和反省侵华战争历史也具有不可忽视的思想影响。

参考文献:

[1] 内藤湖南. 地势臆说 [M] //内藤湖南. 内藤湖南全集:第1卷. 东京:筑摩书房,1970:125.

[2] 内藤湖南. 日本的天职 [M] //内藤湖南. 内藤湖南全集:第2卷. 东京:筑摩书房,1970:135.

[3] 曹星. 略论内藤湖南的"文化中心移动说" [J]. 史学理论与史学史学刊,2010(8).

[4] 内藤湖南. 近世文学史论·日本学者的天职 [M] //内藤湖南. 内藤湖南全集:第1卷. 东京:筑摩书房,1969:130—133.

[5] 内藤湖南研究会. 内藤湖南的世界 [M]. 马彪,等,译. 西安:三秦出版社,2005:102.

[6] 胡天舒. 内藤湖南的中国观——以《燕山楚水》为中心 [J]. 历史教学,2013(22).

[7] 内藤湖南. 燕山楚水·禹域鸿爪记 [M] //内藤湖南. 内藤湖南全集:第2卷. 东京:筑摩书房,1969:59—101.

[8] 内藤湖南. 支那上古史·绪言 [M] //内藤湖南. 内藤湖南全集:第10卷. 东京:筑摩书房,1969:9—10.

[9] 内藤湖南. 新支那论 [M] //内藤湖南. 内藤湖南全集:第5卷. 东京:筑摩书房,1972:508—516.

"中国形象"的话语建构与想象空间

——以近代日本人的中国考察为中心

吴光辉

一、导　言

《近代日本人中国游记》的主编张明杰博士指出："到了近代，尤其是以甲午之战为契机，日本人对于中国人由崇敬而变为蔑视。那么，中日关系是如何发生这种逆转的？日本人又是如何由对中国人的敬仰而变为蔑视的？这些游记不失为解读这种演变过程的一方上好材料。因为，它们对近代日本人中国观的形成及其演变过程起到了不容忽视的重大作用。"从敬仰而变为蔑视，不仅意味着日本认识中国文明的一种情感变迁，乃至蔑视中国论、蔑视亚洲论的形成；同时，也带有以日本为媒介的东西方文明比较，以及基于日本主义立场的"自我—他者"的镜像设定，赋予了中国以文化他者的身份之内涵。

不过，台湾学者黄俊杰曾说过："日本汉学家研究中国文化时，常不免感受到现实中国与文化中国之间的落差及其所引发的张力。"这样的张力或者一种紧张关系，绝不仅仅是来自对现实的认识与文化的想象之间，抑或通过"敬仰""蔑视"这样的情感性描述就可完全概括的。我们必须看到，日本针对中国的认识与想象本身是多元性的结构，即近代日本人对中国的考察，自中国的外部表象深入到中国社会的家族或国民性、美术或宗教、风俗习性、文学志趣、文化性格、地域风土等一系列领域，逐渐地构建起有别于日本的、作为"文化他者"的中国形象。不仅如此，这样的形象背后，亦存在着中国与日本、东方与西方的宏大叙事与力学结构。也就是说，正是这样的张力或紧张关系所演绎出来的话语模式，使中国形象呈现出一个多样性的、多元化的系谱。

本文以一部分近代日本人的中国考察为对象，通过阐述他们考察中国的核心内容，勾勒出他们的中国文明想象空间，即以这一知识与想象为基础而构建起来的中国形象，进而基于站在东方与西方的比较文明论、中国与日本的文化他者化的双重立场剖析其识解中国的视角，推演出日本知识分子构建"中国"话语及其赋予中国以"文化他者"的逻辑或方法，并力图挖掘出隐藏在它背后的西方"现代性"理论这一根源。

二、"亚洲一体"使命下的中国形象

冈仓天心（1862—1913）被称为"东洋的告白者"，同时也是"亚洲"的觉醒者。冈仓对中国的考察，以1893年7月至12月为开端，而后经历了1906—1907年、1912年的两次古代美术考察。尤其是第一次，冈仓天心历经天津、北京、西安、成都、宜昌、上海等地，发现所到之处皆是残碑断碣，毫无汉唐之影，从而留下了"中原必见是荒原"的诗句。不过，正如色川大吉所指出的，冈仓的中国考察之行最为值得一提的是，他划分了中国南北地域，提出了黄河文化圈、长江流域一类的地域文化概念，并指出了各个地域之间的风土人情、生活方式的差异性。这样的一种考察方式，也影响到后世日本人对中国形象的认识。

冈仓天心之所以著述《东洋的觉醒》，出版《东洋的理想》，与其说是深受中国文化日渐衰弱的刺激，倒不如说是感慨于印度革命青年抗击英帝国主义的行动，为了鼓舞他们而呼唤"亚洲"的连带感，宣扬"亚洲"的崛起。1903年，冈仓在英国伦敦出版了英文版《东洋的理想》一书，提出了亚洲文明一体性的核心思想。他之所以强调亚洲是一体，最为关键的问题就是突出亚洲的觉醒。不言而喻，这一时期的亚洲所面对的现实，就是欧洲文明固有的侵略性带有的巨大危险，将会威胁到亚洲的整体文化。但是，冈仓认为，东方亚洲的文化正在觉醒，而且还将会拥有一个巨大的发展空间。不仅如此，亚洲的未来不在于外部，而是来自亚洲内部的觉醒，尤其是日本自身的使命性的觉悟。

那么，冈仓对亚洲内部的中国展开了什么样的考察呢？他在第一次考察中国之际，首先是关注到了中国北方。他指出，儒教精神渗透到了中国人的政治、文学，尤其是艺术之中。但是，儒教所追求的二元论架构下的平衡、局部本能性地屈从于全局的"静稳"之理想，成了拘束中国艺术自由发展的必然阻碍。其次，冈仓天心提到了老庄思想，并附加了中国南方这一副标题。他指出，老庄思想为中国艺术带来了充满活力的个人主义的自由性格，也形成了"气韵生动"的基本原则与抽象简约的艺术手法，体现了中国人热爱自然、崇尚自由之心，也包含了中国人深刻的生死意识。这样的文化间的异质性，无疑也是中国认识与中国问题"复杂化"的根本缘由之一。

基于对印度的民族运动、中国人文风土的考察，冈仓提出了"亚洲一体

论"。但是，这一论调本身也不断地发生着转变。如果说它之前存在着"以抵御西方"为前提、为主轴的情怀的话，那么到了后期，也就随着亚洲考察或者认识的深入，转为一个以普遍的"爱"或者理想主义为核心的思想，即形成了与政治论相区别的、作为文化论而出现的亚细亚主义。不过，文明论观念下的中国认识，尽管不同于政治论式的直接主张，但是二者之间也并不是毫无关联。政治论观念下的中国认识，乃是基于中国的衰败与分裂之事实，从而提出了与中国彼此"提携"的口号。但是，这一考虑与其说出于中国遭受西方殖民主义侵略的事实而表示"同情"，倒不如说是出自日本图谋称霸亚洲的野心。文明论观念下的中国认识，则是在西方的中国认识——以中国社会"停滞论"为代表——之下来认识中国的，哪怕他们对西方人的日本认识持有坚定的反对立场。

在这样的背景下，中国形象尽管进入到了冈仓的"亚洲一体化"的考察视野之中，但是，即便是站在文化艺术的立场，却依旧是作为"被（西方）奴役的他者"而存在的。冈仓的根本目的，是感慨于欧美与亚洲之间的张力，突出日本的历史使命——使亚洲走向一体化的实践者的使命，强调要使日本得以再生，以将来的日本洗刷亚洲过去承受的"欧风美雨"所留下的痕迹。日本一方面要回到过去，寻找传统遗留下来的活力；另一方面也要走出一条民族千古的足迹，寻找亚洲一体化的新未来。因此，在日本看来，中国文明的地位也就不过只是近代日本文明的一块垫脚石，或者说是解释日本文明的独特性或者未来性的一个工具而已。

不过在此，我们依旧可以看到，以冈仓为代表的文化论式的亚洲主义之所以出现，可以说是针对明治时代以来"脱亚入欧"的社会思想的一大有力反驳，也是以中村正直为代表的多元文明观念延续下来的一个结果，更是亚洲自身的主体性之必然体现。即便是中国人，不少人也对最初的亚洲主义抱有发自内心的赞美态度。但是，政治论式的亚洲主义，遭遇到所谓的"大东亚共荣圈"的"解放"之借口与"侵略"之事实之间的根本矛盾；文化论式的亚洲主义，随着日本国民精神的宣扬，也逐渐带有了蔑视中国、抹杀中国的极端情绪。这样一来，亚洲主义也就转化为日本的自我意识的膨胀，只会成为日本自导自演下的"独角戏"而已。亚洲主义的最大破绽，或许就在于日本的提倡者们没有从根本上意识到中国实质上是一个"巨大的他者"。

三、"颠覆中华"观念下的中国形象

作为京都大学东洋史学的研究者，1907 年，桑原骘藏（1870—1931）曾与宇野哲人一道游历中国，而后出版了《考史游记》（岩波书店 1942 年）。他们一

起到了洛阳、西安，而后在郑州惜别，宇野哲人转道中国东南，桑原则是往北游历了东蒙古，继而折返江南之地。一路考察，桑原向委托者——日本文部省提出了《雍豫二州旅行日记》《山东河南地方游历报告书》《东蒙古旅行报告书》，而后出版了《考史游记》一书。作为史料，这部书籍涉及面广、制版清晰，留下了42幅插图、271幅照片，几乎全部是桑原自己拍摄的中国历史文物的真实写照。不过，正如这本游记的标题所示，其中国之纪行乃是抱着一个明确的目的而展开的。所谓目的，并不仅仅是"考察历史"，而应该是"考证历史"。事实也的确如此，桑原的历史考证完全是一个"知识性"的记录，几乎没有融入丝毫的个人感受。也就是说，《考史游记》只是一部"冷峻淡漠"的历史考证之记录而已。

依照逻辑的推理，作为一部历史的考证，必然会存在着一定的预设前提。正如爱德华·赛义德的《东方主义》所指出的："所有描绘东方的作家们，都知道存在着有关东方的某种先例或者预备知识，而参照并依据着这些知识。"绝大多数近代日本知识分子也是抱着一种观念而展开中国纪行的。那么，桑原考察中国的着眼点究竟何在呢？必须指出的是，较之"冷峻淡漠"的中国纪行之记载，桑原可谓是满怀"激情"地向日本人展现了自己"考证"出来的中国形象，这也就是1927年出版的历史文化散论——《东洋史说苑》一书。该书以清新晓畅的文字、新颖超拔的内容而成为当时的史学畅销书。

《东洋史说苑》一书与西方传教士阿瑟·斯密斯（1845—1942）的《中国人的素质》一书齐名，被称为研究中国国民性的世界经典。可以说，桑原考察中国的国民性之际也参照了明恩溥的标准，一方面接受了其论述中国人"爱面子""缺乏时间观念""因循守旧"等负面评价与冷漠指责的立场，另一方面则是通过自身的中国体验与实证考察来"考证"中国的国民性。具体而言，该书收录了《中国人发辫的历史》《中国人食人肉的习俗》《中国的宦官》《中国人的文弱与保守》《中国人的妥协性和猜疑心》等一系列短篇散论，向近代日本人展现了历史中国的"丑陋"一面。之所以如此，正如他所强调的："要谋求日（日本）支（中国）亲善，首先日本人必须要了解中国人，要了解中国人，必须从表里两面来观察他们。通过经传诗文来理会中国人的长处，同时也要站在相反的立场，也就是要留心其黑暗的一面。"

桑原通过历史的考察与论证，写道："中国的这一蛮风（即食人肉的风俗），是外国传来的还是本国固有的，尚不能轻易决断。但是从遥远的古代起，中国就有这一蛮风，则是毋庸置疑的。"而且，他还指出："世界上像中国这样重用宦官的国家绝无仅有，宦官像在中国这样跋扈的国家绝无仅有……不可思议的是，中国政治家、经学家们，几乎无人提出废除作为弊政根源的宦官的主张。"即便对中国的印刷术、造纸、指南针、火药的"四大发明"，他也指出："由于中国人自负的劣根性，近年来竟有人主张所有世界的文化与文明都是从中国开始的这样的谬论……东洋人的通病是缺乏研究心，在发明地东洋，经几百上千年，仍然不脱旧态，漫长岁月间，不见改良进步之迹……但这些发明一旦入西洋人之手，由于他们的热心研究，扩大其利用、应用的范围，如今日之造纸机械、印刷机械等，大大推进了世界文明的进程。因此，即使是东洋人的发明，如不经西洋人之手，就不能充分地发挥其效用。"桑原的观点大意是说，中国人的过去并非如传统记载那样的，同时也存在着"丑陋""野蛮"的一面，即便是中国人带有了"文明"的潜质，但是西方人才是真正推动世界历史向前发展的代表。究其潜在话语，也就是日本人不要幻想中国，要认识到中国的真相，要沿着西方化的道路前行。

桑原的根本目的是借助历史考察的实证研究之方法，否定曾经作为"事实"的文化历史传承所形成的一种依赖大陆文明，或者崇拜文明母国，也就是要颠覆日本过去的"中华文明"意识，尝试通过界定一种"理想的日本·现实的中国"的紧张关系之前提，"为日本人树立起一个与传统观念中的中国完全不一样的'中国形象'，让日本人从传统的尊崇中国、亲善中国的情感中解脱出来，而走向相反的一面。"不言而喻，这样的一个中国形象的操作，也为他自己留下了一个专门研究中国的"奇风异俗"的历史形象。

四、"中国情趣"幻想下的中国形象

1922 年 1 月，日本《中央公论》杂志刊载了题为《支那趣味研究》（现译为"中国情趣"）的专辑，收录了小杉未醒《唐土杂观》、佐藤功一《我的支那趣味观》、伊东忠太《中国的住宅》、后藤朝太郎《中国文人和文房四宝》、谷崎润一郎《何谓支那趣味》等一系列文章。由此，"支那趣味"一语成为描述日本人的中国情结的流行术语。也就在这一时期，日本文化界针对中国的关注日益高涨，一批以中国为题材的小说、游记和美术作品陆续登上历史舞台，形成了一种被称之为"中国情趣"的潮流。

何谓"中国情趣"，综合那一时代的知识分子的认识，现代学者西原大辅将之定义为："以日本大正时代为中心的、对于中国文化持有的一种充满异国情调的兴趣的总体。"也就是将中国视为一个"文化他者"的中国情趣。不仅如此，他还指出这一概念存在三大内涵：第一，是指中国文人的日常生活和文房四宝，即中国人自己的情趣；第二，则是指日本人的中国情结，特指日本人的汉诗文

的素养；第三，如同 18 世纪欧洲的中国潮一样的，对于中国的"异国情调"抱有的憧憬之心。不过，就"中国形象"这一研究视角而言，日本人的中国情趣可以说最为直接地与日本人的中国想象联系在了一起。

谷崎润一郎（1886—1965）就是这一主张的代表者，他并不是如同撰文者一样去描写中国人具有什么样的情趣，而是指出："如今我们日本人表面上看来似乎全面吸收了西方文化，并且与之同化了，但是在我们的血管深处，所谓中国情趣的根深蒂固实在要超出我们的想象。"不仅如此，谷崎润一郎还进一步解释："面对具有如此魅力的中国情趣，（日本人）能够感受到一种如同遥望故乡山河时的不可思议的憧憬之情。"到了文章的末尾，谷崎指出："我们一面抵抗着这种中国情趣，一面又以一种希望不时回到父母身边的心情，悄悄地回到那儿，而且这种情趣不断地反复出现。"也就是说，谷崎润一郎所说的中国情趣，乃是针对明治维新以来"全盘欧化"的西洋情调而提出的反驳，是以中国古典诗歌、书法、古董为内涵，以日本人的汉学素养或者文人教养为典范，探讨一种回归"故乡""父母"的心绪情怀。

谷崎的中国情趣，与其说是来自他本人的真切的中国体验，倒不如说是源起于少年时代的汉学教养所形成的中国想象。正是抱着这样的幻想，谷崎于 1918 年开始了中国旅行。在其回国之后撰写的《中国旅行》一文中，谷崎描述了本次旅行经朝鲜、北京、汉口、九江、南京、苏州、上海、杭州等地的整个行程。可以说，第一次中国旅行为谷崎积累了丰富的写作素材，也极大地改变了其理想化的中国认识。

北京的古都留给谷崎一种"幽邃冥想"的古老气息，"登上北京的钟楼，远望那一片连绵的屋顶，那座大都会的人家都湮没在浓密的树木之后，几乎看不出来了。但是仍然让人觉得到底是大国的旧都，那种典雅的东方街区的味道，不去中国大概是难以领略得到的吧"。

"生长在这么美丽的国家和人民之间，产生出笠翁（李渔）诗剧之中的那种缥缈的空想也就不足为奇了……也是因为笠翁每天生活在这种童话世界般的山水楼阁人物中间，而自然酿造出来的一个幻想吧。"

"吴门三百九十桥真可谓名不虚传……形成一个拱形，略为高过周围的房屋，仿佛在水面上悬挂了一条彩虹。我觉得这真是东洋的威尼斯。"

谷崎这样的一系列描述，一方面将现实中国与自身幻想重叠在一起，另一方面也将传统中国与西方情趣融汇到一起，以"异国情调"的口吻来加以描述。不过，在这样的一系列描述之背后，亦隐藏着他自身的真切感受。谷崎一直想象京剧会犹如古典小说《老残游记》所描写的一样，可以将人带入一种如梦如幻的境界之中。但是，踏上中国领土之后，京剧的最初体验令他见识了简陋不堪的剧场、穷凶极恶的脸谱、震耳欲聋的声音，从而令他感到"我心目中的幻境就这样被击得粉碎"。谷崎描绘了一个美好的田园生活，期待着到中国的乡下去过一种"布衣淡饭、优哉游哉的日子"，但是，20 世纪 20—30 年代的中国农村却正在经历着解体式的剧变。对于这样的现实，谷崎置若罔闻，无动于衷，只是依照自己的想象来美化自己的体验，并抱着这样的美化了的"中国情趣"开始了中国题材的小说创作，由此而推动了日本大正时代"中国情趣"的潮流。

最后，必须指出的一点，即谷崎润一郎进行中国文化考察的最终目的，依旧是为了消弭中国与日本之间的"张力"，以文学——而不是"文化"——为手段，来探索日本自身的"情趣"究竟何在。不过，与挖掘东方古典、对中国历史的虚构加以辨析，由此来树立日本自身的主体性的自我认识不同，经历了"中国情趣"——1926 年的中国旅行之后，谷崎的文学创作几乎完全脱离了"中国情趣"的范畴，开始大力突出自身的"日本回归"。这一观念的本质是站在东方主义的立场下的"日本幻想"，对于日本自身也抱有的一种异国情趣。正如西原大辅所指出的，谷崎润一郎所描绘的日本，是接受了中国情趣的异国情调、中国情趣的东方主义，以及中国情趣的思乡之情洗礼的"日本"。

五、"风土人文"环境下的中国形象

日本现代哲学家和辻哲郎（1889—1960）曾经出版《风土》一书，将世界的"风土"归结为季风、沙漠、牧场三大类型，并进行了相关的地域性考察。中国不仅是其重点考察的对象之一，西方、印度，乃至日本也是其风土考察与比较的重要对象。严格地说，和辻哲郎不是一个真正意义上的"亚洲主义者"，也不是一个文化论的亚洲主义的提倡者。但是，审视其风土考察的文化地域性特征，应该说由此而出现的文化论带有了突出日本"中心"地位的内涵。

根据 1949 年版的《风土》一书，和辻的中国考察以长江、黄河为主要对象，并附加了香港（当时为英国的殖民地），力图从整体上来把握中国的形象。和辻指出："泥海"之长江君临在整个流域的平原之上，但是与唐人杜甫《旅夜书怀》之"星垂平野阔，月涌大江流"的广阔生动不同，它留下来的只是"单调和广漠，茫茫的泥海没有给我们以大海翻腾跃动的生命感"，"也缺乏大江特有的漫然流动之感"。"中国大陆的广袤给我们的感觉是缺少变化，广漠而单调。"而且，这样的因素也影响到了日本。不仅如此，和辻还指出："我并不是认为只有长江能代表中国的风土。中国大陆的另一半是由黄河来表现的。"黄河尽管深受沙漠之影响，但是中国人的特征之中几乎看不到沙漠人所特有的绝对

服从的态度。他认为，中国人的性格正是"不甘于服从……尽管表面上唯唯诺诺，露出一副唯命是从的样子，但是内心里决不会轻易认输……这样的决不低头的忍受与他们无动于衷的性格密切相关，只有无动于衷才能做得到这一步，而同时在这种态度中又培养了无动于衷的性格"。

和辻认为中国文明是季风型文明的代表之一，它的地理特征在于"单调与空漠"，它的文明特征是"接受与忍从"。这一文明性格所体现出来的，就是"意志的持续、感情的放纵，固守传统，历史意识的发达"。中国人的基本特征，一言蔽之，即"无感动性"，也就是对于一切皆无动于衷，听之任之，毫无激情可言。为了进一步证实中国人"无动于衷"的性格，和辻讲述了自身体验到的香港人的生活。尽管沦落为大英帝国的殖民地，但是生活在香港这一"异域"的中国人，却依旧保持着一种重视血缘关系和乡土关系的观念，过着一种彻底的无政府主义的生活。无论是对于艰难的生活还是面对战争的危险，他们总是"泰然处之"，从而令和辻感慨："世界上还有哪个国家能够找到这样的人民呢？"无疑，这样的人民是执着于自己生活的"无动于衷"的人。

所谓"风土"，并不仅仅只是自然环境，同时也是一个人文艺术的风土。和辻对于中国风土的考察并没有局限在自然环境是如何影响中国人的性格这一方面的描述，也涉及了中国历史传承下来的人文艺术。和辻指出：中国艺术气势宏大而内容空疏、统领大局而不重细微。汉代、唐代、宋代的文物之中，也不乏纤细入微之作——日本艺术理念深受这一纤细之影响，但是到了明清至近现代的中国已经"荡然无存"。不仅如此，这样的文化性格也体现在了典籍编撰、国家治理等一系列方面，从而养成了中国人崇尚宏大气魄而流于空虚，追求外观之完善而不注重局部之精华，探求形式之体面而忽视内心之感动的文化性格。"无动于衷""感情平淡"也正是贯穿中国文化的一大特征。在此，地理的单调而广漠的"空"、性格的"无动于衷"或者"无感动性"、文化的"无动于衷""感情平淡"，三者被置于一个同一性的框架之内，构成了统一性的"中国形象"。

不过，是否中国的地理决定了中国人的性格，乃至中国的文化呢？对此，恰如日本学者藤田正胜所指出的、和辻哲郎所强调的"风土"，尽管存在着风土决定性格，也就是环境决定论的一面，但是就风土乃是"我们日常性的直接的事实"，我们必须"在风土之中找到自己"这一视角而言，和辻哲郎的基本立场并不是所谓的"环境决定论"。他所强调的是一个在风土之中进行自我确认的立场：自然与文化、环境与个人、社会与自我这样的结构性的二元要素在"风土"之中得以成立，得以"互生互动"，不断地交往推演下去。因此，对于中国人的

"无动于衷"或者"从容不迫"，和辻并不是直接地采取批评的态度，而是抱着一个"身份"确认的立场，他指出："中国人的无动于衷并不是说他们缺少感情生活，而是感情生活的形态之一就表现为了无动于衷。"而且，这并不伴随什么人格的褒贬评价，对于中国人而言，这样的态度"甚至是一个修炼的目标"。但是，正是这样的"无动于衷"，中国人最终是"将自己引向了不幸的深渊"，沦落为外国势力的殖民地。

和辻哲郎之所以考察中国的风土，恰如其中国部分的原标题——"中国人的特性"所示，是为了探讨中国人的"国民性"问题。究其根本目的，与其说是为了考察中国，倒不如说是借助中国来阐明与确认日本人的国民性。正如其所叙述的，"认清自己，就是超越自己，摸索一条前进的道路。理解与己不同之处，取人之长、补己之短就会开拓新的路子"。因此，其目的一方面在于强调日本崇尚的中国文化实际上与日本后来形成的文化截然不同，日本需要正确地理解自己；另一方面，中国人借助这样的考察，可以"重新认识到自己失去的、过去的辉煌灿烂的文化的伟大力量，而且可以从中找出探出一条路子，打开现在停滞不前的状况"，寻找到"文化复兴"的道路。就此而言，和辻的中国认识，可谓是处在"辉煌的传统，停滞的现实"这样一个认识视角，同时也带有西方"中国社会停滞论"的本质内涵。

六、结　语

概而言之，近代日本知识分子的中国纪行或是中国古都的考察，或是中国内陆的旅行，或是山川景物、风土人情的描述，或是名人逸事、访书见闻，最为生动而直接地再现了近代中国的风土人文，亦对日本人的"中国形象"的形成与转变产生了深远的影响。不过，其之所以得以树立起来，根本原因首先在于众多日本知识分子排斥江户时代以来的汉学式的、观念性的中国认识与中国研究，而是要将中国的现实，尤其是中国人的现实拉入到自身的考察视野之中。在这样一种考察的变迁之中，中国从传统视域下的"文明母国"一直跌落为西方文明标准下的"文明的落伍者"，被赶下了亚洲的领导者的地位，沦落为被排斥的文化他者。正是通过这样的"文化他者化"的话语建构，中国成为一个被解剖的、支离破碎的纯粹客体。

其次，他者的想象乃是自我意识的延续。不过，自我意识不断延续下去，或者是完全走向文化的独我主义，成为吞噬他者、贬低他者的话语霸权；或者是走向一个基本立场或者观念下的、将自我加以相对化的文化多元共生主义。日本知识分子的中国研究与中国纪行，实质上潜藏着一个多样化的契机。但是，日本的目的却在于通过再现中国、解剖中国、批判中国，来确立日本近代化发展的一种"合理性"与"合法性"。对中国的考察不仅是中国的话语建构的重要媒介，同时也是日本树立自身形象的一种工具或者方法。而且，这样的考察与日本的"亚细亚主义"力图赋予近代日本的"同一性"的话语模式，构成了一个彼此"共谋"或者"互动"的关系。

第三，日本知识分子的中国考察，不管是将中国视为文明母国，期待中国的觉醒，期待亚洲的一体化；抑或是将中国还原为中国，强调自身与中国之间的割裂或者分离，究其结果，基本上均是屈服在西方现代性理论（Modernism）的话语霸权之下，从而将中国与日本皆放在西方价值体系的内部或者延长线上来加以把握，使东西方彼此互为他者的外部对抗性逐渐消弭，而转化为一种基于内在的"力"的逻辑支撑而展开的进步与野蛮的竞争或者同化。由此可见，所谓"中国考察"，不过是日本屈服在西方的中国观之下，进而通过实证考察来突出、论证"中国停滞论"这一西方近代以来的话语结构的工具而已。反过来说，其最终导致的结果，也就是进一步论证了西方现代性的"合法性"或者"普遍性"。

在此，谨以汉学家重野安绎（1927—1910）的一段话作为本论的主旨。或许是认为以欧美为标准来鄙视中国实乃为"褊狭"之态度，在为金子东山编撰的《支那总说》（1883 年）而作的序言中，重野指出："吾故以谓，所观于支那，以观欧美；所观于欧美，以观支那，则美疵互发，而益乎我多矣。"即认为，站在日本的立场，希望更为多元性地输入外来的文明，而不是偏执一端，以此来谋求国家的进步。这样一来，站在欧美、日本、中国的"三点测量"的立场，日本可以展开自身充分的想象，既可以偏执一端，亦可以允厥其中。总之，日本可以在这样的立场之下而充分地、动态地体现出自身的主体意识。

参考文献：

[1] 张明杰. 近代日本人中国游记 [M]. 北京：中华书局，2007：9.

[2] 杨宝三，杨儒宾. 日本汉学研究初探 [M]. 台北：台湾大学出版中心，2004：281.

[3] 色川大吉. 日本的名著冈仓天心 [M]. 东京：中央公论社，1970：28.

[4] 色川大吉. 日本的名著冈仓天心 [M]. 东京：中央公论社，1970：120—125.

[5] 色川大吉. 日本的名著冈仓天心 [M]. 东京：中央公论社，

1970：40.

[6] 子安宣邦. 东亚论——日本现代思想批判 ［M］. 赵京华，译. 吉林：吉林人民出版社，2004：78.

[7] 爱德华·W·赛义德. 东方主义 ［M］. 东京：平凡社，1993：55.

[8] 安藤彦太郎. 日本人的中国观 ［M］. 东京：劲草书房，1971：91.

[9] 钱婉约. 从汉学到中国学 ［M］. 北京：中华书局，2007：219—221.

[10] 钱婉约. 从汉学到中国学 ［M］. 北京：中华书局，2007：224.

[11] 钱婉约. 从汉学到中国学 ［M］. 北京：中华书局，2007：182.

[12] 西原大辅. 谷崎润一郎与东方主义 ［M］. 赵怡，译. 北京：中华书局，2005：12.

[13] 西原大辅. 谷崎润一郎与东方主义 ［M］. 赵怡，译. 北京：中华书局，2005：19—22.

[14] 西原大辅. 谷崎润一郎与东方主义 ［M］. 赵怡，译. 北京：中华书局，2005：112.

[15] 西原大辅. 谷崎润一郎与东方主义 ［M］. 赵怡，译. 北京：中华书局，2005：155.

[16] 西原大辅. 谷崎润一郎与东方主义 ［M］. 赵怡，译. 北京：中华书局，2005：169.

[17] 西原大辅. 谷崎润一郎与东方主义 ［M］. 赵怡，译. 北京：中华书局，2005：229.

[18] 和辻哲郎. 风土 ［M］. 东京：岩波书店，1987：105—109.

[19] 和辻哲郎. 风土 ［M］. 东京：岩波书店，1987：147—148.

[20] 和辻哲郎. 风土 ［M］. 东京：岩波书店，1987：112—114.

[21] 藤田正勝. 和辻哲郎风土论的可能性与问题性 ［J］. 日本哲学史研究，2003（1）：7.

[22] 和辻哲郎. 风土 ［M］. 陈力卫，译. 北京：商务印书馆，2006.

[23] 和辻哲郎. 风土 ［M］. 东京：岩波书店，1987：115.

[24] 和辻哲郎. 风土 ［M］. 东京：岩波书店，1987：146—161.

[25] 黄佳宵，石之瑜. 不是东方——日本中国认识中的自我与欧洲性 ［M］. 台北：台大政治系中国中心，2009：197—198.

[26] 卞崇道，藤田正胜，高坂史朗. 东亚近代哲学的意义 ［M］. 辽宁：沈阳出版社，2002：220.

试论伊藤仁斋天道观的内涵与意义

殷国梁

一、导　言

伊藤仁斋（1627—1705）是日本江户时代儒学古学派的一位代表性人物。他对当时占主流地位的朱子学持批判态度，主张应直接回到未受佛老之学影响的孔孟经典——《论语》《孟子》，并以此为依据来探求儒学的真谛。在批判朱子学的过程中，仁斋依据他所推崇的孔孟经典重新构建了异于朱子学的世界观及伦理观。其中，最具特色的一点便是，否定朱子学以"理"或"天理"来统摄自然规律与人类生活规范——"天人合一"式的连续性思维模式，将"天道"与"人道"的连续性割裂并区别对待，并据此通过赋予人之"性"以新的内涵，为其强调"人伦日用"的伦理观奠定了理论前提。

日本学者很早就注意到仁斋天道观的特色，并针对其"天道""人道"关系论提出了自己的观点。一般而言，仁斋将"天道"与"人道"区别对待这一点，可以说已经成为日本学者的定论。例如，丸山真男曾在《日本政治思想史研究》一书中说道："阴阳这一自然界的范畴专属天道，仁义这一道德性范畴专属人道。在仁斋思想中，我们理应能够解读到一种独立于人性论意义上的宇宙论。"又如，三宅正彦指出："（仁斋思想中）以阴阳为原理的天道，与以仁义原理的人道，是对立的，不能相互置换。"再如，子安宣邦论述道："仁斋完全是平行地把握天道的阴阳、人道的仁义。"但是，在认识仁斋将"天道"与"人道"相分离的彻底性方面，还存在分歧，如三宅正彦指出："体现天道主宰属性的天，与人道存在关联，而体现天道流行属性的狭义的天，则与人道无关。"即认为仁斋的"天道"论中作为主宰的天并未完全与"人道"分离；而子安宣邦在分析仁斋分离"天道"与"人道"之间连续性的理由时指出，"反对在探求造化根源和形上依据的基础上来寻找人道得以树立的根据。仁斋认为，在探究道字之来历根源的思想中，人道会消解于天道之中，从而对人而言，道作为人道而存在的意义也将消失殆尽"。即认为仁斋通过否定探求世界"来历根源"这一思维模式，将"天道"从"人道"中完全切割分离出来。

统观以上诸说，关于仁斋分离"天道"与"人道"之间连续性的问题虽然达成定论，而对于分离的彻底性还存在不同理解。此外，以往的研究中还存在两个有待解决的问题：一是仁斋在其思想内部是如何具体地实施"天道"与"人道"分离的；二是作为仁斋伦理观核心概念之一的"性"与其天道观之间，存在着怎样的联系。在本文中，笔者将在把握仁斋天道观具体内容的基础上，对这些问题提出自己的浅见。

二、仁斋天道观的基本内容

（一）仁斋关于"天道"的释义

仁斋关于"天道"的认识，源于其对《易》《诗》《书》以及《论语》等中国古代典籍所做的精心考证。在其主要著作《语孟字义》中的"天道"部分，仁斋大量引述以上典籍的内容作为阐述"天道"的依据，如《易》中的"一阴一阳之谓道""立天之道，曰阴与阳""天地之大德曰生""天道亏盈而益谦"；《诗》中的"维天之命，于穆不已"；《书》中的"惟天无亲，克敬惟亲""天道福善祸淫"；《论语》中的"不可得而闻也""天生德于予，桓魋其如予何""获罪于天，无所祷也"，等等。

在上述引述中，构成仁斋天道观基础的是《易》中的"一阴一阳之谓道"。仁斋指出："道犹路也，人之所以往来通行也。故凡物之所以通行者，皆名之曰道。其谓之天道者，以一阴一阳往来不已，故名之曰天道。易曰，一阴一阳谓之道。其各加一字于阴阳之上者，盖所以形容夫一阴而一阳，一阳而又一阴，往来消长，运而不已之意也。盖天地之间，一元气而已。或为阴或为阳，两者只管盈虚消长，往来感应于两间，未尝止息。此即是天道之全体，自然之气机，万化从此而出，品彙由此而生。圣人之所以论天者，至此而极矣。可知自此以上更无道理更无去处。考亭（指朱熹）以谓阴阳非道，阴阳所以者是道，非也。"

仁斋以圣人的主张为依据，认为作为"气"的阴阳的交汇运行即是"天道之全体"，亦是天地万物产生的来源，反对再在"天道"之上探求作为世界万物存在根据的"道"。由此，仁斋确立了"天地之间，一元气而已"的经验论式的世界观立场——"气一元论"，明确否定了朱子学以"阴阳所以者"（"理"或"太极"）为"道"的观点，强调"阴阳"之间永不止息的往来消长"即是天道之全体"。

（二）"天道"的两个层面

关于"天道"的具体构成，仁斋指出："或曰，一阴一阳往来不已之理，或可得而知焉。至于维天之命于穆不已之理，则不可得而闻也。一天道而有此二端者何哉。曰，非有二端。一阴一阳往来不已者，以流行言。维天之命于穆不已者，以主宰言。流行犹人之有动作威仪。主宰犹人之有心思智虑。其实一理也。然天道之所以为天道，则专以主宰而言。"可见，仁斋认为"天道"中包含"以流行言"与"以主宰言"两个层面的内容。

关于"以流行而言"之"天道"，仁斋曾在以比喻方式解释"何以谓天地之间一元气而已"时揭示其内涵："今若以版六片相合作匣，密以盖加其上，则自有气盈于其内。有气盈于其内，则自生白醭。既自生白醭，则又自生蛀蟫。此自然之理也。盖天地一大匣。阴阳匣中之气也。万物白醭蛀蟫也。是气也，无所从而生，亦无所从而来，有匣则有气。无匣则无气。故知天地之间，只是一元气而已矣。非有理而后生斯气。所谓理者反是气中之条理而已。"即是说，若密封以六片板块而制成的木箱，则箱中自会充满"气"；若充满"气"，则其中会产生白色霉菌；若产生白色霉菌，则其中会生出小虫。在此处，箱中充满的"气"被喻为"阴阳"，因"阴阳"的流行而化生于天地间的万物被喻为由箱中之"气"产生的霉菌与小虫。如此，仁斋在感觉、经验的层面认为，如有天地，则"气"自会充满其中，而万物也会随之生成。这一在感觉、经验层面上把握的世界，对仁斋而言就是天地本身，而天地间存在的仅仅是自然充溢的"气"，由此反驳了朱子学以"气"之先存在作为万物根源之"理"的主张。

关于在朱子学中占据核心地位的"理"，仁斋指出："道以往来言。理以条理言。故圣人曰天道曰人道，而未尝以理字命之……可见以理字属之事物，而不系之天与人。"即"理"并非是如朱子学所说的形而上的原理，而只不过是作为经验世界中的事物属性的"条理"。由此，依据"理"而在超验世界中探寻"道"之含意的朱子学思维方式，遭到仁斋的强烈反对。此外，仁斋根据考证，认为朱子学将"理"与天、人相联系的观点也不符合圣人的本意，如"按天理二字，屡见于庄子，而吾圣人之书无之。乐记虽有天理人欲之言，然本出于老子，而非圣人之言"。总之，事物在可凭感觉、经验感知的世界中往来消长，正是仁斋所言作为"流行"之天道的内涵。

然而，关于作为"流行"的天道，仁斋并未对朱子学持全盘否定的态度。例如，与朱子学从"流行"与"对待"的两个侧面来理解"阴阳"相似，仁斋也认为"阴阳"的"流行"包含"对待"的层面，即："天道有流行有对待。易曰，一阴一阳之谓道。此以流行言。立天之道，曰阴曰阳。此以对待言。其实一也。流行者，一阴一阳往来不已之谓。对待者，天地日月山川水火，以至昼夜之明暗寒暑之往来，皆无不由对。是为对待。然对待者自在流行之中，非流行之外又有对待也。"仁斋肯定"天道"中既包含阴与阳的"流行"，又包含如天地、日月、山川、水火等"对待"，并在此基础上强调"对待者自在流行之中"。可见，仁斋与朱熹的天道观之间存在一点相同之处，即均认为万物通过"流行"而自然产生"对待"。

关于"以主宰而言"的"天道"，仁斋认为，相对于作为"流行"的天道"其义甚明矣"，作为"主宰"的天道，"则非聪明正直仁熟智至者则不能识之"。如前所述，仁斋把天道的"流行"比喻为"人之动作威仪"，而把天道的"主宰"比喻为"人之心思智虑"，认为作为"主宰"的天道是掌控了天道中万物往来消长的一种存在，但这种存在究竟为何物却是人们所难以轻易把握的。仁斋曾根据儒家经典来阐述作为"主宰"的天道，如"书曰，维天无亲，克敬惟亲。又曰，天道福善殃淫。易曰，天道亏盈而益谦之意。孔子曰，天生德于予，桓魋其如予何。又曰，获罪于天，无所祷也。亦是也"。这些引述为理解仁斋所言作为"主宰"之天道的内涵提供了直接依据。

其中，就"获罪于天，无所祷也"而言，仁斋在《论语古义》一书中指出："天之道，直而已矣。夫火上而水下，鸟飞而鱼潜，草木植而华实时。善者天下以为善，而恶者天下以为恶。斯之谓直。天地之间，浑浑沦沦，靡非斯理。"即是说，所谓"天道"，就自然事物而言，如火上燃而水下流、鸟飞于天而鱼潜于水、草木盛时则果实现；就道德而言，如万人皆以善者为善、以恶者为恶，总之天地间的一切是自然而然的存在。这便是作为"主宰"之天道的内涵所在。而仁斋所言"天之道，直而已矣"，恰恰体现了"主宰"的意味。

在仁斋看来，天道之"直"又意味着天道之"善"。"夫善者天之道……盖天地之间，四方上下，充塞通彻，无内无外，莫非斯善。故善则顺，恶则逆。苟以不善在于天地之间者，犹以山草植之于水泽之中，以水族留之于山岗之上。则不能一日得遂其性也必矣。夫人不能一日有以不善立于天地之间也，亦犹此……善者非他，即直而已。盖直则善，不直则曲，非有二也。"仁斋断定，天地间事物具有"直"的属性，其以自然状态存在本身是"善"的，不善之物原本是不可能存在的，"其欲以邪枉之道，立于天地间者，犹投水雪于汤火之中"。根据仁斋的理解，"善"与"恶"（或"直"与"曲"）并非是相互对立的两个概念，天地万物的本性是"善"（或"直"）的，但当某个事物偶然偏离"善"与"直"时，才会产生"恶"和"曲"。因此，对仁斋而言，"恶"和"曲"无疑是第二位的，是由"善"派生出来的。这一点可以说是仁斋主张性善论的逻辑原点。

如上所述，朱子学是以"理"（太极）来探求"天道"的根源，并在以"理"为万物存在根据的前提下来认识万物的本来面貌；而仁斋则是原封不动地将天地间全部存在的本身理解为"天道"的具体体现。例如，朱子学虽也论及"鸢飞于天，鱼跃于渊"，但他所关注的并非"鸢飞""鱼跃"的现象本身，而是能使鸢飞于天、鱼跃于渊的"理"。与之相对，仁斋则将"鸟飞鱼潜"本身看作是"天道"的体现。

三、"天道"与"人道"的关系

（一）基于"道"之基本义的"谓天人一道，则可"

关于"人道"，仁斋认为，"立天之道，曰阴与阳……立人之道，曰仁与义。不可混而一之。其不可以阴阳为人之道，犹不可以仁义为天之道也。倘若以此道子为来历根源，则是以阴阳为人道也。凡圣人所谓道者，皆以人道而言之。至于天道，则夫子之所罕言，而子贡之所以为不可得而闻也，其不可也必矣"。同时，他指出人道与天道分属不同范畴，不可混为一谈，并强调圣人论道的重心专在"人道"而非"天道"。

然而，如前文所述，与朱子学根据形而上的"理"来探求天道的本原不同，仁斋在人能够感觉、体验的现实世界层面来理解天道，并不否定天道的存在。在仁斋眼中，"天道"是指"一阴一阳往来不已"，并且"万化从此而出，品彙由此而生"，即"天道"意味着天地万物的生生不已。在此意义上，作为万物之一的人，自然与"天道"不无关系。人若与"天道"无关，则仁斋的观点在逻辑上是难以成立的。那么，"天道"与"人道"之间到底存在着怎样的联系呢？

这一问题涉及仁斋对于"道"的基本认识："道犹路也，人之所以往来通行也，故凡物之所以通行者皆名之曰道。"即"道"如"路"，无论是物还是人，皆凭此"往来通行"。换言之，只要是物与人"所以往来通行"之凭借，皆意味着"道"的存在，并且"道"的这一特质适用于"天道"与"人道"。对此，仁斋指出，"故阴阳交运，谓之天道。刚柔相须，谓之地道。仁义相行，谓之人道。皆取往来之义"，认为"天道"意味着"阴阳"的"往来通行"，而"人道"意味着"仁义"的"往来通行"。因此，在道"取往来之义"这一点上，"谓天人一道，则可"，即"天道"与"人道"基于"道"的基本义上具有共通之处。

（二）"天道"与"人道"的分离

如前所述，仁斋是在经验世界中的现象层面来理解"道"的。其中，"天道"与"人道"属于不同的现象层面。而朱子学则是在超验世界中来探求"道"的本质,认为"天道"与"人道"均来自同一、同源的"理"。例如,在阐述"天道"内涵时,仁斋及其批判的朱子学均以《易经》中的"一阴一阳之谓道"为依据。但是,仁斋将"一阴一阳之谓道"理解为作为现象的"流行"意义上的"天道",而朱子学则认为它解释了道"所以然者",将阴阳的往来消长作为"天道"与"人道"共同的来历与根源。对此,仁斋言道:"易语是说天道。如率性之谓道,及志于道,可与适道,道在迩等类,是说人道。说卦明说,立天之道曰阴与阳,立地之道曰柔与刚,立人之道曰仁与义。不可混而一之。其不可以阴阳为人之道,犹不可以仁义为天之道也。倘以此道字,为来历根源,则是以阴阳为人之道也。凡圣人所谓道者,皆以人道而言之。至于天道则夫子所罕言,而子贡之所以为不可得而闻也。其不可必矣。"就"往来通行"这一点而言,的确是"天人一道",但"天道"中是阴与阳的"往来通行","人道"中则是仁与义的"往来通行",各不相同。仁斋强调,"天道"中阴阳的"往来通行",不能构成"人道"的来历与根源。

关于"天道"的来历与根源,仁斋认为"圣人之所以论天者,至此而极矣。可知自此以上更无道理更无去处",指出"天道"之上不存在进一步考察其本原的依据。但是,朱子学对于"天道"的来历与根源表现出极大的兴趣,以至于将讨论引至"理""太极"等超经验的世界。对此,仁斋批评道:"夫万物本乎五行,五行本乎阴阳。而再求夫所以为阴阳之本焉,则不能不归之于理。此常识之所以必至于此不能不生意见,而宋儒之所以有无极太极之论也……大凡宋儒所谓有理而后有气,及未有天地之先毕竟先有此理等说,皆臆度之间,而画蛇添足,头上安头,非实见得者也。"他反对朱子学为了探究阴阳的来历与根源而讨论常识所不及之"理",认为这一做法如同"画蛇添足、头上安头",是完全背离现实的"臆度之见"。仁斋又曰:"或以谓自天地既开辟之后观之,固一元气而已。若自天地之前观之,只是理而已。故曰,无极而太极。适圣人未说到一阴一阳往来不已上面焉耳。曰,此想像之见耳矣。夫天地之前,天地之始,谁见而谁传之邪。"他认为朱子学关于"理""太极"的观点只不过是"想像之见",指出朱子学在论述"天道"时的思想态度,犹如人好似见到自身原本无法见到之物,是完全不可置信的。在仁斋看来,朱子学探究连圣人都未尝言及的"道"的来历与根源等问题,并在此基础上提倡"天道"与"人道"的连续性是其存在的最大问题。总之,仁斋明确指出,虽然从现象层面而言,有"道"便有"往来通行",但"往来通行"的主体是截然不同的,即"天道"中是阴阳的"往来通行",而"人道"中则是仁义的"往来通行"。

对于主张"天地之间一元气而已"的仁斋而言，人的确并非是与"天道"的往来流行毫无关系的存在，但可以说，仁斋极力抑制在认知层面探求"天道"的由来。这也反证了其从现象层面来把握"天道"与"人道"的立场。仁斋曾明言："宇宙之穷际不可知之，古今之始终亦不可知之。征之于物亦然。万物之形状色味其所以然者不可知之。反求之于吾身，凡皮膜之内，九窍之相通，水谷之吐纳，其所以然者，皆不可知之。凡知而有益者，求之可矣。知而无益者，君子不求知之。孔子曰，君子于其所不知，盖阙如也。是而已矣。夫即凡天下之物，穷格其理，异矣。学者不可不辨焉。"即是说，"宇宙之穷际""古今之始终"等有关天道由来的问题，原本对人而言均是不可知之事，由此，仁斋将"凡知而有益者，求之可矣。知而无益者，君子不求知之"确立为自身的认识论思想。进而言之，仁斋关于"天道"由来的态度，可统括为"则虽圣人不能知之，况学者乎，故存而不议之为妙矣"。

关于"存而不议之为妙矣"，仁斋在其《论语古义》中已有相关阐述："天有必然之理，人有自取之道。书曰，作善降之百祥，作不善降之百殃。易曰，积善之家必有余庆，积不善之家必有余殃。是谓天有必然之理也。诗曰，永言配命，自求多福。书曰，天作孽犹可违，自作孽不可逭。是谓人有自取之道也。非言论之所能尽也。"此处的"天有必然之理，人有自取之道"，对于把握仁斋关于人面对"天道""人道"应持何种态度的主张，具有极其重要的意义。关于"天有必然之理，人有自取之道"的含义，仁斋在他处亦有论述，如"天道善福殃淫。是谓天有必然之理。祸福无不自己求之。是为人有自取之道。智者信之，昏者疑焉。"所谓天道中的"必然之理"即指"善福殃淫"，但其"所以然"是人不可知的。与之相对，人道中的"自取之道"，则是人自身的行为决定了得祸或得福的结果。因此，人能够通过尽"自取之道"，来合于"善福"的天道。但是，从主张"盖天专出于自然，非人力之所能为"的仁斋来看，人通过"尽人力之所能为"探求天道之"所以然者"，只不过是空论而已。

基于以上考察可知，从"道"的基本义——"故凡物之所以通行者皆名之曰道"来看，由于"天道"与"人道"均以"往来通行"立意，故仁斋有"天人一道"一说，但"天道"与"人道"的共通之处仅此而已。仁斋的着重点在于"天道"与"人道"的分离，其根据有两点：一是"天道"与"人道""往来通行"的主体不同，"天道"是指阴阳的"往来通行"，"人道"是指仁义的"往来通行"，二者不可置换，不能混为一谈；二是对于"有必然之理"的天道，人虽然应该发挥主观能动性，以"自取之道"来迎合"天道"，但人终究是无法影响"天道"，更无法认知"天道"的来历与根源，即仁斋对"天道"

持不可知论。

四、基于"天道"观的"性"之界定

（一）作为"气质"的性

在仁斋的思想中，"性""道""教"三者被认为是"实为学问之纲领。凡圣人千言万语，虽不堪甚多，然莫不总括于此"，也被认为是贯穿仁斋思想体系的核心概念。吉川幸次郎通过考察仁斋在《童子问》一书中应童子之问而反复阐述的三者之关联，将"性""道""教"称为仁斋学的三个坐标。另外，针对《中庸》以"性道教"为序，仁斋提出了"以道为上，教次之，而以性为尽道受教之地"的观点。以往的研究多据此认为仁斋轻"性"而重"道"，导致关于"道"（主要是"人道"）以及"教"的研究成为仁斋思想研究的中心课题，而有关"性"的研究则扮演旁枝末节的角色，至于"天道"与"性"之间的关联更未得到应有的重视。

关于"性"的理解，仁斋学与朱子学之间最大的区别在于，朱子学基于理气二元论，将"性"分为"本然之性"与"气质之性"，而仁斋则秉持一元论的立场，认为"性"是人生来就具有的"气质"。可见，仁斋将"性"理解为可在感觉、经验上认知的对象，并在此意义上确立不同于从形而上之"理"中来认识"性"的朱子学的思想立场，由此否定将自然秩序的原理置于人性之中。这与仁斋反对在"天道"的基础之上再探究形上根据的主张无疑是相通的。

同时，仁斋又认为，"夫性者，天之赋予我，而人人所固有"，即"性"是天所赋予人之物。此处的"天"当为仁斋所言的"流行"之天道。天道的"流行"诞出万物，而作为万物之长的人所具有的"性"，当然也是天道"流行"的产物。可见，仁斋所理解的"性"并非与"天道"之间完全没有关联。

（二）"性善"说

关于"性"的善恶问题，仁斋以孟子之说为宗，认为"性"是善的，并且也是在"气质"的立场上来阐述其"性善"说，反对朱子学在"理"及"性之本体"等形上存在探求"性善"的根据，如"宋儒论性有本然气质之说，以谓本然之性者全善而无恶，孟子所谓性善是也。气质之性者，乃杂善恶而为言，夫子所谓相近也是也。性固不能无昏明强弱之殊，然其为善一也。……此孟子论性善之本指而发明夫子之善也。盖就气质之中而论其善，非离于气质而为言也。……若以性为理为躰，则犹水之在于地中，岂谓之流而就下乎。"

那么，作为气质之性的"善"与"天道"是否存在联系呢？仁斋在论述"天道"时曾指出，"夫善者，天之道。……盖天地之间，四方上下，浑浑沦沦，

充塞通彻，无内无外，莫非斯善。……苟以不善在于天地之间者，……则不能一日得遂其性也比矣。夫人不能一日有以不善立于天地之间"。此处的具有善之质素的"天之道"，当为仁斋所言"以主宰而言"之"天道"，它决定了"性"必须是善的，否则人将不能"立于天地之间"。

由上可见，仁斋虽然反对如朱子学那般为"性""性善"提供形而上的根据，但其关于"性"的来历和特质的理解，与"天道"之间显然存在深刻的联系。正如井上哲次郎所言："宇宙论非与道德无关，反而应是道德的根据。"因此，在探讨仁斋的人性论时，不应忽视作为其逻辑起点的天道观。

五、结　语

伊藤仁斋基于气一元论的立场阐述"天道"，反对朱子学将"天道"和"人道"均视为"理"的产物，割裂了自然规律与人类生活即宇宙观与伦理观的连续性，尽管有忽视自然界与人类社会内在统一性的不合理方面，却从根本上动摇了朱子学将封建伦理道德普遍化、绝对化的依据，也体现了日本古学派儒学的特色。但在另一方面，仁斋并未完全摆脱形而上的思维，如"以主宰而言"的"天道"，或是"夫善者，天之道"以及"天道"与"性"的关联方面等。这在一定程度上反映了仁斋思想的局限性。因此，在分析仁斋以人性论为基础的伦理观时，不应完全忽视其以天道观为代表的宇宙观的作用与影响。此外，仁斋思想作为江户时代特定的时代和文化背景下之产物，它如何"充分体现了日本文化与日本民族心理的特性，"也是笔者今后需要进一步考察、分析的重要课题。

参考文献：

[1] 丸山真男. 日本政治思想史研究 [M]. 东京：东京大学出版会，1952：53.

[2] 三宅正彦. 京都町众伊藤仁斋的思想形成 [M]. 东京：思文阁，1987：28.

[3] 子安宣邦. 伊藤仁斋 [M]. 东京：东京大学出版会，1982：213.

[4] 子安宣邦. 伊藤仁斋 [M]. 东京：东京大学出版会，1982：204—205.

[5] 吉川辛次郎. 仁斋·徂徕·宣长 [M]. 东京：岩波书店，1975：22.

[6] 井上哲次郎. 日本古学派之哲学 [M]. 东京：富山房，1902：214.

[7] 王家骅. 儒家思想与日本文化 [M]. 杭州：浙江人民出版社，

1990：128.

[8] 大滨晧. 朱子的哲学［M］. 东京大学出版会，1983.

[9] 朱谦之. 日本的古学及阳明学［M］. 北京：人民出版社，2000.

[10] 朱谦之. 日本哲学史［M］. 北京：人民出版社，2002.

北方危机下的自他认识与平田笃胤的《千岛白浪》

——德川日本"北方认识"再考

高　伟

一、俄船袭击虾夷地事件之前日本的北方认识

德川幕府在建立之初就制定了虾夷地条例（1604 年），赐给松前庆广"黑印状"，对北方显示出关切的态度。德川幕府对虾夷地的具体举措固然也是日本北方认识的某种体现，但本文考察的北方认识主要是知识人层面的表现，年代限定于 18 世纪之后。

在日俄发生实质性接触之前，日本知识人的北方认识主要针对虾夷地，极少涉及俄国。较有代表性的是新井白石（1657—1725）的《虾夷志》（1720年），其中写道：

> 虾夷一曰毛人，古乃北倭……景行天皇征东之诏曰："东夷犯边界，以略人民，往古以来，未染王化。"由此观之，其侵犯内地之事，盖由来已久……时高宗（指唐高宗——译者注）问我使者曰："虾夷有几种？"对曰："类分三种，远者都加留、次者麤虾夷、近者熟虾夷。今此熟虾夷乃第三种，指居于荒服及内地者而言。"

从"未染王化""荒服"这些表述中不难看出，新井白石的华夷论是一种以文化共通性为基调的华夷思想，即从"文化"发达层面寻找虾夷"侵犯"内地的原因。新井白石虽然区分内地与虾夷，但暗含着虾夷应被"王化"和可被"王化"的思想认识。

同是虾夷地论，坂仓源次郎在《虾夷随笔》（1739 年）中这样写道："虾夷住于海边，鲜居于山。……盖性质直情而痴……实乃夷狄，形虽同于野兽，然内心悠然者，盖因少衣食住之烦，无求利之巧。……土民质朴不以求利为事，

诚有上古之民风。治平百年后奢侈增长，士大夫困窘，诸民劳苦不绝者，乃古今之通例。然此地或因开化迟缓之故，风俗敦厚而无豪弊之兆。"坂仓源次郎虽以虾夷地为"夷狄"，但却在道德风俗层面上对虾夷地所保持的"上古民风"甚为赞赏。

新井白石和坂仓源次郎的虾夷地论，从所引用处来看，其重要的价值判断依然是传统华夷思想中的"文化"与"道德"。他们在区分"华夷"和"内外"时，并未设下截然不可逾越的界限，即他们的自他区分是承认了某种共通的价值。然而到了 18 世纪 50 年代以后，随着俄国更加频繁深入的千岛探索活动，日本对北方的认识发生微妙变化，开始关注俄国。

工藤平助（1734—1800）在《赤虾夷风说考》（1783 年）中提出要积极开发虾夷地，排除俄国在虾夷地已造成的影响力，"增强日本国力，莫过于经营虾夷。如继续对虾夷置之不理，则堪察加之众与虾夷地连成一处，则虾夷亦听从俄国之命，不从我国之支配，如此将追悔莫及"。林子平（1738—1793）在《三国通览图说》（1785 年）中指出，随着俄国的逼近"日本与虾夷成为唇齿之国"，虾夷地拥有丰富的金、银、铜、资源，"今不取则后世必为莫斯哥未亚（指俄国——笔者注）所取"。且俄国"或使之饮醇酒以悦夷人之口，或轰鸣大炮以示威严，文武相兼以施驯怀夷人之术"，即俄国对虾夷人采取了软硬兼施的怀柔术。在这种情势下，林子平提出"应使虾夷之极北、宗谷、白主等为日本风土之界限。即以虾夷国为日本之分内"。虾夷国"文华未开"，"日本稍加招谕，而其仰望上国之风，故而其俗很快可变。其俗变则其国皆成日本之分内"。林子平的主张归纳起来，即是以风俗同化政策来对抗俄国人在虾夷地实施的教化活动，以此来使虾夷地与日本（内地）同风同俗，从而扩充与明确日本的边界。类似的主张可见下表：

本多利明 （1743—1821）	昔日因俄国人未渡海过来之故，纵勘察加之土人，亦乃岛虾夷，为无智蒙昧之人，可置之不理。然近年因莫斯科官吏前来抚育教导，故不同于往昔之堪察加。 应定异国与日本之界限，有要塞之防备。近日本者乃日本之岛屿，堪察加靠近鄂霍茨克，乃俄国之属岛。自然地形成界限，乃因（虾夷地）原本乃日本之属岛，非夺他国之物。 增强日本之国力，莫过于挖掘虾夷之金银铜铅铁山，其次使之多出产土特产。 《赤夷动静》（1791 年）

最上德内 （1755—1836）	东虾夷地全部二十一座岛，上古以来即松前所在岛之属道。属于日本人种的虾夷人在居住，故无疑是日本之境内。 　　　　　　　　　　　　　　　《虾夷草子》（1790 年） 　　（阿伊努）其根本乃倭人之种类，非异国之种类。 　　　　　　　　　《虾夷国风俗人情之沙汰》（1790 年）
德川幕府	此次虾夷地御用（指幕府临时收回虾夷地——笔者注）之意，乃因彼岛乃未开之地，夷人衣食住三者不备，人伦之道不辨，此不便也。故而此次遣役人，垂德化与教育，使之渐渐归日本之风俗，笃切服从。即便万一有外国怀柔之事，其内心不动摇。此第一趣旨也。 　　　　　　　　　　　　　　　　　　　　　　1799 年

　　值得注意的是，最上德内在《虾夷草子》《虾夷国风俗人情之沙汰》中，认为虾夷人"乃倭人之种类"，即人种上与"日本"相同。而此前一般的虾夷地论基本是以虾夷人为不同人种。例如，本居宣长在《葛花》中认为："虾夷与御国人原本乃种类上不同之物，至今其人仍多留长须，样貌大不同于御国人，故无疑其心其行亦相异也。至中古时，陆奥出羽等地，多虾夷人，与御国人杂居。虽然其长年已习惯御国之风仪，且对其有细心之教谕，然其难化之事往往见于史籍，此亦乃种类不同之故也"。有人将"皇国"上代比作虾夷，于是本居宣长甚为气愤，由此不难知道在基本观念上，此前一直是将虾夷人排除在"倭人"之外的。

　　对比新井白石和坂仓源次郎时期的虾夷论，可看出这段时期日本的北方认识因俄国势力的南逼而变得紧迫。从关注虾夷地不同于日本内地的风俗，到主张以日本内地风俗来同化和统合虾夷地，防范俄国实施的"驯化"政策，使日本德川时期的国境意识因为俄国的南下活动而增强，形成了所谓的"北警论"以及虾夷"同种论"。

　　当然我们也应该看到，在这些主张对虾夷地进行开发和风俗教化的论调之外，也有人反对进行积极的干预。比如，中井竹山（1730—1804）在《草茅危言》（1789 年）中写道：

往古之征伐乃我域中之事，故而不论费多大功力，不扫除荡平使之归于我版图则不罢休也。今虾夷乃域外之事，故而不同于秦皇汉武之开边。只需设立互市务管辖之，若有北狄寇大之事，撤府退之即可，不足以为国之耻……因其乃绝域之事，故而此时切不可议援助、劳我国以争其地。虾夷若为外狄所夺，则与其狄宜通互市则通，宜绝则绝，此等皆可置之度外。

中井竹山不主张固守虾夷地，而只着眼于与"北狄"的互市，甚至认为可拱手将虾夷地让于俄国。然而，这种非干预论毕竟只是少数意见，德川幕府实际上也没有将虾夷地"置之度外"，而积极实施了同化政策。

18 世纪后期兴起的"北警论"深化了对俄国的认识以及日本在北方的边界意识，而 1806—1807 年发生了俄船袭击虾夷地事件（又称"赫沃斯托夫事件""丁卯事件"）之后，日本的北方认识又有了新的发展。

二、俄船袭击虾夷地事件后的北方认识

1809 年 4—5 月，俄船袭击虾夷地事件很快在日本传开。杉田玄白（1733—1817）在《野叟独语》（1807 年）中认为当下日本与俄国"要么批准交易，要么放入其船合战而击溃之，此二者而已"，但同时指出"观当世武家之情态……武道渐衰，有事之时，应第一发挥作用的御旗本、御家人等，十之七八其状如妇人"，即天下承平日久，日本武士的战斗力已经弱化。而相比之下，"鲁西亚（指俄国——笔者注）常操练军事……与清朝亦交过战……以如上老废之我国弱兵对抗其强兵，两国合战会将如何？"杉田玄白不主张立刻与俄国开战，而认为应先与其开展贸易，静待时机："此处应察衰弱之时势，救世乃第一之趣意，屈而准许贸易，貌似耻辱，然将来必有雪耻之时。"杉田玄白审时度势，在分析了自他力量对比后，采取了现实态度，主张与俄国进行贸易。

这里需要注意的是，上述内容是杉田玄白在俄船袭击虾夷地事件发生之前的思想主张。他在安永四年（1775 年）成稿的《狂医之言》中这样写道：

道者，非支那之圣人所立，天地之道也。日月所照，霜露所下，有国有人有道。道者何乎？去恶进善也。去恶进善，则人伦之道明也。他者皆风俗也……夫地者一大球也，万国配居焉，所居皆中也。何国为中土？支那亦东海一隅之小国也。

杉田玄白在这里的观点有二：一是反对以"中国"为天下中心；二是以"道"为天下万国共有之物，内容都是"去恶进善"，即表明了"道"的共通性与自然性。这个时期杉田玄白对于自他的关注是共通的道德价值判断，而当俄船袭击虾夷地事件发生之后，杉田玄白似乎马上放弃了传统的华夷统合的思路，即不从"德"或"道"方面来寻找"感化夷狄"的路径，而是提出了"贸易或交战"，而且这种"作为对策的与俄国的贸易主张，不可忘记的是它于杉田玄白而言只是权宜之计、对症疗法而已"，即杉田玄白的"交易论"其实是潜在的"交战论"。在处理自他危机上，对传统的华夷统合思路的放弃，表现得更为明显的是平山子龙（1760—1829）于1807年写成的《上北阙书》。其中，写道：

> 夫夷狄者非人类也，其众皆不知古圣帝王所立道者也。虽形状类人而亦禽兽也。故其心贪残无耻，可以威服而不可以德怀也。宋儒胡致堂曰：人主以二帝三王孔子为法，修古德政，内安中国而外固边围，不与交通，息其谋夏之心，又安有结亲之辱、和好之耻乎……愿君主内安中国、外国、边国，而审知为结亲之辱、和好之耻，而与异类殊族断绝交通……若诿言于不伤人不杀民而姑息以自处，则轻侮我者岂唯鲁西亚而已哉？四方夷贼朵颐于我者接踵而起矣。

可以知道，平山子龙的华夷论受到了宋代儒者胡寅（1098—1156）华夷思想的影响。胡寅虽主张华夷应界限分明、互不交通，认为夷狄不讲仁义礼信，但依然承认"夫夷狄亦人耳，上古圣人怀之以德，接之以礼，叛乱，侵寇则威之以刑"。而平山子龙则明确指出"夫夷狄者非人类也"，即他主张的"华夷"对立性远远超出了胡寅原本的思想。平山子龙以原本作为天下普遍原理的儒学道德不适用于"夷狄"俄国，坚决主张对俄开战，彻底放弃了儒学原理向天下的扩充。

俄国向日本北方的势力扩张，使德川时期部分知识分子开始关注虾夷地，形成了"北警论"，而俄船袭击虾夷地事件通过各种情报网传播，使日本对北方情势的关注达到高潮。从北方认识的变化来看，原本只是对虾夷地不同于内地的"夷俗"的关注，逐步变为如何同化虾夷地，日本的边界意识也在这一过程中得到强化。而这一过程是否意味着"华夷思想"逐步走向了解体？新井白石和坂仓源次郎的北方认识中，"文化"和"道德"乃是作为自他共有价值，这是"华夷思想"中共通性一面的体现。而到了之后的杉田玄白和平山子龙，对于自他对立性的刻画成为叙述的重点，遂放弃了自他之间"文化"与"道德"的推演。即这一过程乃是"华夷思想"二元结构中对立性一面的不断强化之表现。应该说，日本有着不同于中国的内外部环境，可能是影响其"华夷论"比较容易滑向"华夷"对立论的因素。之前它一直面对着"巨大"的中国，而时下北方又出现了拥有强大军事实力的"北狄"俄国。即在自他对比上，日本一直面对着某一层面上"强大"的他者。联系到宋代知识人因北方"强狄"的存在而强烈呼吁"华夷之辨"，则不难理解日本华夷论的这种倾向。

俄船袭击虾夷地事件发生后，与俄国通商还是交战——即如何应对此前从未遭遇过的强大"夷狄"成为当时知识人苦苦思索的课题。平田笃胤国学思想的产生也正是遭逢了这种时代背景，故而此期写成的《千岛白浪》成为后人把握平田笃胤学说出发点的极好材料。

三、平田笃胤的《千岛白浪》

《千岛白浪》写成于1813年，汇集了他的门人以及好友屋代弘贤所搜集的各种关于此次袭击事件的文书和记录，并收录了事件之前俄船来航的各种资料。当然，作为了解虾夷地袭击事件的经过，《千岛白浪》具有一定的史料价值，但本文关注的是平田笃胤对于自者和他者的叙述。

平田笃胤在《千岛白浪》的序中首先记述了成书的经过，"地理上难辨别之处，另复制有图作为附录。此乃吾直接询问曾亲涉彼地之近藤重藏、最上德内"。可见，平田笃胤对于虾夷地袭击事件的关注程度。然而与之前提到的"北警论"及"交战论"相比，对于夷狄情势，平田笃胤表现出十足的自信与乐观。其中，写道：

笃胤认为，所有诸越人前来侍奉大御国，乃从神世起所定之制度。时有昧于理之无礼头领，窥伺吾御国，浮数千之船，陈数万之兵来袭。然此原本乃是非道叛逆之事，故而其很快为官军之勇所击败，或为神风所吹散。其速亡为必然之道理，故此后亦无大患之事。

这里可以知晓：第一，万国（四方夷狄）服从日本乃是神代定下的契约；第二，外国对日本的冒犯是出于不知此神理，但因为是悖理之事，故而很快会落败，不足以构成长久的威胁。蒙元攻日的失败（神风相助），在这里成为平田笃胤断定俄国难对日本构成威胁的历史证据，或者说是自信心的基本源泉。很显然，所有外国对于日本的侵犯在平田笃胤看来，都是万国最终臣服于日本这一终极神理彻底展现之前的曲折表现。

平田笃胤在序言中欲强调的另一点主张是尊内卑外："本末之差别不得辨，

书信之文辞亦多违反古制，多尊唐国之事。近来兰学兴起，兰学之人对红毛人亦尊崇，非此事（指派遣唐使入唐学习——笔者注）之弊哉？且时有人违反御国之制，实令人愤慨也。如此则今后若戎狄行忤逆之事，尊彼国之人则自然恐惧迷茫，此等人或恐做出错误之事。"此处的尊内卑外论无疑是本居宣长思想的祖述，"对诸藩国之心得，我师本居翁之《驭戎慨言》有极其明确之论述"。虽然此时平田笃胤的思想并未形成自我特色，但仍需看到他业已显现的不同于本居宣长的思想倾向：一是对于本居宣长的"主情"的抛弃，二是对万国事物的极大关注。

在第一点上，如他指出"小治田之时，始向唐国派遣大御使。学习其国之事以后，慕而学之者甚多，多次往来，彼之佛道亦传播开来。于是古代雄壮之威随之变弱，渐渐文为内、武为外。万事好修饰，武士亦滋生照管他人之柔弱之心"。在本居宣长的思想中，"照管他人之柔弱之心"无疑是真实人情的体现，即"知物哀"之心的重要特征。对"雄壮武威"的喜好，对人性自然面、琐细面观照的舍弃，成为后面决定平田学异于宣长学的重要原因。

第二点对于万国事物的关注，如："考察万国之风土者，山村昌永（山村才助）之《增译采览异言》，记述甚为详细。记述万国事情之书，与皇国人漂流到各国，其亲见之笔记，合而阅读之，察其风体，则可知天下国虽多，然无如我皇国之美者，所有夷狄之国皆甚为鄙陋怯懦。"平田笃胤对于万国事物的关注，显然有着他的目的，即在自他的对比中显示独一无二的"皇国之美"，从而"有事（指遭遇重大异变——笔者注）时，心自然安定，此可谓威武大倭心之坚固也"。联系到其后平田笃胤对于万国之学的统摄（《古道大意》）和"灵魂归宿论"（《灵能真柱》），可知在《千岛白浪》的序言中早已有所显现。

四、结　语

随着俄国势力的不断南下，在德川时代的日本知识人中掀起了北警论、虾夷地开发论、同化论、交战论、贸易论等各种各样的北方认识。华夷论也从对道德、风俗的自他同一性关注，逐渐变为对自他对立性的诠释。这一演化过程并不意味着华夷思想的解体，而是在外部环境趋于紧张，在自他力量对比处于劣势情势下华夷思想取向对立性的必然反应。然而，对于日本的华夷论，需要注意的是它对于"武威"的崇尚，这种价值取向在国学者的华夷论中体现得较为明显。平田笃胤的国学思想诞生于北方情势危急的文化年间，不同于北警论、交战论，《千岛白浪》的序言反映出了平田笃胤对于"夷狄"情势的乐观。其中思想虽然多是本居宣长的祖述，但此时平田笃胤已经显示出不同于宣长学的特质。因此，作为其学说出发点的《千岛白浪》对于把握平田国学而言，确实有着不可忽视的意义。

参考文献：

［1］寺沢一，等. 北方未公开古文书集成：第1卷［M］. 东京：教育出版社，1985.

［2］寺沢一，等. 北方未公开古文书集成：第3卷［M］. 东京：教育出版社，1985.

［3］大友喜作. 北门业书：第一册［M］. 东京：国书刊行会，1972.

［4］高仓新一郎. 日本庶民生活史料集成：第四卷［M］. 东京：三一书房，1972.

［5］北海道厅. 新撰北海道史：第5卷［M］. 东京：清文堂，1991.

［6］本居宣长. 本居宣长全集：第8卷［M］. 东京：筑摩书房，1993.

［7］沼田次郎，松村明，佐藤昌介. 日本思想大系：64［M］. 东京：岩波书店，1972.

近松世话净瑠璃剧中町人的体面意识

苏民育

一、导　言

体面意识作为一种社会意识最早比较集中地体现在中世末期的武士阶层中，到江户时代中期，它作为一个独立的概念"一分"广泛地出现在町人的社会生活中，直到今天还影响着日本人的思想和生活。

在日本国内，对于体面意识的专门论述并不多见，只在相关的著述中有所涉及。源了圆在《義理と人情》中指出，体面意识最早只是"义理"（義理）诸多含义中的一种。"义理"的概念形成于日本中世时代末期的武士社会，当时的体面意识和"义理"的其他含义混在一起没有独立的概念。直到近松门左卫门（1653—1725）生活的江户时代中期，体面意识才从"义理"中分离出来，用"一分"（体面）来表示，并广泛地出现在町人的生活中。源了圆认为，正是江户时代著名的剧作家近松将"义理"的概念引入了町人的生活中，并将体面意识从"义理"中分离出来用"一分"这个专有名词单独表示。关于近松剧中的"一分"问题，森山重雄在《近松の方法——その町人倫理について》中有过相关论述，他认为"一分"不同于集团组织内以个人之间的关系为基础形成的"义理"，而是个人面对集团组织的个人意识，并指出近松剧中的"义理"和"一分"集中体现了町人的道德伦理，中下层町人的"一分"意识和对名誉的尊重是近松创作的主题之一。白方勝在《近松世話浄瑠璃における一分の方法—『心中刃は氷の朔日』『今宮の心中』》中对近松在《心中刃は氷の朔日》和《今宮の心中》两部情死剧中有意识地利用"一分"意识制造戏剧冲突的方法进行了分析。目前，在国内还未见涉及江户町人体面意识的相关论述和系统研究。

在江户时代的作品中，近松的世话净瑠璃剧最多也最集中地描写了町人的体面意识。本文将通过分析作品，具体考察町人的"一分"意识在近松的世话净瑠璃剧中是如何体现的。可以说，这将有助于我们了解和研究江户时代最具经济实力的町人阶层的伦理观念。

二、武士的体面意识

古代日本文化的集团性决定了古代的日本人期待在自己所属的集团中发挥作用，这就要求他们在生活中时刻把他人及与他人的合作放在头脑中，由此产生对他人的关怀、同情等美德。同时，与他人的关系也约束着个人的行为。源了圆认为，正是在这个过程中，产生了"义理"的概念。武士社会初期，在武士集团内部，人和人的关系是平等的，他们以名誉、义气和相互信赖作为生存的根本，形成了个人之间的"义理"。在长期封闭的武士集团内部，如果对对方的信任不予回应或对对方的好意不予回报，就会受到整个集团的羞辱，甚至会被排挤出集团。因此，武士对个人体面的保护非常重视，以免使自己的名誉受到损害。体面意识就是在这样的前提下产生的。源了圆认为，名誉就是武士阶层的体面意识，也是"义理"最原始的形态。

江户时代浮世草子的代表作家井原西鹤是最早在作品中集中描写武士体面意识的作家。西鹤描写的体面意识是以武士阶层中的家族和主从关系为基础形成的，按照源了圆对西鹤笔下武士"义理"的分类，"以被羞辱为最高之恶，为了保护自己的名誉，豁出性命也在所不惜"的体面意识和"对接受的信赖和好意，无论付出任何牺牲都要回报"的"义理"被归为一类。两者现象不同，却是同一种意识的不同表现，即遵守信义和保护自己的名誉是密不可分的。在西鹤笔下，名誉被武士阶层看作唯一的价值和行为规范，为了名誉而不惜付出生命的行为是受到赞赏的。

如上所述，武士的体面意识是"义理"的一种表现形式，以看重名誉的义理（体面意识）与"对信赖和好意的回应"的义理（信义）属于同类的义理。这种体面意识往往是武士集团或家族内部，个人之间或主从之间建立相互信赖关系的感情纽带。

三、町人的体面意识

（一）町人体面意识形成的背景

根据源了圆的考察，在江户时代中期"义理"开始在町人社会中形成。这时，全国性的商业组织已经成立，町人阶层的价值体系刚刚形成。在中世时代末期就出现在武士阶层中的"义理"的概念，开始作为道德观念出现在社会底层町人的社会生活中。

那么，为什么在近松生活的年代，"义理"会渗透到町人的社会生活中呢？这主要是因为批发商和其他商业组织发展的结果，除了一部分拥有巨额资本的商人以外，投机商等靠着自己的聪明才智自由追求利益的可能性越来越小，大部分町人只有依靠商业组织才能生存下去。从经济史的角度来说，这是经济发展的新阶段，原来追求各自利益的町人社会转变成了"虚拟的共同社会"——大的商业组织或商业社会，这是义理在町人社会中形成的社会基础。

在这种商业社会或商业组织中，町人个人的名誉显得尤为重要，一旦名声扫地，将无法在商业社会中生存。正是个人名誉在町人社会中的重要性，近松才在作品中将体面意识从"义理"中分离出来，用"一分"这个专有名词来表示，并在作品中不惜笔墨地对其进行描写。

（二）町人"一分"的含义

"一分"在广辞苑中的解释为：一个人的身份、名誉或职责。对于町人社会中"一分"的含义，樱井庄太郎做出了如下解释："相对于武士阶层以家族和主从关系为基础形成的体面意识，'一分'是町人阶层个人的体面意识。"

"一分"既然是体面意识，必然会涉及个人以外的社会组织。森山重雄指出：这个组织不是全体国民的社会，而是具有相同性质的社会组织。所以，"一分"虽然和义理一样是社会组织的道德伦理，但是它完全不同于武士的家族名誉意识，而是以自我为中心的体面意识。家族"名分"是有身份的武士阶层的体面意识的体现，而"一分"是没有任何身份因素的社会组织成员的道德伦理。因此，町人的"一分"与武士看重家族名誉的体面意识相比，更具有自我意识，也更具有社会性，它以社会存在为前提，与社会组织密切相关；它是个人对所属的社会组织的一种信义和道德伦理的体现，也是极度重视个人名誉的体现。

四、近松世话净瑠璃剧中町人的体面意识

近松一生共创作了24部取材于町人现实生活的世话净瑠璃剧。他的世话净瑠璃剧最多也最集中地描写了江户时代町人的体面意识。据白方胜的统计，近松的15部世话净瑠璃剧中出现"一分"的用例达到36例。尤其是在近松的情死剧中，主人公都具有强烈的"一分"意识，他们认为信义和名誉一旦受损，就无法在社会上生存下去，所以往往选择主动结束生命。这也成为近松情死剧中情死的原因之一。

那么，町人的"一分"意识在近松的世话净瑠璃剧中是如何体现的呢？从近松的剧中可以明显看出有两种体现方式，一种是反派人物的主动行为，对作为道德伦理的"一分"——商业社会的信义和他人名誉的损害和践踏；另一种是主人公的被动行为，当自己的信义和名誉遭到他人损害时，对作为个人意识的"一分"——自我的信誉、脸面不惜一切代价加以挽回和保护。

（一）反派人物对道德伦理的"一分"——商业社会的信义和他人名誉的主动损害和践踏

在近松的剧中，反派人物肆意践踏商业社会内的信义和损害主人公名誉的例子非常普遍。主人公往往因为中了奸计而背负恶名，在众人面前被羞辱，信誉受到损害。尤其在近松的 11 部情死剧中，除了《心中重井筒》和《心中宵庚申》以外，其他 9 部都设定了反派角色。这些反派人物用各种奸计使主人公落入圈套，从而陷入不幸。

在《曾根崎心中》中，德兵卫的朋友九平次就是这样一个恶人。德兵卫因爱上了阿初拒绝了和自己主人侄女的婚约，因此必须偿还此前自己继母收下的两贯钱。禁不住朋友九平次的一再相求，德兵卫把好不容易拿到手里应该归还主人的两贯钱借给了他。可是，九平次借钱后一走了之，到期仍不归还。德兵卫前去索要，九平次不仅不承认借了钱，还反咬一口，诬陷德兵卫用假印鉴伪造借款字据骗取金钱。九平次翻脸不认人的态度不仅使德兵卫没了钱无法归还主人，还让他在众人面前背上了伪造字据的冤罪和恶名，蒙受耻辱。九平次利用德兵卫的友情侵吞借款，肆意违背町人商业社会的信义，严重地损害了德兵卫的名誉。不仅如此，他在诬陷德兵卫的当晚，还跑到阿初那里在众人面前散布谣言。在妓女们面前被羞辱对德兵卫而言是致命的。被逼上绝境的德兵卫最终不得不选择了自杀。从以上分析可以看出，剧中把九平次塑造成了不遵守商业社会信义肆意破坏对方名誉的反派人物，正是因为他对德兵卫"一分"的损害，才使德兵卫不仅与阿初恋爱不成，还颜面扫地，丢掉了作为商人生存下去的信誉，把他和阿初逼上了情死的绝路。

这种反派人物对主人公的"一分"肆意破坏的例子在《卯月的红叶》中也体现得非常明显。斗笠铺的店主长兵卫的女儿阿龟和养子与兵卫夫妇俩生活得和谐美满。可是，长兵卫的小妾企图让阿龟做自己弟弟传三郎之妻，以便传三郎继承家业侵吞家产。他们二人不仅虐待与兵卫，还经常在长兵卫面前说他的坏话，直至与兵卫被赶出家门。不仅如此，传三郎还设陷阱骗与兵卫，让他装成长兵卫派的人到街会所取走了装在账箱里的财产转让书。最终，本该给传三郎的财产却落到了与兵卫夫妇的手里，使与兵卫蒙受屈辱，背上了窃取家产的恶名。传三郎的故意陷害损害了与兵卫的名誉，也使他和阿龟最终走上了不归路。

《五十年忌歌念佛》的清十郎、《今宫的心中》的二郎兵卫因为坏人的诬陷背上了偷盗的嫌疑,《大経師昔暦》的藤兵卫同样背负着偷窃和通奸的恶名,《生玉心中》的嘉平次被骂为骗子,《寿の門松》的与次兵卫则背负着杀人未遂的冤罪。这些,无一例外都是因为反派人物的背信弃义和肆意损害主人公的名誉所造成的。

如上所述,在极度重视体面意识的町人的商业社会,"一分"往往因其被过分看重而被九平次、传三郎等恶人利用,将商业社会组织内的伦理道德转化为限制规则来损害对方的信誉。"当他们利用人们对一分和体面过度尊重的弱点而滥用'一分'意识时,往往会一时掩盖对方的个人主张和真相,有时甚至会毁掉对方。"可见,反派人物对"一分"的破坏威力是巨大的,有时甚至可以使人付出生命的代价。这种反派人物对"一分"的主动破坏行为正是町人的体面意识在近松剧中的一种体现。

(二)主人公对个人意识的"一分"——自我信誉、脸面的被动挽回和保护

在近松的世话净瑠璃剧中,虽然主人公都具有非常强烈的体面意识,因信誉受到损害而选择自尽的例子非常普遍,但是我们发现,在剧中作为个人意识的"一分"往往体现为个人信誉受到损害后不惜一切代价进行挽回和保护的被动行为。

从《曽根崎心中》的内容可知,体面意识正是把德兵卫逼上绝路的原因之一。他出于男子汉的义气,把自己性命攸关的钱借给了朋友九平次。然而,九平次不但不承认借过这笔钱,还诬陷他用假印鉴伪造借款字据骗取金钱,使德兵卫在众人前丢尽脸面,名誉严重受损。这意味着他不仅在众人面前遭到羞辱,在町人社会中的诚信也将得不到承认。九平次还变本加厉,带人在生玉神社将德兵卫痛打一顿,使他在更多的人面前遭到羞辱,颜面尽失。德兵卫处境艰难,既丧失了男人的脸面,又无法立足。"真的是无奈啊!想我德兵卫这么正直,心都凉透了,不出三天,我一定要让整个大阪还我清白!""今晚我就熬不下去了,我已经决定了",他为了证明自己的清白被迫选择了死,以此来洗清污名。在自己的信誉受到损害时赌上性命也要挽回体面的被动行为正是町人"一分"意识的典型体现。广末保指出:"如果没有德兵卫想证明清白的决心和行为,这件事不可能发展成为情死悲剧。""丧失男子汉的名誉""体面尽失"等原本属于武士阶层的体面意识到近松生活的年代转化成了个人强烈的体面意识,而且在町人阶层中已经根深蒂固。遵守信誉是商人之道,所以即使豁出性命也要保持体面。一旦在自己所处的商业组织内失掉名誉,是根本无法生存的,所以发生德兵卫这样的悲剧可以说是必然的结果。

《心中刃の氷朔日》中平兵卫对他的主人说道："上上下下不管是主人还是师兄弟都让我丢尽了体面，这样的情形，我或许只能一死。"从中可以看出，体面在当时是如何受到了町人的重视，正是体面的丧失使平兵卫不得已选择自尽来保护自己的信誉。对町人来说，丧失体面就等于失去了生存之道。

在《心中天网岛》中，体面意识与在町人生活中占重要地位的金钱结合在一起，使町人的"一分"意识得到了更充分的体现。剧中的太兵卫是个歹毒的恶人，看到治兵卫和美貌的小春相恋，就妒火中烧，想拆散他们。他在大阪城里到处散播谣言，说治兵卫手头拮据，将要倾家荡产。这使得治兵卫在生意交往中颜面尽失，遭受莫大的耻辱。另外，太兵卫还想抢先将小春从妓院里赎出来。一旦小春被太兵卫赎出，就会让治兵卫丢尽脸面。因为对商人来说，财力的多寡和体面关系密切，将金钱视为神佛的町人认为经济窘迫是一种耻辱，所以作为町人社会的一员，经济上的声誉受到损害是比什么都重要的头等大事。这种体面意识在治兵卫的妻子阿赞的身上得到了充分体现。阿赞为了小春的赎金，甚至将孩子和自己的衣服拿到当铺当掉。因为必须将情敌小春赎出来，才能挽回丈夫的体面保护丈夫的名誉。"我和孩子穿什么都行，男人的脸面才是最重要的。赎出小春不仅小春可以得救，还能让太兵卫这帮坏家伙看看我们的体面！"一旦小春被太兵卫赎身，他在大阪城里到处散播的"治兵卫已经身无分文"的谣言，就会被他人相信，使治兵卫在生意交往中无法生存。在当时的町人社会中，商业信誉至关重要，一旦丧失了名誉，就无法将生意做下去，也就无法生存。可是，阿赞最后被舅舅五左卫门强行带走，赎小春的钱筹措不出，治兵卫颜面尽失。为了挽回自身的声誉，被逼上绝境的治兵卫最终走上了不归之路。

从近松的剧中可以看出，"一分"在町人的生活中一方面作为町人商业社会的道德伦理常常受到恶人的肆意践踏，另一方面作为个人意识的信誉和体面又受到人们极大的尊重。正是因为对"一分"的极度看重，才使这些町人在信誉受到损害时甚至不惜付出生命的代价去挽回和保护。因为它在町人的商业社会中不仅仅代表了町人的体面意识，还和个人的商业信誉密切相关，如二掌柜、小商人是已经完全被町人社会认可的独立一员，一旦他们的名誉受到损害，就会无法生存，所以他们往往会赌上性命挽回声誉。

五、结　语

综上所述，古代日本文化的集团性促成了"义理"的出现，在武士社会初期体面意识最早是作为武士义理的原始形态形成的。在井原西鹤的笔下，江户时代的武士的体面意识是以武士阶层的家族和主从关系为基础形成的，体现为家族名誉意识。可以说，它是一种以被羞辱为最高之恶、为了保护名誉在所不惜的名誉意识，是"义理"的一种体现。

到了江户时代中期，随着商业组织的发展，个人的信誉在町人商业组织这种"虚拟的共同社会"中显得愈加重要。人一旦信誉受损，将无法生存。正是体面意识在町人社会中的出现和重要性，才使得近松将本属于"义理"的体面意识分离出来用专有名词"一分"来表示。町人的"一分"与武士的体面意识相比，更具有个人意识和社会性。可以说，它与社会组织密切相关，是以社会的存在为前提的。

在近松的世话净瑠璃剧中，"一分"意识体现为反派人物的主动破坏行为和主人公的被动保护行为，反派是对作为道德伦理的"一分"的肆意损害和践踏，而主人公则是对作为个人意识的"一分"的被动挽回和保护。无论何种体现，都证明了体面意识在町人的商业社会生活中受何等重要！因为町人的"一分"不仅仅代表了町人的体面意识，它还和商业社会的信誉以及对个人独立的认可密切相关，所以人们在受到损害时才会不惜任何代价甚至付出生命去挽回和保护。在近松的大多数作品中，町人的"一分"意识还往往体现在町人生活中占重要地位的金钱交往上。金钱的纠葛往往成为主人公失去信誉、丢掉脸面的原因，而信誉的丧失不仅意味着颜面扫地，还意味着在重视商业交往信誉的町人社会中将无法生存。

参考文献：

［1］源了圆. 主理的人情［M］. 东京：中公新书，1969.

［2］広松保. 近松序说近世悲剧的研究［M］. 东京：未来社，1957.

［3］重友毅. 近松的研究［M］. 东京：文理书院，1972（4）.

［4］松井静夫. 元禄文学研究［J］. 日本文学，1982.

［5］白方勝. 近松世話净瑠璃における一分の方法［J］. 日本文学，1965
（5）.

［6］森山重雄. 近松の方法——その町人倫理について［J］. 日本文学.
1956（12）.

［7］諏訪春雄. 近松世话净瑠璃の研究［M］. 東京：笠間書院，1974.

［8］広松保. 元禄期の文学と俗［M］. 東京：未来社，1977.

［9］篠田浩一郎. 心中とは何か——近松心中劇の記号論的考察［J］. 国文
学，1985，30（2）.

柳田国男的氏神信仰论与文化重层论

孙　敏

一、柳田国男的氏神信仰论

柳田国男认为，日本繁荣数千年的最重要的基础就是日本人的信仰，而其中最重要的就是氏神信仰。氏神信仰的核心内容包括祖灵观与转生观两个方面，概括来说，即人死后灵魂可以数度转生，最后融入祖灵，成为氏神。

所谓祖灵是一个清澈平和的灵体，它不是某一位祖先的灵魂，也不是代代祖先的灵魂集合，而是由祖先们的灵魂彻底净化后融合而成的一个统一的、清净的灵体。日本人认为，灵体至清则为神，因此祖灵就是氏神。人死去的时候，灵魂与肉体分离，在日本人的观念里，死是充满污秽的，因此新亡的灵魂充满死的污秽，是不能成为灵或者神的。随着时间的流逝，灵魂会慢慢脱去污秽之衣，变得洁净，个人的灵魂得到彻底净化后，就成为一个清澈洁净的灵体，便可以融入祖灵了，个人灵体融入祖灵的同时，其个体性完全消失。灵魂是随着祭祀而不断净化的，一般三十三年后，子孙们为死者举行"终年忌"，即最后一次祭祀其个人的灵魂。以终年忌为界，死者的灵魂就融入了祖灵，或者说人就成了神。以前，日本人的祖灵观中对历代祖先没有差别待遇，人死之后经过一定的岁月，都会毫无例外地、平等而毫无区别地融入自己所属的祖灵，成为氏神。可以说，这构成了日本人内心深处本真而朴素的灵体融合观、灵魂归属观。

与其他诸种宗教的教理不同，日本人的氏神并不会离开生前所住的地方去遥不可及的远方，如西方极乐净土、天国世界等，而是永久地驻留在国土上，如村落周围秀丽的山峰之巅。天空与大海是连续的广阔的道路，祖灵就在其间自由往来。在每年固定的时间里（如在新年、盂兰盆节时），氏神都会回访子孙的家，和他们共享天伦之乐。春天农耕时，氏神从居住的山上降临到田间，守护农业，秋天收获后再返回山上，度过寒冬。因此，年神、山神、田神等，都被人们看作是氏神的化身。日本人认为，即使肉体枯朽、化为青烟或尘土，也不可能与国土彻底绝缘，每个人都将化为氏神的一部分，镇护着山林，也守护着子孙的家业，期待子子孙孙不断成家立业、出人头地。氏神深爱着这一片国土，在山峰之巅安闲地生活，并遥远地守护着自己所深爱的子孙。

灵魂的最终归宿必定是融入氏神，不过，在通往氏神的道路上，灵魂也可以数度转生。转生发生在灵魂攀登到清净的山顶之前，而一旦融入氏神，就没有机会再度转生。成为氏神与转生是并立的，氏神是最终的归宿，转生是可选的过程。不再转生为人的灵体，就永远作为氏神保家卫国。

与其他国家相比，日本的转生观有着鲜明的民族特色。

第一，即使活着的时候，肉体与灵魂也是不同的东西，因此常常会相互游离。这仿佛是一种超能力，灵魂能够离开肉体到很远的地方去，做完它想做的事情再回到肉体中，特别是将死之人，其灵魂经常会去拜访它特别想见的人。其中，灵魂特别容易离开肉身的是孩童，日本民间有各种防止孩童的灵魂离开的咒术，而且人们也相信，有一段时期，他们的灵魂是没有完全注入肉体的。"七岁之前儿童即神。"这是日本一句家喻户晓的谚语。

第二，灵魂能够返老还童。在日本人的观念里，灵魂能够通过转生在年轻的肉体里返老还童，变得年轻而健壮。与七八十岁、历经人世苦难、疲惫不堪的灵魂相比，年轻肉体中的灵魂具有更坚强的意志，能够抵御更巨大的艰难。衰老疲惫的灵魂如果有未尽的心愿，不愿意就此融入氏神，就可以抛却濒临死亡的肉体，在经过一段时间的休养生息后转生到新生的肉体中，实现灵魂的返老还童，去实现自己的人生夙愿，其休养生息的年限正好是三十三年。

第三，灵魂必然会转生为同一家族的血脉，远古的祖先的灵魂不断转生，寄宿在子子孙孙的肉体中。家族的事业往往是集合一代人之力而无法完成的，心愿未了、心系此世，就可以身在彼世而与此世相连。如果某个孩子从长相到气质都很像某个前辈，人们就会认为他是那个前辈转生而来的，在日本历史上曾有段时期认为祖父会转生为孙子，因此起名字的时候常常给长子起名为祖父的名字，给长女起名为祖母的名字。

日本民族对死后的世界感觉亲近，认为生死两个世界是可以互通信息的，从氏神信仰来说，大致有以下几条原因：（1）死后灵魂融入祖灵，并不远去，仍然留在故土附近，即灵魂的驻留；（2）此世与彼世的交通频繁而便捷，不单单是春秋祭祀时，即使在平时，只要某一方有思念之情，氏神就可以赶来相会，即灵魂的回访；（3）祖先会为子孙计划，并几度转生进行同一事业，因此人生时的愿望在死后必能达成，即灵魂的转生。这几条都是非常重大的约定，但由于不是集团宗教，所以没有传于文字。彼世在哪里？彼世就在此世的身边，只是我们看不到，换言之，彼世就是你我都看不到的身边的空间，灵魂的来去是完全自由的。从古至今，很多日本人都对此笃信不已，氏神信仰在死后信仰方面呈现出鲜明的日本特色。

二、文化重层论

从思想渊源上来说，柳田国男独具日本特色的氏神信仰论是基于"文化重层论"展开的。所谓文化重层论，是指文化是重层结构的，分为表层文化和基层文化。基层文化是民族固有的文化，一般不发生变化，反映了一个民族的民族性，而表层文化则易受外来文化的影响而发生变化。

柳田国男开始接触并认同文化重层论，是从德国浪漫主义诗人海因里希·海涅（Heinrich Heine）的散文《流亡中的众神》开始的。他曾说："我青年时代爱读的海因里希·海涅所著《流亡中的众神》等，虽然已经是一百年以前的书了，但从中仍可看到今天发展起来的学问萌芽。"《流亡中的众神》描述了进入基督教时代之后，随着基督教势力在欧洲的扩展，土著的传统信仰——古希腊和古罗马的众神不得不由神变身为恶魔的命运。例如，宙斯避祸于遥远而冰冷的北极兔岛上；阿波罗只好去放牧，伴着齐特尔琴，唱着寂寞的歌；老战神玛尔斯沦落为雇佣兵，目睹了罗马城的陷落；酒神巴克科斯甚至隐身于基督教，当上了基督教的教士；信使兼送魂者赫尔墨斯则成了荷兰商人，等等。通过对基督教教化之前的欧洲，特别是对北欧民间信仰的关注，海涅揭示出了欧洲文化的重层构造，这对柳田国男后来开拓日本民俗学、致力于氏神信仰的研究具有重大的启发作用。

在《流亡中的众神》的启示下，柳田国男认识到在重层的文化中，只有基层文化才是最民族的，要找寻日本人的民族精神，就要着眼于日本的基层文化。因此，他把目光从喧嚣西化的"明治近代"转向沉寂而"冥顽不化"的"前近代"，从繁华的大都市转向荒凉的小乡村，开始关注穷乡僻壤里生生不息的民间传承。1910年，柳田国男出版了故事集《远野物语》，这可以看作是日本版的"众神流亡"，其中讲述了家神、山神、农神、水神、年神等纷纷沦落为妖怪的故事。《远野物语》被视为日本民俗学创立的里程碑。从此，柳田国男走上了民俗学之路，开始了对日本民族精髓的探索，并最终把研究重心放在了对日本氏神的研究中。

丸山真男在战后也倡导文化重层论。他提出"古层说"，认为日本的思想史是对外来思想接受、修正和摄取的历史，不断摄取的外来文化在日本人的精神结构内部形成不同的层次，并促使新生层次与古层之间不断相互作用。在这一过程中沉积于最下层者就是日本文化的"古层",古层是由神道的各种观念和绵延不断的民间传承所累积而成的。丸山真男的古层说和柳田国男的文化重层论在文化立场上是基本一致的,他们都主张日本固有文化是基层文化,而外来文化是表层文化,真正对日本人起决定性支配作用的是日本固有文化,都主张从民间传承的神道中探寻日本的民族精神。不过,二者对"神道"的理解是不同的,丸山真男主张从日本古典书籍《古事记》和《日本书纪》的神话中探寻神道的真髓,而如下所述,柳田国男认为记纪神话也是后来的朝廷制造,并不是真正的本真神道,只有民间的氏神信仰才代表了真正的神道。

三、柳田国男的神道重层论

从日本神道的历史来看,神道的发展大致经过了以下五个阶段:原始神道、佛教神道、国学神道、国家神道和当代神道。神道是日本的原始宗教,最初以自然崇拜为主,属于泛灵多神信仰,也叫作精灵崇拜,视自然界各种动植物为神祇。神道一词首次出现于《日本书纪》中的"天皇信佛法,尊神道"一句。它是为了与佛法一词分庭抗礼而创造的,以用来区分日本固有的信仰与外国传入的佛法。后来,神道与佛教相互融合,即神佛习合,取得了很大的发展。至江户末期,本居宣长、平田笃胤等国学家推行复古神道,主张神佛分离,要从《古事记》《日本书纪》等古典作品中寻找日本精神。明治维新后,日本政府宣布政教合一,将神道定为国教,称为国家神道,规定信奉神道是日本国民的义务,从而使神道成为统治国民的手段。1945 年,日本战败后,宣布政教分离,废除国家神道,此后,神道成为国民自由信仰的宗教。从日本诸神的神灵谱系来看,神道中有如下各种神灵:(1)来自于民间传承的无数无名小神,可称之为民间神灵,如氏神、山神、田神、水神等;(2)来自于佛教经典中的神灵,可称之为佛教神灵,如如来、菩萨、药师等;(3)来自于《古事记》《日本书纪》等日本古典的神灵,可称之为记纪神灵,如天照大神、素盏鸣尊等。民间神灵、佛教神灵、记纪神灵在日本的历史长河里是并存的,但是他们的文化形象的来源是完全不同的,可以分别看作是原始神道、佛教神道、国学神道的代表。

柳田国男站在文化重层论的立场上,认为日本的传统宗教被过于笼统地称为神道,其实神道的名称之下隐含了原始神道、佛教神道、国学神道、国家神道等各个"文化层"。他主张摈除佛教、国学、国家意志等影响,以氏神信仰为代表的民间神灵信仰作为日本神道的精髓所在,作为日本人的民族精魂所在。他还认为,只有通过氏神信仰研究,才能寻找到真正的民族精神,才能建构真正的民族文化。因此，柳田国男在精心建构日本民族的氏神信仰的同时，也对佛教、国学和国家神道进行了猛烈的批判。

首先，柳田国男对佛教进行了批判。第一，他认为在日本的神道信仰中，万物有灵，神灵的个数号称有八百万之多，这八百万神都是平等的，并没有高低贵贱之分，但是在佛教的众佛果位体系中，是有非常鲜明的等级观念的，依次如佛、菩萨、观音、罗汉、金刚等，而且诸佛之下有诸神，诸神之下有诸妖，形成了非常有序的等级。因此，当佛教传入日本时，首先以其严整的上下等级秩序影响了神道信仰，使神道中的众神也开始按照一定的神德排序定位。在国学思想盛行之时，天照大神作为皇室祖先神受到推崇，成为众神之王，而到了国家神道时期，这种上下等级关系直接与各地的神社相联系，形成了整齐的金字塔型等级体系。可以说，这是佛教的第一大危害。第二，柳田国男认为在氏神信仰中，人死后最终的归宿只有一个，即所有的人都会无差别地融入氏神，氏神是集体人格神，是没有具体的名字的，只是被笼统地称为氏神。但是，佛教中的神佛都是个体人格神，因此它不承认祖灵的融合，而强调个人灵魂的供奉。这样，随着佛教对神道的浸润，神道中的神灵也渐渐演变为个体人格神了。柳田国男认为，佛教使神道中的神灵概念由集体人格神转变为个体人格神，这使得日本人在潜意识里逐渐由重视集体转变为重视个人，这是佛教的又一大危害。柳田国男说："虽然三百年来的宗教制度将日本涂上了佛教的颜色，但直至如今，佛教仍然无法将某些部分同化，例如在对人的死后信仰方面，就鲜明地留下了日本自己的特色。能看到这一点，我感到格外高兴。"因此，柳田国男从死后信仰着手，开始了对氏神信仰的研究。

其次，柳田国男对国学进行了批判。他认为所谓日本人分为两部分，一部分是占人口极少部分的朝廷，另一部分是占人口绝大多数的日本平民，只有在平民的文化传承中才能找到日本民族自然生发出的天然凝聚力，而朝廷文化在很大程度上是为了统治的需要而杜撰出来的。国学亦称"皇国学"，其直接目的是尊崇皇室、巩固天皇统治，其途径是研读日本的古代书籍——《古事记》《日本书纪》等。在记纪神话中，统治众神的最高神是天照大神，天皇作为天照大神的直系子孙，拥有统治日本的权力，"天壤无穷的神敕"是天皇权力的正统性来源。柳田国男认为，被国学奉为经典的记纪二书，其中记载的诸神都不是日本原生态的神灵，即不是集体人格神，他们都有自己的名字，都是个体人格神，这很明显是受到佛教的影响而杜撰出来的，是为了从神话角度维护天皇权威的正统性。因此，柳田国男认为，虽然国学的目的是从古文献中找出"纯粹的理想的日本"，从而复兴并弘扬古代的"皇神之道"，但它们作为依据的古文献本身是朝廷为了自身利益而制造出来的，因此不能代表平民意愿，也无法代表民族精神。因此，他说："即使是如本居宣长、平田笃胤般的大学者，也没有充分说明日本神道的本来面目"，"虽然在繁杂诸说之中独领风骚的是平田笃胤流的神道，但这不是从国民精神生活出发而得出的"。也就是说，柳田国男认为，国学使记纪神灵替代八百万神成为神道中的主神，即篡改了日本神道中的神灵，这是国学给神道带来的巨大危害。

再次，柳田国男对国家神道进行了批判。柳田国男认为，所谓民族凝聚力，首先应该是由内而外自然生发的，而不是由外而内强制执行的。所谓国家神道，是以伊势神宫为顶点，将日本全国的神社按照行政级别统合于金字塔形的序列中的国家祭祀体系。1871 年 5 月，日本政府发布太政官布告，建立以伊势神宫为顶点的中央集权神社制度，把日本全国的神社赋以"社格"，并形成"官国币社—府县社—乡社—村社—无格社"的金字塔形体系。国家神道以皇室祖先神天照大神为最高神，并包括与天照大神相关的诸神，以及将历史上著名人物神格化形成的神灵等，而与日本人的日常生活密切相关的氏神等，也通过神社的社格系统，纳入了国家神道体系的最底层。也就是说，国家神道实质上是以国家行政的强制手段，将自由信仰的神道（包括原始神道和国学神道）全部纳入国家政治，实现政教合一。柳田国男指出，在国家权力干预之前，日本全国上下的氏神信仰是一致的，"家族—村落—国家"的自下而上的统合是以"祖先与子孙的自然亲情"为基础的自然统合。但在国家神道中，日本国家共同体的统合纽带发生了质变，变成了"国家—村落—家族"的自上而下的以国家行政力为基础的强制统合，是一种恶意的统制。简言之，柳田国男认为，国家神道其实是一种国家意识形态，是伪宗教、伪神道。因此，他说："明治神道也不能恰当地表达大多数平民的思想"，国家神道是"明治以来的行政"，是"独裁的政治"。

最后，柳田国男认为，只有从神道中剥除佛教中的等级秩序和个体人格神观念、国学中的朝廷意愿、国家神道中的国家意志，才能建构真正的日本神道。本来的日本神道应该是从国民的精神生活出发而得出的，应该表达大多数平民的思想。信仰的基础必须根植于生活的自然要求，人们在劳动中规避不安、寻求幸福，他们祈祷的神灵常常是身边的民间信仰中的神灵，只有民间信仰才反映了日本人的祖先实际生活的样态。因此，只有那些被所谓的神道思想家们忽视了的、在民间顽强生长着的对民间众神的信仰才是日本人最自然的信仰，才是真正的日本神道。因此，柳田国男将研究重心放在了民间的固有信仰，特别是氏神信仰方面，希望以此究明日本神道的本来面目，找到日本民族的精魂所在，并建构起当代神道以作为日本民族内聚力的源泉。

四、结　语

柳田国男站在文化重层论的立场上，主张剔除了佛教、国学、国家神道等诸多因素的神道才是真正的神道，试图通过氏神信仰研究追寻本真的日本神道。柳田国男的这种神道重层论即是他追寻民族文化的思想基底，也反映了其民族文化研究中与西方割不断的丝丝缕缕的联系。

参考文献：

[1] 柳田国男. 柳田国男全集：15 [M]. 东京：筑摩书房，1946.

[2] 海涅. 海涅全集：7 [M]. 章国锋，胡其鼎，译. 石家庄：河北教育出版社，2003.

[3] 柳田国男. 柳田园男全集：27 [M]. 东京：筑摩书房，1946：341.

[4] 韩东育. 丸山真男的"原型论"与"日本主义" [M]. 北京：中华书局，2003.

[5] 奥可塔维欧·帕斯. 双重火焰：爱与欲 [M]. 蒋显璟，真漫亚，译. 北京：东方出版社，1998：35.

[6] 钱澄. 变异的专偶制 [J]. 苏州大学学报. 2003 (4).

[7] 张哲俊. 源氏物语与中日好色观的价值转换 [J]. 北京师范大学学报. 2007 (6).

[8] 秦弓. 复归伊甸园的困境 [J]. 外国文学评论，1996 (2)：90.

[9] 肖明翰. 中世纪欧洲的骑士精神与宫廷爱情 [J]. 外国文学研究，2005 (3)：61.

《日本国志》所载日本婚俗词汇浅探

贾 莉

一、导 言

晚清驻日参赞黄遵宪所著《日本国志》，成于 1880—1887 年间，是晚清对日研究的集大成之作。全书共 40 卷 50 万字，包括卷首中东年表和国统志、临交志、天文志、地理志、职官志、食货志、兵志、刑法志、学术志、物产志、工艺志等 12 种志，内容十分丰富。其第 34 至 37 卷的礼俗志，对日本的近代婚俗做了详细的记录。下面，笔者摘其典型的婚俗词汇分三类加以解析，并与汉族的传统婚俗进行对比，以揭示中日文化关系的一个侧面。

二、与汉族婚俗名实一致的词汇

（一）赘壻（むこようし）出自《日本国志》第三十四卷

足利氏之后，诸侯无子者即赘壻为子，嫁之于女倬，承宗祀，并从其姓，赘壻之风大行，因有男子嫁人之名，至今犹沿其俗。

日本的婚姻形态主要有"入赘婚"和"迎娶婚"两种。"入赘婚"在古代比较普遍，室町时代以后，"迎娶婚"在庶民中间逐渐普及。进入江户时代，庶民间的婚姻形式就成了清一色的"迎娶婚"了。由于入赘婚的稀少，黄遵宪对此特别予以了关注。

"壻"古同"婿"，"赘壻"即"赘婿"。日语中"赘婿"被称为"むこようし"，即"婿养子"，换言之，招来的女婿类似于儿子。这个词在中国也存在，被收入了《汉语大词典》。在中国，入赘婚最早始于母系社会，指男子就婚于女家并成为女方家庭成员的婚姻形式，俗称招婚，是从妻居、服役婚等古婚遗俗的发展。入赘得以延续的原因，或是女方需要劳动力，需要养老接代；或是男子家贫而无力娶妻，只能以身为质到女家完婚。秦汉时，入赘形式具有"赘婿服役"的性质。宋代以后，入赘变为"赘婿补代""赘婿养老"性质。女家没有男性子嗣，招婿上门接续宗祧，补充劳力，并赡养女家老人，入赘的男性也多受歧视。入赘婚在社会上不占主流，主要是由于男尊女卑思想的影响。

在日本，民众对入赘婚的接纳程度与中国不尽相同。在奈良时代，以母权为主的氏族制还保存着相当大的势力。到了平安时代，随着氏族制的瓦解，平民有了居住迁移的自由，出现了丈夫到妻家定居的"入赘"形式。这种入赘婚姻在农村中极为普遍，即使在中上阶层，也有这种形式。因此，入赘的男子在家中的地位不是很低，也不太受歧视。

（二）结纳（ゆいのう）出自《日本国志》第三十四卷

肝煎与妇家为约，名曰"架桥"。既诺，乃诣官，告婚官，许之，遂用红定，谓之"结纳"。

日文中的"结纳"，意思是"订婚礼、订婚礼品"。这个词中国人也使用。《汉语大词典》的解释是：纳采。指古代婚俗六礼之一，订婚时男方向女方送的聘礼。日语与汉语"结纳"的意义和用法完全一致。

以上两个词，反映出日本婚俗中沿用了古汉语词汇直至今日。由此，不难看出日本对中国婚俗的接纳和传承。这告诉我们，日本吸收了自先秦以来的汉民族文化。

三、与汉族婚俗名异实同的词汇

（一）肝煎（きもいり）出自《日本国志》第三十四卷

凡男子弱冠，其父母将迎妇。先立媒人，名曰"肝煎"。"肝煎"周旋二姓间，或看花，或烧香。骋车某寺，泛舟某桥，使两小相识。

"肝煎"为日语词汇，指进行撮合、调解和斡旋的人，即中国所谓"媒妁"。中国自古就称婚姻介绍人为"媒人""红娘""月老"。媒人自提亲起，到订婚、促成结婚都起着中间人的作用，在男女双方间联络、协调、说吉祥话，祝福新人幸福美满，直至婚礼结束。

媒妁之言在日本的婚姻中同样占有重要地位。日本昌泰年间，僧昌住所著《新撰字镜》说："媒，妁也，仲立。"现代日语中媒人也被称为"仲人（なこうど)。"日本作为婚姻介绍人的媒人，出现于奈良、平安时代之际。但说媒制度真正普及，则是始自江户时代。这一时期，通婚范围较前显著扩大，在适龄男女的相识过程中，媒人开始成为重要的中介。"肝煎"在结纳、请期、迎亲、回门甚至产育阶段都担当着重要的角色，与中国的"媒人"作用相同。但是，这个词在汉语中尚未发现用例。

（二）架桥（かけはし）出自《日本国志》第三十四卷

肝煎与妇家为约，名曰"架桥"。既诺，乃诣官，告婚官，许之，遂用红定，谓之"结纳"。

"架桥"在日文中有架设桥梁之意，是日本婚礼程序中的第一个阶段，意为到女方家提亲，取牵线搭桥之意。这个词显然跟中国的"鹊桥"有些联系。在中国，这一婚俗环节被称为"提亲"，指媒人看男女双方条件相当，受男方委托到女方家提出婚事。"提亲"与"架桥"名异实同。

（三）卜日（ぼくじつ）出自《日本国志》第三十四卷

肝煎相携（聘礼）到妇家，亲戚咸集，揖让礼终，新妇出曰："妾不敏，愿赐教"，既而开宴卜日。

"卜日"意为男女双方在互相满意基础上设酒席宴请宾客，并定下举行婚礼的良辰吉日。在中国的婚俗中，这一婚礼环节被称为"请期"，是古婚礼六礼之一：男家行聘之后，卜得吉日，使媒人赴女家告诉成婚日期，形式上是由男家请示女家。不管中国还是日本，婚期的选定都是慎重之事，需要多方权衡。而中国更是要依据黄历和结婚双方的生辰八字来选定。可见，不管中国和日本，选定吉日这一环节都是必有的，只是名称不同而已。

（四）鱼双双鱼（そうぎょ）出自《日本国志》第三十四卷

白发一、熨斗一（制以鲍鱼，长数尺，以蒿缚）、鱼双（用棘鬣鱼或鲤鱼或用兔雁）、酒一樽、衣一领、带一围，其它数种，贫富有差。

日本婚俗在结纳时要交纳聘礼，其中有一样东西值得我们注意，那就是"鱼双"。"鱼双"在日本的词典中未见，但是在日本婚俗中有"双鱼"这一聘礼。因此，我们可以认为《日本国志》中的"鱼双"是"双鱼"的笔误。双鱼用棘鬣鱼、鲤鱼或用凫雁制成，象征女阴，是典型的生殖崇拜的表现。在聘礼中送上双鱼是希望双方在结婚以后能早生贵子。由于生育是婚姻的主要目的，所以在汉族的婚俗中对生殖崇拜也都有涉及，虽然聘礼中大多并没有送双鱼的习惯，但通过其他物品同样表达出了对新人的祝愿，如洞房内放红枣、花生、桂圆、莲子，取其谐音"早生贵子"之意。不过，部分地方（如鄂东）也有在迎娶的时候送两条鲢鱼的习俗，其寓意为成双成对，连年有余，与日本似同实异。

（五）里入（さといり）出自《日本国志》第三十四卷

三月归宁母家，肝煎从焉，名曰"里入"，一宿而归，婿为客，于外家，曰"初客"。肝煎又从，遗物有差。

日本和中国一样，女子新婚在男方家住一段时间后要归省娘家。日语"里入"一词指女子出嫁后第一次回娘家省亲。而女婿则被称为"初客"，意指第一次到访的客人。在中国，这一婚俗环节被称为"回门"。《汉语大词典》中解释为："女子出嫁后，首次回娘家探亲，与婿偕行者谓双回门。"女儿、女婿亦被当作客人来招待，很显然女儿嫁出去就不属于自家人了。日本和中国风俗相同而名称各异。

（六）待女郎（まちじょろう）出自《日本国志》第三十四卷

即夜，妇舆入，肝煎从，亲戚皆从，先出父，命之母申之。母为结束，盘五彩缕于髻，裙屐皆新。乃设庭燎为送死之礼，表不再归也。舆将入门，数女迎之名"待女郎"，升堂先拜家庙，就席北面坐。衣必用素，以苴覆面，头发皆去饰，但装红粉而已。

"待女郎"是日本婚俗的一个环节，指抬新娘的轿舆还未进夫家大门前，有几位女子出迎，接新妇到夫家。中国亦有此风俗，鄂东、闽南以及粤东的婚俗中，这谓之"牵娘"或"牵新娘"，担当"牵娘"任务的人被称为"牵家婆"。"牵娘"，顾名思义是牵着新娘走出花轿并进入新房，将新娘牵出时还要念一些吉祥语。有些地方还以男童代替"牵家婆"来迎接新娘出轿，意为下轿就见男孩，以后才会生男孩。

（七）部屋（へや）、帏妾（いしょう）和权妻（ごんさい）出自《日本国志》第三十四卷

诸侯妾曰"部屋"；士大夫、平民皆曰"妾"；外妇名曰"帏妾"，生子则为"乳母"，不得配庙。聘妾不修礼，不与亲族交，有非妻非妾者曰"权妻"，亦不与亲族交，计月输值，朝张暮李，听人去留，生子或留子去母，后有为妻者，设宴飨亲族曰"披露"。必设假父母，以生母贱也。

古代日本一夫多妻的现象屡见不鲜。不但诸侯、士大夫可以纳妾，平民纳妾也是平常之事。但是，这些妾的名称各不相同。"部屋"一词，日语中本是房间的意思，这里转义指"内室"，表明了妾不能登堂入室的身份。"帏妾"的"帏"是帐子、幔幕，亦有内室之意，"帏妾"意为在幔幕后的妻妾。"权妻"的身份地位居于妻妾之间，每月从丈夫那里领受资财，家庭地位低下但有较大的人身自由，不像妾要长居内室。"权妻"生子之后可以升格为妻子——摆设婚宴以彰显自己的新身份，但自己的小孩不能由自己抚养，要交给身份较高的养母抚养。可见，为人妾者在日本近代家庭中的低下身份。

中国的纳妾制度也自古就有，但"部屋、帏妾、权妻"在汉语中均未有用例。中国古代统称这类女性为"妾"。对于婢女和仆人来说，妾应该是主子，然而，妾对于家主来说近似奴隶。妾在家庭中的权利很受限制，地位十分卑微：不能参加家族的祭祀，其亲属不能列入丈夫家的姻亲之内，就连妾所生的子女也必须认正式妻子为"嫡母"，而生身母亲只能为"庶母"。这样，妾所生的子女是少爷、小姐，而妾的身份近乎奴隶。可见，"妾"和"部屋、帏妾、权妻"在家中的地位都十分低下，只是称谓不同而已。

以上这些名异实同的婚俗词汇从另一侧面为我们展现了日本文化的特点，那就是即使与外来的文化在某个方面相同，但却用日本本土的词汇来称呼它们，这充分反映了日本民族强烈的自我意识。

四、与汉族婚俗名实皆异的词汇

（一）白发（しらが）、熨斗（のし）出自《日本国志》第三十四卷

白发一、熨斗一（制以鳆鱼，长数尺，以蒿缚）、鱼双（用棘鬣鱼或鲤鱼或用兔雁）、酒一樽、衣一领、带一围，其它数种，贫富有差。

日本婚俗在结纳时要交纳聘礼，聘礼很有讲究，多具有象征意义。结纳时的聘礼"白发"，是用白麻制成，长约数尺，象征夫妇的白头偕老。"熨斗"是"熨斗鲍（のしあわび）"的略称，用鲍鱼制成，用蒿扎成束，寓意着爱情生活的长久。白发和熨斗二词虽然在汉语中都有，但是意思却完全不同，和聘礼毫无关联。当然，中国也有送聘礼之俗，具体物品各地不同，但大多是财物和有吉祥意义的东西。

（二）引出物（ひきだしもの）出自《日本国志》第三十四卷

至日，婿受父母命与肝煎到妇家迎之女，父母初见婿，授以刀剑二，名"引出物"，跪拜礼终，设酒宴欢饮而去。

"引出物"是岳父给女婿的见面礼，刀、剑各一把。日语中"引出（ひきだし）"是"抽出"的意思，由于拔出刀剑皆可用"引出"一词，"引出物"也就作为了刀剑的代名词。在日本，配刀、剑是身份的象征；而"剑"更被视为"三种神器"（镜、剑、玉）之一，因此岳父赠予女婿刀、剑，意在希望新郎将来事业蒸蒸日上。现在，日本的婚礼中把赠礼统称为"引出物"。而在汉语中"引出"并无此意。

（三）岛台（しまだい）出自《日本国志》第三十四卷

婿礼服南面坐。肝煎行酌应酬，杯用三，肴用高盘，盘上饰以松、竹、梅，鹤、龟，皆以绣，或以金银纸制，象蓬莱岛也，名曰"岛台"。肴必用干乌贼，羹用蛤，壶饰以雌雄蝴蝶，以金银纸为之。

"岛台"是在婚宴阶段盛装菜肴的高盘，盘上以松、竹、梅做装饰，上面绣有龟鹤，或以金银纸包装。而"岛台"在汉语中由于谐音"倒台"，自然在中国婚俗中不见其名。联系上文"鱼双、白发"等词可以看出，不管中国还是日本，聘礼中除了有新婚家庭的日常生活用品外，还送特殊的礼物以表达对新人的祝福，都利用物品名称的谐音或者物品本身的吉祥含义来传达美好的心愿。

以上所列词汇在我国汉族婚俗中均未找到用例。可见，日本婚俗在接受汉族文化影响的同时还结合自身文化的特点创造了不同于汉族婚俗的元素。日本民族不仅仅善于模仿，而且在树立本民族特色上也做得十分出色。传统婚俗虽然与中国相似，但其内容已大不相同，换而言之，保存了中国汉族婚俗大部分的"形"，而其内涵——"心"已有了诸多的改变，但从独创性词汇在婚俗词汇中所占的比例来说仍不算多。

五、结　语

从黄遵宪《日本国志》中对婚俗词汇的解析来看，近代日本婚俗的程序与汉民族大体相同，因而与汉族有着明显的渊源关系。有些婚俗词汇不管是字面意思还是内在含义完全借用汉语词汇；有些词汇看似陌生，但所表达的意思在汉族婚俗中完全存在。当然，日本婚俗也融入了自己的文化特点，增加了不完全相同于汉族婚俗的内容，创造了一些婚俗词语。总之，二者完全相同的和独树一帜的词汇较少，似异实同的婚俗词汇较多，其婚俗的大同小异反映了两国文化深厚的渊源关系。由此可以看出，汉文化对日本文化有着深刻的历史影响。

参考文献：

[1] 原田伴彦，远藤武，百濑明治. 图录近世女性生活史入门事典 [M]. 东京：柏书房，1991.

[2] 马兴国，宫田登. 中日文化交流史大系·民俗卷 [M]. 杭州：浙江人民出版社，1996.

[3] 汉语大词典编委会. 汉语大词典 [D]. 北京：商务印书馆. 1988.

[4] 古代汉语词典编写组. 古代汉语词典 [D] 北京：商务印书馆. 1991.

[5] 王晓秋. 近代中日文化交流史 [M]. 北京：中华书局. 2000.

[6] 乌丙安. 中国民俗学 [M]. 沈阳：辽宁大学出版社. 1985.

[7] 马兴国. 千里同风录 [M]. 沈阳：辽宁人民出版社. 1988.

[8] 冯尔康，常建华. 清人社会生活 [M]. 沈阳：沈阳出版社. 2002.

[9] 秦永洲. 中国社会风俗史 [M]. 济南：山东人民出版社. 2000.

[10] 王增永，李仲祥. 婚丧礼俗面面观 [M]. 济南：齐鲁书社. 2001.

[11] 黄遵宪. 日本国志：三十四卷 [M]. 影印本. 上海：上海古籍出版社，2001. 2.

中日"天女"之比较

——以《董永变文》与《竹取物语》为例

向羿仲

一、对比之可行性

（一）对比文本的选择

董永其人最早出现于汉代画像石中，其故事发展可分为雏形期、渐变期、转型期、重铸期四个阶段。雏形期可用四组文本来连缀：东汉的武梁祠画像（约公元147—200年）及同时期四川、山东的一些画像石；据称为西汉刘向所作的《孝子图》；三国曹植的《灵芝篇》（192—232年）；晋干宝的《搜神记》（280—289年）。其中，"天女"这一人物形象最早出现于曹植的《灵芝篇》，在干宝的《搜神记》中渐趋于成熟。渐变期的特征主要体现为唐代到清末故事在情节、形式、受众三个方面的变化，代表性的文本包括唐五代的《董永变文》、宋元间的话本小说《董永遇仙记》、元杂剧《董秀才遇仙记》、明传奇《织锦记》等，这是董永故事的定型期；最后两个时期分别为，民国和新中国成立以后，其中最具代表性的文本是黄梅戏《天仙配》。

《竹取物语》创作于9世纪末至10世纪初，作者已难考证。一般认为，它并非出自一人之手，而是经过历代民间艺人和专业作家的不断改造而完善的。紫式部将之称为物语文学之鼻祖，这是对它摆脱汉文文体影响，开创一种新的文学体裁这一功绩所给予的评价，肯定了它在日本文学史上的地位，而《源氏物语》则是对这一体裁的继承和发展。值得注意的是，《竹取物语》在其成文以来，故事情节和内容并未再有过调整或改变，很好地保持了原貌。

从创作时间上看，日本的"物语文学"产生于平安时代（794—1192年），而古代中日政治文化的交流始于公元7世纪。随着一批批遣唐使去往中国，中国的思想、文化大量传入日本，在文化方面形成了"唐风文化"。由此推测，"物语文学"受到了中国古典文学的影响也是极为合理的。《竹取物语》的创作时间正值我国唐五代时期，这也是董永故事的渐变初期，这一时期关于这个故事发展最完整、流传范围最广的要数敦煌宝库中的《董永变文》，因此笔者认为对比《竹取物语》与《董永变文》较为合适。

（二）叙事文体的相似

现代叙事学中，叙事文体指的是语言在具体被使用时所体现出来的一种功能体式，它是一定的交际目的和交际需求的反应。我们不妨用现代叙事学的理论来看看这两篇古典文学作品。

首先，所谓变文，就是由讲经文发展而来的说唱文学作品，变文就是流传于民间，讲故事的文本。因此，在《董永变文》的开篇就有这样的句子：

人生在世审思量，暂时吵闹又何方？大众志心须净听，先须孝顺阿爷娘。

变文里的叙事者和叙事接受者都极为明显，其中叙事接受者是直接出现在文中，"大众"即故事的听众，在这里就是故事的宿体。而"须净听"一词，带有规劝之意，那么是谁在劝导众人呢？中国古代素有说书人这一职业，说书人将话本中的故事以口述的形式呈现，并在叙述过程中穿插评论，以起到突出重点、警示世人之用。因此，这里的叙事者就是说书人。

其次，日本的物语文学，由口传文学中的民间故事发展而来。大部分作品都是以"昔々""今は昔""これは昔の話"等语句为开场白叙述故事，如《竹取物语》的卷首即为：

很久很久以前，有一个伐竹的老翁。

可见，这种叙述方式中的叙事者与叙事接受者亦不难推断。"很久很久以前，有……"这样的语言带有很明显的叙述性，文本中叙事者虽未直接现身，但这样的表达已经说明了他的存在。叙事者将民间素材编辑成文，目的多为供上层人士消遣，那么其受众就由口传文学中的"听众"上升成了文本之"读者"。但从叙事学的角度看，"听众"也好，"读者"也罢，都是故事的接受者，是信息的宿体，这一点两者并无二致。

综上，《董永变文》与《竹取物语》两部作品的文体存在许多相似性：一则都为讲述民间故事的文体；二则叙事者与叙事接受者都极为明确。值得一提的是，两部作品中的叙事者都是"全知全能"的，凌驾于作品众人物之上，通透所有人物命运之发展。

他仔细寻思，石钵既然在天竺，总不会拿不到的。但他转念又想：在那偏远的天竺地方，这也是独一无二的东西。即使走了千百万里，怎么能把它取到手呢？

这段话节选自《竹取物语》的佛前石钵一节，很明显叙述者不但了解故事之发展，对人物心理也了若指掌。而《董永变文》一文中"好事恶事皆抄录，善恶童子每抄将。孝感先贤说董永，年登十五两亲亡。"等语句，更体现叙事者不止知人间之事，就连仙界之事也略通一二，这或许就是古典文学中全聚焦叙事模式之体现。

三、两文中"天女"之异同

《董永变文》与《竹取物语》不仅在叙述文体上很相似，在叙述人物上也有重叠。两文在主要人物上都设有仙女这一角色，且该人物都起着主导故事发展的关键性作用。若无天女下凡相助，估计董永也就只能卖身葬父落个"擎身却入贱人行"的悲惨命运，更不会有后面的董仲寻母；若无辉夜姬降世，也就无所谓后文的求婚情节，作品想要表达的"仙凡有别，不可高攀"的主题也就无从谈起了。那么，中日之天女又有何异同呢，这便是本节需要探讨的问题。

（一）故事中的"天衣"

羽化这一概念毋庸置疑源自中国传统的道教思想。道教崇尚"人法地，地法天，天法道，道法自然"的和谐思想，追求羽化升仙，以图重新获得被社会戒律所破坏的人的原始自然性。这一"天人合一"的思想恰与日本人崇尚自然、讲求万物和谐的观念不谋而合。《董永变文》中虽未直接出现"羽化"二字，但"董仲寻母"一幕的"脱却天衣边入水，中心抱取紫衣裳"一句，已泄露"天衣"即"羽衣"。因着衣裳被偷，所以天女无法顺利回到天界，为何？这估计与"鸟儿无翼、插翅难飞"是一个道理，这样的"羽化"思想在我国的传统故事中屡见不鲜。再看《竹取物语》，其最后一章直接以"天の羽衣"为题，对"羽化"一幕的描写如下：

天人把天上的羽衣披在辉夜姬身上。辉夜姬一穿上这件羽衣，就不再想起老翁和悲哀等事。因为穿了这件羽衣能忘记一切忧患。辉夜姬立刻坐上飞车，就此升天去了。

前文中月宫之人一而再地催促辉夜姬穿上"羽衣"，可见"羽衣"是飞升的必要条件。只是较之中国天女的"羽衣"，辉夜姬的这件还有删除尘世记忆之效，这是否暗指前尘往事一旦忘记，尘缘也就彻底了断，天上人间不会再生瓜葛？无论如何，"天衣"这一意象，是此二文的共性之一。天女们穿上天衣，羽化而登仙，这一情节的安排很可能是受了我国道教思想之影响。

（二）仙女下凡

两个故事中的仙女都是因故下凡，在人间度过一段时日，最后回归天界。首先，仙女们下凡的目的都在于"施恩"。董永在路遇仙女之时，仙女说："郎君如今行孝仪，见君行孝感天堂。数内一人归下界，暂到浊恶至他乡。帝释宫中亲处分，便遣奴等共田常。"只因董永孝感天地，天帝才"亲处分"派遣天女下凡相助，用字用词无不体现居高临下之意；而在《竹取物语》中，当天宫众人欲接回辉夜姬，便对伐竹翁说："因为略有功德，所以我们暂时叫辉夜姬降生在你家。至今已有很长时间，而且你又获得了许多金子。你的境遇不是大大好转，和以前判若两人了吗？"这里，天人不但指责伐竹翁是愚蠢之人，更将"天女下凡""赐金"等看作是回报其"略有功德"之恩赐，施恩之意比起《董永变文》有过之而无不及。

其次，两个故事中都有升仙一幕。为何下凡的仙女总要回归天界？只因"天人有别"。《董永变文》中的仙女自称住在阴山之下，且称人间为"下界""浊恶""他乡"，显然在神仙眼里，凡间不是个好地方，是个充满污浊的他乡。所以，后文董仲终于寻得生母之时，却被告知"阿娘拟收孩儿养，我儿不宜住此方"。这恐怕是因为董仲的血统问题，浊恶之人又何以住在仙界呢。《竹取物语》中更是直接写明了仙界之人对人间的排斥。在"天女的羽衣"一节中，月宫中人迎接辉夜姬回去，对伐竹翁说道：

这辉夜姬，因为犯了点罪，所以暂时叫她容身在你这下贱的地方。现在她的罪已消除，我来迎接她回去。

继而，又直接对辉夜姬说：

辉夜姬啊！不要只管住在这种污秽的地方了！

这里，人间不但是污秽的地方，更成了上界之人犯错受罚的流放之地，其贬义可见一斑。

是故，两个故事中的仙女，都带有圣洁崇高的意味，是"施恩"的使者。不同的是，《竹取物语》中的辉夜姬并未与凡人发展恋情，更不可能结婚生子。这或许与日本当时等级森严的社会制度有着密切的关联。

综上，中日之"天女"都是圣洁、高贵的象征，所以即使因故来到凡间，最终也会身披天衣回归天界。不同的是，中国的"天女"能在凡间留下一段尘缘成其佳话，而日本的辉夜姬却必须忘却一切。两国"天女"为何会有如此之差别，这就必须联系两个故事的社会背景，探究其现实之原型。

三、两国"天女"之现实原型

通过前文的分析可知，两个故事都采取了全聚焦的叙事模式，叙事者无所不知。但若真是天界之事，凡人何以将信息掌握得如此详尽且言之凿凿？究其根本，"天人"也好，"天女"也罢，都应存在一个现实原型，如此叙事者才敢大胆附会。

除了上文所提及的两点不同之外，两个故事在关于"天女"的情节编排上还有一个最大的不同——"天女"与凡间男子的交往形式。《董永变文》中董永初遇天女的场景如下：

> 路逢女子来问委："此个郎君住何方？"……"不弃人微同千载，便与相逐事阿郎。"

而《竹取物语》中的"つまどひ"一节，也有这样的描写：

> 天下的男子，无论贵贱，都想娶得辉夜姬。……那些公子哥儿离不开这地方，有许多人日夜在这里徘徊。……其中有五个有名的人，继续不断的来访。

对比两文不难发现，《董永变文》中的天女是主动问及董永家世，并称不嫌其家贫愿意委身于他，共同还债；而《竹取物语》里的辉夜姬则对追求的男子避而不见，其后更是对追求者百般刁难，中国的天女在与男子交往时是"主动问"，而日本的辉夜姬则是等着"被访"，一问一访耐人寻味。

日本从大和时代直至平安时代都施行"访妻婚"的婚姻制度，男方在夜幕之后来到女家门外，或轻吟低唱，或情话绵绵，女方若中意男子便与之唱和赠答，如此一来二往，得到女方许可的男子便可入闺房过夜，成其婚姻关系。很明显，这种相对松散的婚姻关系中女方占有主导地位，一段婚姻成立与否取决于女子的心意，而后若育有子女也只跟随母亲生活，这是母系社会风俗传统的余留。《竹取物语》正是创作于这一制度背景之下，因此美貌动人的辉夜姬待在闺中等人来访，且其文第二章更以"访妻"为题也就不足为奇了。

但笔者推测，虽平安时代上至贵族下至平民百姓皆遵循访妻婚，但辉夜姬之原型并非普通平民女子而是贵族之女。原因有二，一则辉夜姬之所以愿意见五位贵族，其实缘自伐竹翁的劝说，老翁自觉垂垂老矣无力再保护女儿，所以想遵循这人世间的规则，将女儿嫁与其中一人。平安时代，虽说平民间的婚姻只需男女双方情投意合，但贵族婚姻仍需女方家长同意，《竹取物语》中的老翁即扮演者婚姻关系中女方大家长之角色。再则，辉夜姬从出生到成长似乎都与光有着千丝万缕的联系。其出生时竹子发光所以为伐竹翁发现，长成时又因美貌使满屋充满光辉。美国哲学家威尔赖特曾论述过光的原型联想："光和统治权是两个出自日常经验的意象—观念，它们是神这个复合的原型性意象—观念的组成因素。"光和统治权的结合成就了观念中的神权，反推之，辉夜姬作为天女是神权的代表且其降生带着光辉，三要素中占有两项，隐约可见辉夜姬这一人物形象背后所隐含的权利象征。由此，笔者推测辉夜姬的现实原型乃是贵族之女。

相较于日本开放式的婚姻传统，中国传统思想中婚姻显得极为严肃。儒家思想成为主流思想以后，将婚姻定义为"人伦之始""夫妻之义"，并以"三纲五常"等社会规范来约束夫妻关系，在如此严格的封建礼法制度之下，女性更是被要求遵从"三从四德"。董永的故事于唐代基本成型，此时儒家思想早已根深蒂固，但就在这样的思想背景下，故事中却出现一位女子，她既无父母之命亦无媒妁之言，只是自称"天女"助人便与男子成其姻缘，且盘桓数月，甚至在诞下一子后翩然离去。在礼法制度十分严苛的封建社会，普通女性根本无法自主婚姻，但《董永变》中天女下嫁与离去都只需自身的片面之词，且全文既无天人迎接之场景，也未出现可坐实天女身份之人；那么，这天女是真是假，原型为何？在封建社会中只有一种女性可以不受婚姻、伦理道德的约束，情爱处于一种相对自由的状态——那就是职业妓女。很多人驳斥妓女"自由论"，认为其性爱的自由反衬出人格与精神的不自由，在此，笔者并不反对这种观点，只是观其表象，封建社会制度下也只有职业妓女能在男女关系中自由来去，且正是由于人格与精神的双重不自由，职业妓女们才会向往普通的婚姻生活，唐代名妓徐月英的《叙怀》说道："为失三从泣泪频，此身何用处人伦。虽然日逐笙歌乐，长羡荆钗与布裙。"宁可粗茶淡饭地做一个普通妇人，也不愿在妓院中锦衣玉食，日逐笙歌。这也许是部分立志从良的妓女的心声，但在封建制度下，妓女想从良并非易事，故而笔者大胆推测，向往普通生活的妓女为了尝试过平凡的生活，远离了原本生活的城市来到陌生之地，寻一家贫但人品好的男子结为夫妇，待到积蓄散尽之时便离去。这也恰好能够解释为何中国古典文学作品中的仙女们多选择家境贫寒且双亲不在的男子结为夫妇，家贫才有"天女相助"的需要，双亲不在才能省去传统婚姻制度下的诸多礼节，为最后的离去埋下伏笔。也因为母亲的特殊职业，若双方育有后代就只能交由男方抚养。

对比两部作品后发现，中日古典文学作品中的天女形象由于受到道、佛两教的影响，所以其命运主线大体相似，都是因故下凡，在凡间寄居一段时间后回归天界；且因天女象征神权，故天女的下凡都带有明显的"施恩"意味。不同的是，在具体情节内容的安排上，由于两国社会制度、风俗的差异，天女们在人间的生存现实不尽相同，由此本文也推断出了中日两国天女不同的现实原型。

参考文献：

[1] 郎净. 董永故事的展演及其文化结构 [M]. 上海：上海古籍出版社，2005.

[2] 李天送. 中国神话故事对日本小说竹取物语的影响 [J]. 厦门大学学报（哲社版），1988.

[3] 徐岱. 小说叙事学 [M]. 北京：商务印书馆，2010.

[4] 佚名. 伊势物语 [M]. 丰子恺，译. 上海：上海译文出版社，2011.

[5] 陈媛媛. 从万叶恋歌漫谈日本古代的婚姻制度之访妻婚 [N]. 洛阳师范学院学报，2011.

[6] 叶舒宪，李继凯. 太阳女神的沉浮——日本文学中的女性原型 [M]. 西安：陕西人民出版社，2010.

[7] 尹建元. 我国古代婚姻制度的历史演变 [J]. 兰台世界，2011.

[8] 黄洋. 胭脂面具下的中国古代妓女——辩古代妓女自由说 [J]. 青年文学家，2010.

第二篇

02

文本·文学研究

从《半泽直树》看日本文化

魏丽华

2013 年，最火的日本影视明星莫过于堺雅人（1973—至今）了。据日本媒体报道，由他主演的电视剧《半泽直树》的收视率随着剧情的发展不断提升，成为日本国内自平成（1989 年）以来单集收视率最高的电视剧，同时也是日本 20 世纪的收视率之王。他在该剧中的名言为"やられたらやり返す。倍返しだ！（以牙还牙，加倍奉还！）"，荣登日本 2013 年度十大流行语榜。

《半泽直树》改编自直木奖获得者池井户润的小说《オレたちバブル入行组》（《我们是泡沫入行组》）和《オレたち花のバブル组》（《我们是花样泡沫组》）。剧中的半泽直树毕业于日本著名学府——庆应大学，幼年时目睹了经营小作坊的父亲因为缺少银行的资金支持而自杀的事实，从小立志成为一名公正无私的高级银行职员，希冀在为父亲报仇的同时，维护所有像父亲一样的弱势群体的金融利益。半泽大学毕业时，日本正值泡沫经济时期。面试时，半泽编了一个感人的故事，打动了面试官，顺利进入曾经致父亲于绝境的东京中央银行工作。电视剧开始时，半泽已经是一名年轻有为的金融才俊——东京中央银行大阪西分行的融资课长。面对银行集团内部争权夺利的派系斗争和银行内外勾结、徇私舞弊的黑暗现实，半泽坚持自己的行为原则，不畏权威，以草根的真诚与无畏，冲破重重阻挠，将一个个不可能完成的任务化为可能，最终揭露了仇人大和田的真实面目，其不妥协不放弃的战斗意志彻底征服了日本观众。该剧引入中国之后，也很受欢迎。

《半泽直树》荣登日本 20 世纪收视率之冠，不仅在于堺雅人出色的演技和编剧精巧的构思，更在于主人公敢于追求正义、立志改变社会不公的战斗精神，引发了日本民众内心深处的共鸣。自 20 世纪 90 年代泡沫经济崩溃以来，日本经济一直不景气，政坛乱象丛生，社会问题也越来越多。这样的时代背景呼唤半泽直树式的勇往直前、以改变天下不公为己任的英雄人物的出现。但可惜的是，剧中的半泽虽然一次次化险为夷，一次次酣畅淋漓地将丑恶的敌人踩在脚下，最终仍然难逃虎落平阳的命运。当然，这种悲剧性的结局有艺术煽情的成分，但也有它的必然性——半泽直树的行为理念违背了日本式的生存法则、只可能被主流社会所利用，不可能被真正接纳。

所谓生存法则，就是为人处事的规则，就是如何处理人与社会的关系，人与集体的关系，人与人的关系。这种规则历经时代的沉淀，已经成为民族 DNA 的一部分，代代相传。当半泽直树的行为在这种规则框架内的时候，他可以勇往直前，战无不胜；一旦他的行为越出了框架的边界，触及或可能触及一些既得利益者的特权，等待他的只能是"靠边站"的结局。

通过分析《半泽直树》所反映的文化背景，我们既可以更清楚地认识到那些代代相传的、"不易流行"的日本式的生存法则，日本文化的本质性的元素，又能更深刻地认识日本社会、日本文化。

一、《半泽直树》中的善与恶

日本文化中的善恶观，一直是日本研究中一个绕不开的命题，也是一个耐人寻味的难题。之所以这么说，是因为日本民族似乎缺乏基于公共性道德判断的明确的善恶观，缺乏明确的道德原则和规范；或者说，对善恶的判断缺乏普遍性的原则，善恶判断的标准往往受制于集体利益的得失，而这种缺失自然成为研究的重点和难点。

在《半泽直树》一剧中，半泽直树代表了正义的一方，为了创建一个真正为民众服务的公平公正的银行金融环境，和银行内外的各种恶势力做斗争。但如果将半泽直树和同为堺雅人饰演的另一部人气电视剧《Legal High》（《王牌大律师》）中的主角——为了法庭上的胜利而不择手段的律师古美门比较的话就会发现，正义的半泽的行为有时候并不太光明正大，而貌似邪恶的古美门则时不时迸发出正义的闪光点。无论在《半泽直树》中还是在《Legal High》中，正义与非正义、善与恶并不是绝对的，而是带有很强的相对性，善恶观念缺少道德意义上的严格区分。

剧中的半泽通过不懈的努力，查清了大阪西分行的分行长浅野等人为了一己之利，利用职权勾结恶商东野，违规贷款五亿日元，导致银行差点蒙受巨大损失的事实。为了这五亿日元的贷款问题，浅野等人曾威逼半泽下跪，威胁半泽承担全部责任；在真相大白之后，作为正义的化身，半泽理应借此机会严惩浅野等人，为无数牵连其中的无辜的人申冤才似乎合情合理。但是，在这个可以为自己、为无数受冤的人雪耻的关键时刻，正义的半泽却以一个不太光彩的交换条件——让浅野帮助自己调入总行核心部门工作——而轻描淡写地放过了

72

浅野。导致半泽这样做的理由有两个。一是半泽自身对权力的渴望，对梦想的追求，希望能有一个更高层次的舞台，帮助自己实现打造为民众服务的银行这一理想。另外，还有一个重要原因是，浅野夫人的举动打动了半泽。剧中的浅野夫人是一名以家庭为中心的相夫教子的传统女性。她为人平和，并不因为丈夫是分行行长，就在分行的"夫人会"中耀武扬威，颐指气使。她一直以丈夫为荣，以丈夫的工作为荣。她眼中的丈夫是个关心子女和家庭，对家庭有责任感，对工作认真负责的好男人。当然，对于丈夫那些上不得台面的勾当，她一无所知。当她从东京到大阪来探望丈夫的时候，特意带着礼物来银行看望丈夫的同事，希望能以此帮助丈夫创造一个良好的人际关系环境。浅野夫人"识大体的善良"打动了"吃软不吃硬"的半泽。半泽顺水推舟做了个人情，在一定程度上隐瞒了浅野的恶行，同时换取了自己升职的机会。这场无原则的交换，发生在以追求正义为使命的半泽身上，似乎有些不明不白。半泽对浅野的宽容，不仅违背了职业道德，而且与他一贯追求的正义也格格不入。这种在追求正义的名分下善恶不分的选择，反映了其利己主义的动机。

类似的事情还发生在半泽和好友近藤之间。入行时同样才华横溢的近藤，在巨大的工作压力下患上了精神分裂症，被发配到一家叫作田宫机电的小厂去工作。因为一个偶然的机会，近藤发现了田宫机电和半泽的宿敌大和田之间的秘密，并且拿到了关键的一手证据，可以帮助好友半泽扳倒大和田，伸张正义。关键时刻，大和田以帮助近藤调回总行宣传科工作为诱饵，骗取了近藤的证据，导致半泽等人差点功亏一篑。朋友之间互相帮助本是理所当然的行为，更何况是关系亲密的好友。但是，近藤这种为了个人利益、关键时刻出卖朋友的恶行却被轻描淡写地一笔带过——半泽原谅了近藤，认为近藤这么做有他难言的苦衷，也是迫不得已的选择。半泽甚至认为，这份证据能够换来近藤梦寐以求的职位，帮助朋友实现他的事业梦想，也算是物有所值了。不过，当我们敬佩半泽的宽容与大度的时候，不能不再次看到这种高尚行为背后隐藏的无原则性。只不过这次的利己并不是有利于半泽自己，而是有利于己方的朋友——近藤。

从社会伦理道德的角度来看，任何个人利益凌驾于社会公共道德之上的行为都是不道德的，都是违背社会公共伦理的，都是对社会大众的权利的侵犯。因为，私不能代替公，私德的满足不能以牺牲公德为代价。如果为了己方一个貌似高尚的理想或目的，就可以随意原谅或利用他人的恶行的话，那么善与恶将失去分界线，社会性的行为规范准则也随之失去了存在的基础。半泽以帮助浅野隐瞒恶行来换取一己之利的行为，是违背其职业道德的不可饶恕的行为。近藤虽然此前在工作中遭遇了很多的不公和委屈，但为了个人利益，关键时刻纵容恶行、背叛朋友的行为，同样不可饶恕。因为任何对恶行貌似善意的纵容，只会导致善与恶的是非不分。如果为了一己之利，善与恶成了可以随意交换的筹码的话，其结果必然是善恶无原则或善恶相对化。《半泽直树》中人物对善与恶的选择，清晰地反映了日本文化中这种基于利己主义的善恶观。

二、集体至上与半泽的末路

在探讨日本的国民性问题时，集团主义或者说集体至上原则是我们必然谈及的一个话题。这种集体至上原则曾经带领日本人从战后的废墟中站起来，创造了日本经济发展的奇迹。但是，这种集体至上原则也曾经导致日本国民对法西斯的全面顺从，以及在侵略战争反省问题上的集体无意识。在21世纪的今天，在倡导个性化、多元化的时代主旋律下，日本社会中的集体和个人又是怎样一种关系呢？在这个主张自我的时代，集体至上原则是否已经没有了生存的土壤了呢？可以说，《半泽直树》中所表现的集体与个人的关系耐人寻味。

半泽直树是个敢想敢做的男子汉。幼年的不幸造就了他不屈不挠的性格。他不会轻易服输，也不会臣服于权力。对于强权和暴力，他一贯奉行以牙还牙的宗旨。他精明能干，不妥协，但又不鲁莽。他屡屡遭遇危机，但每次都能智勇双全地化险为夷。在银行这个金钱与权力、利益与欲望交织的人事关系敏感而又复杂的集体里，只有协调好个人利益与集体利益之间的微妙关系，半泽直树才能实现为父报仇同时又出人头地的个人愿望。

个性突出的半泽直树一出场就遭遇了一场艰巨的挑战。大阪分行五亿日元的银行贷款眼看就要颗粒无归，分行的荣誉即将遭受重大损失。对于这五亿日元的贷款，一开始半泽直树就心存疑惑，但是在分行长信誓旦旦的承诺下，这笔贷款还是被轻易地贷了出去。但是，当这笔贷款眼看即将成为呆账的时候，分行长却将所有的责任全部推到了半泽直树的头上。在分行的集体荣誉和半泽的个人荣誉都面临挑战的关键时刻，半泽冲破层层阻挠，力挽狂澜，以阴谋对决阴谋，用智慧和真诚带领下属，揭开了五亿日元贷款的黑幕，成功地粉碎了职场上习以为常的潜规则——下属的功劳归上司，上司的过错归下属——不仅保全了分行的荣誉，而且一举扬名银行上下，跻身总行中枢部门，向着梦想前进了一大步。在这一场战斗中，半泽直树以不妥协的战斗意志保全了分行的利益与荣誉，同时实现了个人的价值。

不过，这场战斗之所以赢得漂亮，关键在于半泽以牙还牙的战斗精神没有威胁到集体利益；半泽所有按规矩和不按规矩出的牌，也都限定在维护银行利益的框架内。作为一名课长，半泽对分行长浅野的步步紧逼颇有些以下犯上的味道，但以下犯上的目的是为了揭露分行长为损害集体利益的阴谋，是为了保护银行的名誉和利益不受损害。因此，半泽的反抗与斗争是符合银行总体利益的，是能够得到总行领导的肯定和支持的。换言之，半泽此时的成功是集体利益框架内的成功。但是，在到总行任职之后，在和大和田的较量中，半泽直树以其一如既往的战斗精神，试图实现心中向往已久的公平正义，一改银行"晴天借伞雨天收"的自私本质，实现理想主义的金融体系。在这场战斗中，虽然半泽一如既往地获得了胜利，挽救银行于水火之中，但是他并没有因为自己的赫然功绩得到梦想中的职位，甚至他的敌人大和田也没有得到应有的惩罚。总行行长利用半泽实现了打击银行内部异己势力的目的，通过对大和田点到则止的惩罚，达到了控制大和田派的目的，稳定了自己在银行内的统治地位。最终，半泽却因此被踢出了总行。究其原因，此时半泽的存在对于银行总体来说构成了一种威胁。

半泽作为银行精英的个人主义的理想情怀与银行的利益本位主义有着根本性的冲突。一旦半泽身居要职，中央银行的黑幕将会被一层层撕开，而这无异于自毁银行形象。作为一名理想主义的斗士，半泽最终的命运证明了他只可能是集团内上层势力的一颗棋子。剧中的半泽每当遇到困难的时候，都会拿起父亲当年生产的螺丝钉，鼓励自己，安慰自己。诚然，正像半泽认为的那样，国家的建设与发展离不开每一颗螺丝钉。像父亲一样默默奉献、精益求精的工匠们，就像螺丝钉一样，支撑了这个国家的发展。但既然是螺丝钉，就要恪守螺丝钉的职责，恪守螺丝钉的本分，必须心甘情愿地做集体的一分子，无欲无求。螺丝钉若是想和扳手平起平坐，便连螺丝钉也做不成了。集体的利益就是权力拥有者的利益。在一个相对封闭的集体里，公平和正义往往是相对的，是很难超越集体利益框架的。任何想要超越小集体利益的个人英雄主义的行为必然遭到集团内部权力拥有者的扼杀。这个小集体可能是一个家族，也可能是一个企业，乃至一个国家。这种狭隘的集体主义观念根深蒂固地贯穿于日本的历史与现实当中。因此，任凭半泽所代表的金融英才智勇双全、无所畏惧，一旦他的行为威胁到集体的利益，便只能落得个英雄末路的结局。

三、"夫人会"的功能

在武士混战的战国时代，女性为了家族的利益而充当政治联姻的牺牲品是理所当然的选择；在实行公娼制的江户时代，女性为了家庭而沦落风尘是一种值得社会称道和奖赏的行为；在日本经济高速发展的时期，日本女性的定位是男人背后的女人，她们默默地为那些在企业拼搏的战士们照顾好家庭，让他们毫无后顾之忧地全身心地投入到工作中去，投入到国家建设中去……温柔顺从的"大和抚子"于是成为日本传统女性形象的代名词。

在日本传统社会性别认识中，男主外，女主内。男人属于社会，女人属于家庭；女人附属于男人，家庭附属于社会。当今的日本社会深受晚婚化与少子化的困扰，其中一个重要原因在于女性的社会地位比以前提高了很多。家庭主妇也是一种职业，社会福利保障了她们稳定的生活，她们比那些成天奋斗在职场的男性们活得更潇洒，掌握着一家的经济大权，男主人还得向主妇要零花钱；职业女性不再像过去一样甘愿活在为男性服务的世界里，她们追求自我价值的实现；《男女雇用机会均等法》等各种法律法规的制定与实施，保证了男女平等不再是一句空话、一个口号；晚婚化、少子化的一个很大原因在于女性在婚姻中的自我意识越来越强，她们逐渐拥有了主宰婚姻的意识；高学历的职业女性希望得到更高品质的更自我的生活……所有的一切似乎表明，日本女性已经走上了男女平等的康庄大道。但是，热播电视剧《半泽直树》中男女主角所反映的性别意识，又在提醒我们——传统的社会性别观念根深蒂固，并没有发生本质上的改变。

该剧虽然是一部以男性职场为主要舞台的电视剧，但其中女性的作用不可小视。半泽直树在职场上是个爱憎分明的男子汉，在家庭里是个成熟稳重的好丈夫。他在事业上的成功，离不开妻子半泽花的支持。堺雅人的精彩表演固然引人注目，而上户彩所扮演的半泽花的形象同样立体丰满，栩栩如生地诠释了一个当代贤妻的形象。

半泽花是一个开朗能干的年轻女性，并且很有插花天赋。结婚生子之后，为了照顾家庭，她像很多日本女性一样，选择了做家庭主妇。她以丈夫的成功为荣，竭尽全力地为丈夫排忧解难。她虽然打心眼里讨厌银行家属组织的"夫人会"那种令人作呕的聚会，但为了丈夫，她委屈自己主动参加聚会，并想方设法地迎合那些装腔作势、阿谀奉承的太太们。她所有的忍辱负重只为了一个目的——为丈夫事业的成功尽一份自己的力量。半泽花还在"夫人会"上积极为丈夫搜集各种情报，以自己独特的方式帮助丈夫战胜对手。

中根千枝所说的纵式关系，依然存在于当代日本社会的各种人际关系之中。丈夫在单位中的职位高低决定了各位夫人在"夫人会"中的地位。"夫人会"这种奇特的组织，将家庭中的女性与职场中的男性联系起来。这种联系不仅仅是男性地位的延伸，还是社会统治功能的延续。夫人们通过固定时间的例行聚会，沟通了感情，加强了联系，以女性特有的方式保证了企业集体的团结，为集体共同利益的实现提供了稳固的后方保证。为了帮助丈夫营造一个和谐的人际环境，各位夫人们共同编织了一个其乐融融的和谐气氛。因此，在这样的组织结构中，附和与顺从成了最为明哲保身的处事方式。每位夫人都自觉遵守自己的角色要求，维护小集团内表面上的友爱和谐。任何想要发出自己独立声音的人，都会成为众人排挤的对象。换句话说，通过"夫人会"这样的组织形式，家庭成为企业集团的一分子，成为与企业荣辱与共的存在。男主外、女主内的性别角色分工，最终都是为了一个目的——集体的荣誉。无论男性还是女性，都是集体的一分子，只不过表现的形式、发挥的作用不同而已。女性为男性而活，男性为集体而战，集体隶属于国家。在"日本丸"这艘国家大船上，以半泽花为代表的女性遵循着自己的性别角色要求，和她们的另一半们齐心协力地维持着大船的稳定与发展。

四、从《半泽直树》说开去

英国著名人类学家玛丽·道格拉斯在《洁净与危险》一书中，通过对原始社会中的禁忌与仪式的研究，指出感性世界中的肮脏的认定与精神世界中的危险的认知一脉相承。肮脏意味着失序，意味着危险，意味着邪恶。脏是恶的最初图式。日本创世神话中的男神伊邪那岐命，去探望黄泉国的妻子，当看到妻子丑陋肮脏的形象时，男神落荒而逃，之后经过一系列的修禊仪式，洗去了肮脏与不祥，重建了世界秩序。这个神话故事象征性地表达了日本传统观念中脏与恶的一致性。就像中村雄二郎在《日本文化中的恶与罪》一书中指出的：日本文化中"厌脏知耻"的高度美学意识与"避恶省罪"的伦理观念非常接近。岛国日本的人们在长期的农耕生活中，在和大自然各种灾害的斗争中，形成了一种共同遵守的生存理念，那就是共同维护既有的秩序，维持生活的稳定。对于破坏传统规矩和秩序者进行制裁的"村八分"是一种可怕的民间惩罚，因为对于古代的日本人来说，离开了集体的帮助等于失去了生存的基础。这种将秩序破坏者放逐于集体之外的看似消极的惩罚行为，其实具有很强的心理震慑力。从这个意义上来说，立志打破现有银行秩序、重建为民服务的银行体系的半泽直树是一个不折不扣的恶的存在，危险的存在，将其驱逐出主流群体之外才能维持传统秩序的延续，才能保护集体，从而保护集体中的每一个个体。由此看来，半泽直树被调离的命运是必然的结局。

参考文献：

[1] 中村雄二郎. 日本文化中的恶与罪 [M]. 孙彬，译：北京，北京大学出版社，2005.

［2］鲁思·本尼迪克特. 菊与刀——日本文化的类型［M］. 吕万，熊达云，王智新，译. 北京：商务印书馆，1994.

［3］玛丽·道格拉斯. 洁净与危险［M］. 黄剑波，卢忱，柳博赟，译. 北京：民族出版社，2008.

［4］潘天强. 论英雄主义——历史观中的光环与阴影［J］. 人文杂志，2007（3）.

入世、战斗的狂人与厌世、绝望的狂人

——鲁迅《狂人日记》与芥川龙之介《河童》之比较

王　雪

一、导　言

鲁迅的《狂人日记》发表于 1918 年 5 月《新青年》第四卷第五号上，是五四运动前夕，抄古碑沉寂多年的鲁迅发表的第一篇白话文小说，被誉为"五四运动的第一声号角"。《河童》发表于综合杂志《改造》1927 年 3 月号上，是芥川龙之介晚期的杰作。1923 年关东大地震后，日本资本主义经济加速发展，1927 年日本遭遇了第一次金融危机，经济遭受重创，全社会陷入恐慌。也就是在这一年，正当 35 岁盛年的芥川怀着对现实社会绝望的心境选择了自杀。

两篇小说在时间上相隔九年，所处的具体社会历史环境也有很大不同，但是两篇小说都是在社会文化激变的背景下，不约而同地均以"狂人"为主人公，借狂人之口进行社会批判，并且在叙述结构、叙述手法上也有诸多相似之处。但值得注意的是，两篇小说中的狂人形象有巨大的差异，一个狂人用话语与现实世界构成了交流，一个狂人最终只能被禁闭在精神病院里绝望地诉说；一个是觉醒、反思进而"入世"战斗的狂人，一个是旁观、转向、最终屈服、"厌世"的狂人。笔者希望通过两篇小说的对比分析，挖掘出两篇小说更丰富的内涵和现实意义。

二、"序"中体现的两个世界

近代对于疯癫的人进行禁闭使其与理性、正常人进行隔离，被视为保护社会秩序、理性的有效手段。反过来讲，疯癫的人也就成为被理性社会所排斥，失去与理性（正常）人交流的机会，失去话语权的存在。而《狂人日记》《河童》皆以"狂人"为主要叙述者，给"狂人"以话语权，可以说这本身即表示了对当时所谓理性社会的怀疑。同时，两个文本都采用了通过"狂人"话语的记录者——文中的另一个叙述者"我"——来把"狂人"的话语转述给读者的叙述形式。两个文本的开篇各有一序，而且这个序都起了相同的作用，即对理性和疯狂两个世界进行了区分。序所代表的，正是记录者"我"所在的理性的世界。但是，也正是序中所体现的记录者"我"与"狂人"之间关系的不同，使得两个文本中"狂人"的形象产生了巨大差异。

《狂人日记》的发表是以新文化运动白话文、文言文的语体激烈论战为背景的。刊载《狂人日记》的杂志《新青年》正是现代新文化运动的主阵地，其创办人胡适、陈独秀和编辑钱玄同都是极力主张废除文言文的。但是，在当时倡导白话文的理论虽然出现许多，但白话文的作品特别是优秀、有影响力的小说却迟迟未能出现。《狂人日记》是支持新文化运动理论的成功实践，同时也是鲁迅的第一篇白话文小说。而具有这样特殊意义的《狂人日记》，其内容不只有白话文的狂人的13篇日记，在日记之前还附有一篇文言文的序。对此，于强在其论文《〈狂人日记〉文言序文的意味》中提出了，两种语体代表两个不同价值观的世界的看法，认为文言序文叙述的"旧道德观念支配下延续了千年之久的现实世界"，白话文日记代表了"疯狂"（当然"疯狂"是现实世界给予狂人的评判）。于强认为文言序文与白话文日记，"被构造成为两个悖反的世界"。对于两种语体代表两个世界的看法，笔者也持有相同的观点。但是，文言序文的叙述是否与白话文日记构成"两个悖反的世界"，这一点上笔者有不同的意见。

文言序文交代了"余"、狂人的哥哥和狂人三人的关系，以及《狂人日记》成书的过程、目的，非常值得推敲。"余"与狂人及其兄长是好友，"余"拿到日记时，狂人已痊愈赴某地候补去了。日记是其兄长为了证明狂人当时的病情出示给"余"看的。"狂人日记"四字题目是狂人愈后所题。"余"阅后将"略具联络者""撮录一篇"，目的是"以供医家研究"。可见，《狂人日记》一书的成形实际上是"余"与狂人合作的结果。正如李今在《文本、历史与主题》一文中所说："《狂人日记》因'余撮录一篇以供医家研究'才得以面世，这一举动体现了"余"对这些疯人话语的会心与利用，试图在理性与非理性之间建立起关联与沟通，交流与共谋的努力……小序中所预设的狂人与"余"的共谋这一写作规则在先，《狂人日记》的这个"不狂"之处也就有了合法性。"并且"余"的目的"供医家研究"也显露了其隐藏的含义。如果真想"供医家研究"，则应原原本本示人，根本没有摘出其中"略具联络者"的必要。可见，"余"的用意并不在此，只是以此为幌子，真意是将《狂人日记》公诸于世。

因此，我们从《狂人日记》的序中可以看出，"撮录者""余"其实是狂人思想的认同者，《狂人日记》可以说是"余"与狂人共同向这个旧道德的现实世界发出的呐喊。从这个意义上讲，文言序文叙述的世界与白话文日记的世界并不是"两个悖反的世界"，而是有沟通，有冲破的。

与此相反，《河童》开篇的序中，第一句话就说道："这是一个精神病院的患者……第二十三号病人逢人就讲的故事。"作为狂人话语记录者的"我"，从一开始就显出自己的立场——一个与理性世界的读者一样，和这个"精神病院的患者"毫不相干的普通人。与《狂人日记》序中"余"的"撮录"不同，对于所记录的内容，《河童》序中的"我"强调说："我认为，我相当准确地记录了他的话。如果有哪位对我的笔记还不满意的话，可到东京市外××村的S精神病院去打听一下。""我"向读者保证言尽其实，从而撇清了与狂人所述内容的关系，只作为文字记录者存在。其实，"我"的记录并不只限于狂人的话语，例如：

这个疯子显得特别年轻。他半辈子的经历……算了，这些现在已经无所谓了。他整天只是一动不动地抱着两个膝盖，时时看着窗外（安了铁栏杆的窗外有一颗连枯叶都掉光了的橡树，枝干直指欲雪的天空），对院长S博士和我不停地讲着这个故事。当然在讲话时他还会有一些动作，比如讲到"吓一跳"的时候，就会突然把头向后仰……（652页）

重要的是这些记录处处都体现了"我"的叙述的视角，是从理性的人对疯癫的人的观察角度予以叙述的。特别是在文本的最后，"我"的叙述两次插入了狂人的话语。

你看，看到对面桌子上的黑百合花束了吧？那也是昨晚库拉巴库带来的礼物。

（我回头看了看，可是桌子上当然没有花束和其他的什么东西。）

还有这书也是哲学家马古专门带来给我的。请念念最前面的诗。算了，你不会懂得河童国的语言。那我就替你念吧。这是最近出版的《特库全集》里的一册——（他打开旧电话号码簿，开始大声朗读着下面的诗……）

可以看出，括号中的"我"的两次插叙，把自己与读者所属的现实世界同狂人的世界彻底地分离开来了。从头到尾，"我"的叙述只是一个世界向另一个世界的观望，构不上沟通，也不存在相互冲破的意味。

序中描述的，结束故事时，"突然就抡起拳头，对谁都破口大骂"狂人的举动，表现得正是一个不被理解的、孤独而绝望的狂人形象。

以上通过对《狂人日记》与《河童》的序中记录者与狂人的关系的分析，发现了两个在与现实世界的关系上差异极大的狂人，一个对现实世界有所冲破、构成了交流；一个完全不被理解，孤独而绝望。那么，是什么原因构成了如此大的差异呢？笔者认为，这与两个狂人表现出的不同的性格特质有很大的关系。因此，必须深入两个狂人各自的"狂人世界"去探寻。

三、"入世"的狂人与"避世"的狂人

《狂人日记》与《河童》中，狂人对自己世界的表述运用了不同的形式。《狂人日记》如名所示，是以日记的形式来表现的；而《河童》则是以河童国归来的狂人的经历谈的形式来表现的。

《狂人日记》的十三篇日记，没有明确的年月日的时间说明，但十三篇日记读下来，一个不断回想、反思，不断对当下、对周围人、对自己进行重新认识、重新评判的、觉醒的狂人形象跃然纸上。并且，这种重新认识、评判是一步一步深化的。首先是"才知道以前的三十多年"自己"全是发昏"，几乎在有了这个醒察的同时，发现"他们布置都已妥当了""似乎怕我，似乎想害我"。而"他们"要害狂人的原因是"廿年前"狂人"把古久先生的陈年流水簿子，踹了一脚"。然后，狂人发现写着"仁义道德"的历史上，字缝里"满本都写着两个字"吃人!"狂人恍然明白"他们要吃我了"。然而，使狂人更吃惊的是，周围的人，包括哥哥、甚至包括自己，都是吃人的！

日记中，要害狂人的"他们"，包括"赵贵翁""一路上的人""一伙小孩子"。"他们——也有给知县打枷过的，也有给绅士掌过嘴的，也有衙役占了他妻子的，也有老子娘被债主逼死的。"这里的"他们"，既包括认识的人、不认识的人，也包括压迫人的人和受压迫的人。这实际上是整个社会、整个国民的一个隐喻。"古久先生的陈年流水簿子"反复出现多次，并不是指一个具体的人物，而是对过去的时间即历史的隐喻。狂人发现的"吃人"的历史，实际上是几千年以来持续至今的封建社会旧道德、旧传统吃人的历史。而参与吃人的从统治阶级到被统治阶级，从社会到家庭，再到他自己。

然而，这一步一步的认识，让狂人心惊，却并没有惊倒、并没有绝望。狂人作为唯一一个认识到吃人真相的人，即使身处所有周围人的敌意之中，却仍然怀有"劝转"的念头。劝转失败，被哥哥当作疯子关起来的狂人，虽然感到"万分沉重，动弹不得"，可是偏要说："你们立刻改了，从真心改起！你们要晓得将来是容不得吃人的人……"最终明白，自己也是这吃人的社会的一分子，

自己也是吃人的人之一的狂人。于是，他深切地自省道："有了四千年吃人履历的我，当初虽然不知道，现在明白，难见真的人！"——仍然坚信着"真的人"的存在，相信将来是"真的人"的世界。虽然痛楚，虽觉力薄，仍然呐喊道："救救孩子……"

可以说，《狂人日记》中的狂人，是一个觉醒、反思、战斗的狂人。

下面，我们对比看看《河童》中的狂人。

《河童》中的狂人，其世界由日本（确切说是东京）和河童国构成。河童是日本传说中的动物。根据日本的神话传说，河童一般居住在水资源丰富的地方，不时地会在人们面前出现。河童经常会将马、牛等动物拖入水中，会攻击人或动物的臀部。另外，河童还具备类似人类的性格，有时候会向人要饭吃。据说，河童身上带有医治骨折或其他病症的神药。通过许多著名的民俗学者特别是柳田国男对日本各地河童传说的考察，发现河童这一意象蕴含着多种属性，其中相当重要的一部分是，河童这一传说中的动物、其意象代表的是"川民"，就是被农耕社会的"农民"所鄙视，不以农耕为生而以水中作业为生或过着非定居流动生活的人。古代的日本，这些"川民"一般被视为"异人"。河童会害人的传说，表现了农耕社会的人对这些"异人"的恐惧心理。

但是，根据狂人的叙述，狂人进入河童国后，发现"这个国家的文明和我们人类文明——至少是和日本的文明没有什么大的差别"，并且狂人没有如传说那样受到攻击、伤害。相反，对于河童来讲是"异人"的狂人，不仅获得了诸多照顾还根据河童过的法律，成了具有"不劳而获"特权的"特别保护居民"。

如果认真地考察日本当时的社会历史状况，会发现，狂人的这一叙述具有非常特殊的含义。

按照狂人的叙述，狂人进入河童国的时间是"三年前的夏天"，由作品发表时间1927年2月向前推，则"三年前的夏天"是1923年的夏天。这个时间恰好与1923年9月关东大地震发生的时间相合。众所周知，关东大地震对日本具有极其特别的意义。大地震前日本大都市的近代化发展已经相当显著。大地震的爆发，虽然给东京及其周边以毁灭性的破坏，但正是对旧都市的毁灭更加速了东京及其周边城市化、近代化的进程。狂人所说的河童国所具有的和日本"没有什么大差别"的文明，也是资本主义化、近代化程度相似的含义。

两相对比，可以说，狂人所述的河童国经历，一开始就蕴含了对当时日本的社会现实进行了反讽、批判。

《河童》中的狂人与《狂人日记》中自省、战斗的狂人不同，在进入河童国成为河童国的"特别保护居民"之后，只是作为河童世界的观察者出现，而很少涉及自我观察、反省。

从与诗人特库的谈话中和狂人所交往对象的特征中可知，狂人是一个社会主义者的知识分子。与狂人交往密切的诗人特库，是一个对现实不满的知识分子形象，其在河童国中的地位与狂人在现实社会中的地位状况最为接近。但是，狂人在以特库为代表的超人俱乐部中，却远没有在玻璃公司老板盖鲁所属的那个俱乐部里"感觉舒服"。虽然狂人在得知河童国的工人屠杀法时感觉震惊，得知自己也在吃被屠杀的河童工人的肉时会呕吐，但是依然觉得河童国最大的资本家、河童国本质上的控制者——玻璃公司的老板盖鲁"的确是个讨人喜欢的河童"。可以说，来到河童国开始了不劳而获的"特别保护居民"生活的狂人，通过和资本家盖鲁的交往，从认识上发生了根本性的转向。

目睹了诗人特库的自杀，并通过特库的灵魂得知灵魂世界的情形之后，狂人发现河童国的烦恼、痛苦并不比人类少，甚至通过宗教、死亡也不能得到真正的解脱。于是，他"渐渐地感到自己待在这个国家有些让人忧郁"，最终选择回到了人类世界。

回到人类世界一年以后，因为"在一项事业上失败了"，狂人又想回到河童国，无奈途中被抓，最后进入了精神病院。

狂人在河童国曾经亲口承认自己是一个社会主义者，但是当他再次回到人类世界之后，企图开始做事业成为资本家。这可以说是狂人通过在河童国与玻璃公司老板盖鲁交往，思想转向的结果。而事业失败后又想回到河童国，其实是怀念那里的不劳而获的生活，亦或是一种逃避。他逃避不成，在精神病院里被禁闭，并且甘于被禁闭。河童国的狂人对现实是软弱的，对人世是绝望的。也正因为是这样一个绝望的、屈服的狂人，才最终也形成不了对现实世界的冲破。

综上所述，《狂人日记》与《河童》中分别显现出两个性格相异的狂人，一个是觉醒、反思、进而"入世"战斗的狂人，一个是旁观、转向、最终屈服、"厌世"并绝望的狂人；一个狂人用话语对现实世界有所突破，构成了交流，一个狂人最终只能绝望地被禁闭在精神病院。两个狂人其话语、其存在本身都以不同的方式对现实社会构成了深刻的批判，同时也可以从两个狂人身上看到——坚持战斗的鲁迅和绝望自杀的芥川——这两位作家的部分缩影。

参考文献：

[1] 于强. 狂人日记文言序文的意味 [J]. 文学教育，2008（3）：100.

[2] 鲁迅. 鲁迅小说集 [M]. 北京：人民出版社，1990. 12.

［3］李今. 文本、历史与主题［J］. 文学评论，2008（3）：95.

［4］芥川龙之介. 芥川龙之介全集：第 2 卷［M］. 济南：山东文艺出版社，2005．3.

于纠结中寓生路

—— 武者小路实笃《天真的人》中"自我书写"的特点及意义

周砚舒

一、导　言

《天真的人》是武者小路实笃（1885—1976）的文坛处女作。这篇小说从言说自我的形式来看，无疑是私小说的代表作。正如宇野浩二在《"私小说"之我见》中所言，武者小路执拗地使用的"自己"这一称呼与私小说有"不解之缘"，"令人吃惊的文体，某种意义上可以看作是私小说的元祖，他的《天真的人》就是私小说的典范之作。"

正如小说发表于武者小路实笃确立自我的时代那样，追求自我、确立自我也是《天真的人》的特点。这篇小说发表以来，其强烈的自我肯定成为学界关注的焦点，表达了作者"自我形成、自我建设的决心"。也有学者认为，"不能只关注主人公极端的自我肯定这一方面，主人公的自我纠结的过程也不容错过"。笔者认为主人公的"自我纠节"是实现自我、达到自我认同的一个过程，而"自我肯定"则是这个过程的结果，二者是相辅相成的。《天真的人》表达的正是"于纠结中寓生路"的主题，而"纠结、挣扎"着墨较多，更为突出。以下，笔者将以小说的日记体、书写行为、对于他者的描写、结尾的虚构等创作手法为主要考察对象，并通过分析作品的虚实关系，探讨《天真的人》中"自我书写"的特点及其为私小说的发展带来的革命性变化。

二、武者小路实笃与《天真的人》中的"自己"

《天真的人》是一部由十三个章节构成的中篇小说，虽以小说的形式出版，但某种程度上是武者小路实笃日记的一个集合。因此，山本昌一说《天真的人》是"寄给一个叫作鹤的女子的公开印刷的日记式情书，"也不无道理。武者小路实笃在自传《一个男人》（1923 年）中谈到《天真的人》，是以他的第三次恋爱为素材创作的。女主人公鹤的原型是"住在他家附近的一个女孩儿，这个女孩儿的名字、家庭住址，他全然不知"。"他从女孩儿七、八岁时就认识她"，"最早爱上她是在他读到学习院的最高年级（1905 年，笔者注）时，彻底对她死心是在创办白桦后的第三年（1912 年，笔者注）"。小说就取材于这一段时间的恋爱体验，从武者小路 21 岁时开始，历时七年，先后四五次托人求婚。小说中确实处处可见作者本人的身影，与武者小路实笃的日记对照一下，就会发现作者与主人公"自己"有许多重合之处。

武者小路实笃曾经出版过 1908 年 1 月到 1909 年 3 月的日记，题为《源于旧稿（简洁的日记）》。由此，可以推测出《天真的人》中使用的可能是 1909 年的一部分日记，剩余的部分就是"简洁的日记"。这样平易的日记体叙述方式在早期私小说中是不多见的，田山花袋的《棉被》、葛西善藏的《悲哀的父亲》《带着孩子》、志贺直哉的《和解》都不同程度地对小说时间进行过再结构。因此，这也是《天真的人》的一个特点。宇野浩二由此断定武者小路实笃"令人吃惊"的这种文体开创了私小说的先河。

在 1908 年的一篇日记中，武者小路实笃绵密地记录了自己对《天真的人》的女主人公鹤的原型贵子的感觉。例如，"我觉得她与自己已经不陌生……只要她的家人同意，我俩从一切意义上来说就不再是陌生人的关系了……想到自己与她有可能一生都是陌生人，我感到非常不安。不是这样，主观上的她对于自己来说已经不是陌生人。"从这些记录可以看出，武者小路实笃与贵子连话都没有说过，却执着地空想着与她的亲密关系。小说中的描写与上面的日记几乎相同，主人公也表明"自己与鹤连话都没有说过，自己只是相信从三四年前开始鹤的心思与自己的心思就不陌生了"。此外，武者小路在日记中记录了第一次求婚被拒绝后的失落感，这一段也与作品中传达的主人公的想法非常相似。事实上，作品中再现作者本人心境的例子不胜枚举。

从以上的分析可以看出，武者小路实笃对贵子的执着如实地反映在了小说主人公对鹤的空想上。日记体文学是最适宜倾诉感情的文学样式，因此日记式的文学被定义为"一种主观的抒情的小说"。此外，私小说较多地采用这样的文体也是出于这个原因。在"日记"中，作者可以坦诚地面对最真实的"自我"，书写"自我"的真实。武者小路实笃借这种直抒胸臆的文体倾诉内心困惑的自我的问题、恋爱的问题，期望能对问题有所解决。诚然，这样的方式还有另外一个功用，就是写给人看，求同情，求理解，让他人了解自己的苦闷，了解自己失恋的不幸。所以，他的"日记"并非单纯地为自己而写。这样，就存在一个由日记式的"记录"向小说式的"描写"转化的问题。据他在《一个男人》

中的讲述，切合《天真的人》的主题，小说在发表时删去了与女仆真木之间发生的事，而省略为"自己从前做过许多卑劣之事"（第九章）。公开日记，对不合事宜的部分进行删减是必然的，也就是说他的小说亦真日记亦假。大津山国夫就指出：《天真的人》虽然是武者小路实笃以自己的"第三次恋爱"为素材创作的，鹤的原型就是一位名叫"日吉贵"的女性，作品中的媒人川路就是高岛平三郎，以及后来鹤乔迁至大久保等内容"基本是真实的"，但是并不完全是如实描写的。例如，小说中鹤嫁给一个工科学士的结尾就是完全虚构的。寺泽浩树还把这篇小说作为虚构作品来解读，从如何把素材小说化的角度探讨了"作品的虚构性的问题"，认为"书写的过程中存在传记事实转化为作品现实的策略"。武者小路实笃自己也在自传体小说《一个男人》中暴露《天真的人》"一半以上都是虚构的"，对"作品是如实描写"的评论表示反对。因此，《天真的人》中的细节是否是"事实"是无从判断的。可见早期私小说在书写自我时并不排除虚构。武者小路实笃究竟删减了哪些内容我们无从考证，但从作品效果来看，一个"于纠结中寓生路"的人物形象鲜明、突出地表现了出来。这样看来，小说借日记"隐私"之名来行"表现"之实的方法是行之有效的。

三、"书写"的意义

除小说本身就是日记的一部分这一叙事特点外，《天真的人》中还有许多关于"书写"行为的描写，如主人公写日记、写信、写类似小说的东西、写新体诗，等等。那么，这些"书写"行为对明确主题发挥了什么样的作用呢？为明晰这个问题，我们首先要分析一下主人公的"自我"的特点。

前面谈到《天真的人》表达的是"于纠结中寓生路"的主题，因向鹤求婚而引起的主人公内心的"纠结、挣扎"格外突出。

在向鹤求婚过程中表现出的"我"的内心情感的纠结，是《天真的人》的一个主题，而"纠结"也是主人公的一个特质。产生内心纠结的原因在于"自己"一方面想要做一个"天真的人"，一方面又不能保持"天真"，两个"自我"的不一致造成了内心的纠结。"天真的人"有时并不"天真"。例如，"自己"虽然认为"做自己的妻子对于鹤来说也是幸福的"（第一章），但是"自己"又时常怀疑这一点，暴露出软弱的一面。"自己"的求婚已经被鹤的家人拒绝过一次了，因此，第二次求婚之后，除"自己"内在的"天真"外，"自己"还经常感到不安、不自信，两种情愫交织在一起，"自己"一旦发现软弱的一面就马上想方设法克服，不断重复着"破"与"立"的斗争。"纠结"与"超脱"反复出现，构成了"自己"独特的心像风景。"自己"通过这两种心理的往复运动不断升华，最终克服自己软弱的一面，完成了向"天真的人"的蜕变。

《天真的人》中的"自己"是一个连一件小事都会纠结的人。例如，小说中有这样一件小事，鹤原本住在"自己"家的附近，而现在则搬到一里开外的大久保。"自己"为了见鹤，每个月至少一次到她上下学的必经之路上等她。某一天"自己"想见鹤（第二章），但由于当天是"欧美人所忌讳的"周五，是去还是不去，"自己"犹豫不决。虽然最后决定不去，但却无法摆脱懊恼、沮丧的心情，"自己"陷入了极端的自我否定中。他自责"不能总像个幻想家"，这样下去"自己"有可能"一事无成"就"早逝"了，还觉得有可能被"落雷、陨石击中"，"也许会得肺病早逝"。尽管"我是有前途的人，是大器晚成的人，我自己都不能不相信我就是这样的人"，但却无法摆脱"终将走向毁灭"（第二章）的想法。于是"自己"出去散心，然而于事无补，走在路上，"自己"无法忍受内心的失落而泪如泉涌。虽然是这样一种状态，"自己"还觉得"与路人相比，自己更显伟岸"，反倒"哀怜所有人，同情所有人"。最后"自己"从极端的自我否定中走出来，自命不凡是个"有前途的人"。这是小说开篇（第二章）比较突出的描写自我纠结的一个例子，同时奠定了"自己"纠结的基调，就是在自我纠结中实现、确立自我。小说中的"书写"行为的意义就在于此，在自我书写中获得自知与自治。

"自己"就是这样在"软弱、纠结、蜕变"的重复中确认着自己。《天真的人》中除描写了"自己""天真"的一面外，比较具体地描述的正是"自己"因求婚遭拒丧失了自信后的不安，同时自己也想要克服这种不安情绪的心理斗争。在第九章中，"刚开始时这种希望在不经意间成为自己苦心追求的目标，但是经历了整整五年后，这种希望已经成为一种习惯"。"纠结然后超绝"这样的意识已经成了"自己"的习惯，因此无论发生何种对其进行否定的"事件"，"自己"都"觉得终有一天鹤与自己会成为夫妇"。"天真的人"就是这样实现自我的。

为了克服软弱、纠结的心理，"书写"成为行之有效的方法。"自己"在困苦不堪时，在信心不足时，就会写一些日记、新体诗以及"小说风格"的东西。在第八章中，川路来信告诉"自己"，求婚已经被鹤的家人拒绝了，读这封信时"自己"又一如往常那样流露出了软弱的一面。"已经整整三年半了""无论何时都在幻想着和她结婚，必须和她结婚，一直相信这对她来说也是好的归宿"，虽然如此自信，但主人公又开始认为"愚蠢、愚蠢、自负的自己更是愚蠢"。

为了鼓舞自己的士气，"自己"开始写日记。在题为《三日》的这篇日记中，写着"无法忘记鹤仿佛也是一件妙事"，但是"自己""非常渴望知道鹤究竟是否爱着自己，如果能知道答案的话，忘记也就忘记了，即使不能忘记，惆怅不安下去也是值得的"。写完日记，"自己"感觉"头脑得到稍许放松"。这可以看作是"书写"的一个功用，也是《天真的人》的创作对于武者小路实笃的意义。"天真的人"通过"书写"让"自己"精神镇定、内心得到安慰。同时通过"书写"认清了自我的问题，寻求解决。"书写"的过程就是"自己"认识自我的过程，"书写"让自己认清了事态，重新树立了自我。

写完这篇日记，"自己""感觉还是很兴奋"，于是一边流泪一边创作了一篇名为《天真》的新体诗。

> 放弃吧放弃
> 时至今日难以放弃
> 懦弱啊
> 被众多男子恋着的她啊
> 不可能对你情有独钟
> ……
> 不爱我？
> 不念我？
> 不知道真情
> 我怎能放弃
> ……
> 放弃她
> 我越来越觉得
> 就是置她于不幸
> 因此我不要放弃
> 我以不放弃为骄傲

诗中表达的心情与日记基本一致，甚至比日记更加肯定自我，鼓励"自己"。在日记和诗中，主人公分裂为对立的双重人格。主人公一方面认识到现实的自己，意识到"自己"的弱点，意识到鹤并不爱自己；一方面又执着于自我，执着于对鹤的爱慕，相信自己是一个勇士。"书写"表现的正是这两个自我的对话，也可以看成是两个自我的斗争。他一方面充分认识到了现实，并因此而苦恼不堪，一方面又坚持要追求鹤，表现出强烈的自我肯定。《天真的人》中的"书写"行为，是"天真的人"向自己倾诉故事。这既是情感的宣泄，也是获得自知的途径，还是自治与自强的方法。通过"书写"，主人公给"自己"的心路描绘了清晰的轮廓。

四、强烈的排他意识

小说从始至终叙述的都是"自己"的事情，对他者言及甚少，就连爱恋对象——鹤也基本没有详细的描写，完全没有任何描写鹤的内心世界的形式和内容。若以现代人的审美来看这《天真的心》，确实是一篇风格怪异的恋爱小说。

《天真的人》中，鹤与"自己"之间几乎没有过任何形式的接触。起初，"自己"认为住在自家附近的七岁女孩——鹤是"一个很可爱的孩子"（第一章），为了冲淡之前因月子带来的失恋的痛苦，"自己"开始幻想着娶鹤为妻。"我与鹤之间根本没有交谈过"（第一章）。之后，在鹤迁居到大久保后，为了能够见到鹤而每月一次，后来则改为每周一次在回家必经之路上等待鹤的到来，而小说中清晰的描写二人相见则只有两次，一次是去大久保的一个朋友家参加同窗会的途中（第三章），另一次则是从住在中野的朋友处回家的电车上（第十一章）。从鹤7岁开始到她从女子学校毕业大概是10年间，两人之间的接触只有这寥寥两次。而且"自己"与鹤之间从未有过只言片语的交流。对于这种现代人看来难以置信的恋爱关系，外尾登志美在《〈天真的人〉——追寻自我可能性的愿望》一文中做了如下的阐述。

本多秋五认为主人公"意外地展现了事态客观的一面"，主人公碰到的、认识到的客观现实就是：在达成结婚这一个人无法实现的人际关系的过程中，女性并不是作为这个时代独立的个体存在的。主人公把自己看成是"个人主义者"，尊重个人的姿态，是因为认清了女性所处的社会现实。最后，连鹤本人说的话都不相信的行为，初看上去是怪异的，但是从那个时代女性一般都没有自我，即便是有也无法伸张的现实来看，不能说作者推测有误。不如说主人公通过切实地对客观现实的认识，挣脱了那些自己哀怜、贬低等无用的自我否定的牢笼。

如外尾所言，在"女性不是这个时代独立的个体""女性一般都没有自我，即便是有也无法伸张的现实"中，像鹤那样对自己的婚姻问题没有主张的女性恐怕比比皆是。"自己"也认为"无法得知她内心的真正想法，她是一个被禁锢的女人吧！是把自己的命运完全托付给自己父兄的女人吧，她也会认为这是正确的吧！"（第八章）。"自己"认为这样对自己更好。重要的是，无论鹤有没有自我，"自己"都认为她是"理想的女人"。

"自己不了解女人，但自己却深知女人给男人带来的力量。女人本身或许是弱不禁风的，但女人给男人带来的力量却是强大的。"

"也许是由于自己不了解女人吧，自己才崇拜理想中的女人。崇拜她的肉体与精神。而在自己能够想象到理想女性的范围内，鹤是第一位。"（第一章）

这样看来，与其说"自己"追求的是鹤这个女人，不如说他追求的是鹤所代表的"理想女性"。"无论自己如何渴望得到一个女人，如何爱恋着鹤，自己都不可能为了得到鹤而放弃自己的工作"，"自己也从未想过为了能与鹤在一起而牺牲自我"（第一章）。"自己追求鹤是为了完善自我"（第一章），他认为"自己与鹤结合后才能成为完整意义上的人"（第八章）。在自己构筑的封闭的精神世界中，鹤变得更加理想化了，渐渐地，鹤已不再是一个实际存在的人物，而被封存在"自己"的"故事"中。埃里克森在他的心理学论著中讲过："青年恋爱不过是企图明确自己的同一性，把一个人分散的自己投射到另一个人身上，而后逐步地予以澄清。"

小说中，为了突出强烈的自我，除了鹤之外，其他人的存在也被封存了。红野敏郎在《武者小路实笃〈天真的人〉中的"自己"》一文中做了如下论述。

小说中除一个恋人、少数几个好友和一些志趣相投的人以外再没有能够入得他视线之人。也就是他自己努力在对"他者"冷淡。除"自己"外，就是恋人鹤、让读者联想到的志贺直哉、木下利玄、正亲町公和等朋友，然后就是家人、叔父，以及代为说媒的川路（以高岛平三郎为原型。高岛是作者学习院时的老师，这部作品可以说是对高岛表示感谢的献词），这就是全部的出场人物，而这些人物也都是彻底的配角，就连鹤也不例外。"自己"，即武者小路实笃的一喜一忧占绝对比重。给人留下武者小路实笃在自言自语的强烈印象。因此是不可思议的恋爱小说。

正如红野将其他的出场人物都设定为"彻底的配角"，他们从来没有改变过主人公"自己"的世界。例如，在大久保参加同窗会时，很多朋友热衷于声色犬马，这与"自己对女人的看法、对婚姻的看法"大相径庭。"自己"是个"道学者"，对他们的谈话感到不快，但也没有做什么反驳，并不是自己没有批判的能力，而是朋友根本就不能成为他意识的对象。在第五章中，"自己"与"小石川的朋友"一起讨论了有关"交往女性"的话题，这位朋友是"思想、爱好不尽相同，但除此之外倒是很合得来的好友"，讨论中出现了一些"让人觉得难以入耳"的内容，"自己"就改变了话题。"自己"认识到了与"自己"相对立的思想和价值观，但并没有介入而是有意识地驱逐、排斥，强化了"自己"的世界。"自己"有意识的排他性反倒突出了自我肯定、自我确立的强度。

"自我"的世界的强度在小说结尾失恋后，表现得更加鲜明。在"自己"苦苦思恋鹤，纠结于希望与失望的苦闷中时，鹤却嫁作了他人妻，这是一个令人遗憾的结局。然而，据大津山国夫考证，"小说以鹤与一位工科学士结婚结尾，完全是虚构的"，从武者小路实笃的日记可以推测出"求婚活动一直持续到明治44年6月"，而《天真的人》付梓于1911年2月，脱稿时间一般被认定为前一年（1910年）的2月。因此，小说完成时，武者小路实笃还处于向鹤求婚的过程中，甚至在武者小路实笃与竹尾房子结婚时（1912年11月），鹤的原型"贵子"还不曾订婚。这样的设定，除了遵从"自己"与鹤内心的"自然"外，还有另外一个原因。日思夜想的女孩儿嫁给了他人，这就意味着"自己"失恋了。这或许也是武者小路实笃选择这样一个结尾的重要原因，让"自己"在失恋的悲剧、挫折中确立自我，成长以来。

除《天真的人》之外，武者小路实笃还写过两篇有名的恋爱小说——《友情》（1919年）、《爱与死》（1939年），这两篇与《天真的人》合称为恋爱三部曲。这三篇小说都是以武者小路实笃初期的恋爱经历为原型创作的，它们也基本围绕"阿贞、真木、贵子"三位女性而展开。作者初期的恋爱都谈不上是正式的恋爱，都是他的单相思。这些恋爱都采用了"失恋"的形式，而且主人公都是通过"失恋"提升了自我。事实上，"失恋"是武者小路实笃一贯采取的描写恋爱的方式。失恋后的成长成为武者小路实笃恋爱小说的一大主题。正如中村孝所言："就算失恋，主人公仍在努力成为一个完整的人……重要的是这个人变得更加优秀。"失恋与恋爱同样让主人公更加坚强，同时失恋升华了主人公的阅历、人格、思想，逆境比顺境更能散发出生命的荣光。

综上所述，《天真的人》是武者小路实笃日记的小说版，既有日记的真实性，又具有写给人看的策略性。真真假假、虚虚实实之间勾勒出的是一个在纠结中确立自我的形象。作者通过"书写"《天真的人》，认清了自己的问题，实现了强烈的自我肯定。同样，小说中的"书写"行为也是一个重塑自我的过程，在作品中记录下成长的烦恼，这种努力本身就是一个自知与疗伤的过程。从这个意义上来说，《天真的人》既是记录"自我问题"的"病历"，又是缓解"自我认同困惑"的"良方"。小说中除一个恋人、少数几个好友和一些志趣相投的人以外，再没有能够入得他视线之人。也就是，他自己努力在对"他者"冷淡。"自己"强烈的、有意识的排他性更加突出了自我肯定、自我确立的形象。小说基本在"自己"的世界中展开，并以一种比《棉被》更加彻底的形式来守卫着"自己"的世界。"自我"世界的强度在小说结尾失恋后，表现得更加鲜明。"创作的我"强烈的自我意识赋予了小说主人公以刚性、强度。学界认为武者小路实笃充分继承了《棉被》的遗产，然而在"言说自我"这一方面表现得比《棉被》更加彻底，重要的是从武者小路实笃的《天真的人》开始，私小说排除了自然主义私小说"露恶"的特点，在树立自我、追求自我这方面为私小说曝出了新光。

参考文献：

[1] 宇野浩二. 私小说之我见 [J]. 新潮，1925 (10).

[2] 大津山国夫. 武者小路实笃论——到"新村"为止 [M]. 东京：东京大学出版会，1974.

[3] 杨琇媚. 武者小路实笃天真的人论——主人公表现出的自我确立的状态 [J]. 日本研究，2004 (2).

[4] 山本昌一. 私小说的展开 [M]. 东京：双文社，2005.

[5] 武者小路实笃. 一个男人 [M]. 东京：新潮社，1923.

[6] 武者小路实笃. 他的青春时代 [J]. 丛文阁，1923 (2).

[7] 寺泽浩树. 天真的人的虚构性——关于素材的小说化的问题 [J]. 日本文艺论丛，1988 (3).

[8] 外尾登志美. 天真的人——追求自我可能性的愿望 [J]. 国文学解释与鉴赏，1999 (2)：61.

[9] 埃里克·H·埃里克森. 同一性：青少年与危机 [M]. 孙名之，译. 杭州：浙江教育出版社，1998.

[10] 红野敏郎. 武者小路实笃天真的人中的自己 [J]. 国文学解释与教材研究，1959 (5)：80.

[11] 大津山国夫. 武者小路实笃论——到"新村"为止 [M]. 东京：东京大学出版会，1974.

[12] 中川孝. 武者小路实笃——关于其人与作品的解说 [M]. 东京：皆美社，1995.

[13] 松本武夫，福田清人. 武者小路实笃——其人与作品 [M]. 东京：清水书院，1969.

[14] 鹫田清一. 自己·其不可思议的存在 [M]. 东京：讲谈社，1996.

日本与西欧宫廷爱情文学中的恋爱观

——以《源氏物语》与《克莱芙王妃》为研究对象

杨 芳

一、导 言

日本小说《源氏物语》与法国小说《克莱芙王妃》均被誉为世纪经典爱情故事。10 世纪日本藤原一门的皇室生活与 17 世纪法国的贵族宫廷贵族生活不仅是当时社会政治文化中心，也是时尚的焦点，且都流行文艺沙龙，崇尚诗歌、音乐、美术。贵族的富丽堂皇、典雅风尚是当时两国文化生活的最高典范，宫廷爱情的浪漫传统和悲剧精神，女性作家细腻入微的情感心理描写和所塑造主人公的爱欲形象，以及现实与虚构在两书中纵横交错。《源氏物语》与《克莱芙王妃》都是当时社会边缘的经典文学，缘于这一特征，两者真实展示了被主流文学掠过的另外一种贵族生活。总之，两位女性作家的细腻笔触与精巧构思，真实重现了两地宫廷贵族社会的恋爱观。

二、宫廷恋爱小说的特征

10 世纪的日本和 17 世纪的法国为封建制度成熟时期，内部矛盾减少，社会趋于稳定。"封建君主和贵族们有了更多闲暇，于是把更多精力放到文化娱乐方面，而赞助和收养诗人、学者、音乐家、艺术家、行吟诗人等文化人也逐渐成为国家和高等贵族宫廷中的时尚。"随着宫廷文化的发展，举止优雅、能歌善舞、谈情说爱、吟诗作画等社交技巧成为一个理想的贵族人物形象所必备的"美德"（Virtues）。

（一）日本宫廷恋爱物语特征

在日本史上影响最大的王朝文化是平安时期的宫廷文化，宫廷浪漫爱情故事是日本王朝文化描写的核心。平安时期的宫廷恋爱物语包含"大和心"与"物哀"两大元素。"大和心"是日本民族特有的心理特质，从文学审美的角度而言意味着放弃矛盾，品味因矛盾而产生的复杂感情，减少正面对抗，在谦和、宽容中达到和谐、优美、稳静、柔和之美。物哀是平安贵族文学的中心理念，指主观情感和客观对象之间由于某种一致性而产生的和谐情趣世界，有优美、纤细、沉静之意。这两种叙事技巧都反映了日本古典爱情小说既非惊心动魄，更无剧烈矛盾冲突，而是在独特的宁静平和之中，给读者以持续、沉稳的美感享受。此外，宫廷恋爱物语还有好色（み）与忠实（まめ）两种特征，平安文学中的"好色"不简单等同于"色情""滥交"，它包含了肉体的、精神的、美的结合，将恋爱中的情趣作为最高旨趣，崇尚高雅的兴趣爱好。例如，"好色家"首要资本是具有和歌的才能，吟唱动人的和歌，以歌传情是平安时期男女恋人交流的基本方式。まめ（忠实）是まじめ一词的缩略，人是世间万物之一，如花、草、树木那般感受着风、霜、雨、雪，承大自然惠爱。人生中最弥足珍贵的是真诚的情感，以真情为基点，真实地感知世界，真诚地表达非理性的、非人为的一种自然、朴素的本能情感，即日本古典文学理念中所提倡的"忠实"。日本人自古以来性格平实，善于吸收外来文化，"日本人的心理态度是自然的、现实的。其道德观念也有类似的性质，比较客观，而不主观；比较现实，而不浪漫；比较中庸，而不极端；比较简约，而不夸大；比较平凡，而不是非凡；比较合情理，而不是英雄主义……"他们虽然在思想上接受儒学，但行为上却我行我素，这一集体无意识的行为契约促成了平安时期独特恋爱观的形成。文学是社会意识形态的反映，平安时期的恋爱观时隐时现地呈现在《源氏物语》中光源氏与众多女性的交互关系之中。

（二）西欧宫廷恋爱小说特征

1450 年至 1850 年西欧封建制度已发展得非常牢固，宫廷文化极其丰厚，无论是在建筑、服饰、宗教礼仪，还是生活方式与文学艺术方面，此时爱情故事亦是西欧宫廷文化描写的核心。中世纪最有名的传说是亚瑟王和圆桌骑士物语，物语中骑士精神和宫廷爱情密不可分。贵族文人笔下的"宫廷爱情"被高度的理想化、形式化和艺术化，其特点可以总结为"谦卑、高雅风度、私通和爱情崇拜。"中世纪宫廷贵族的婚姻多出于政治和经济利益上的考虑，一般夫妻双方年龄相差悬殊，因此宫廷文人们"直截了当地宣布，爱情和婚姻互不相容"。骑士爱情观是中世纪欧洲突出而奇特的社会文化现象，它提倡爱情至上和婚外恋，"这一思想是人们渴求从压抑中解放，从禁锢的基督教教条中解放的结果"，表现出与西方传统婚姻爱情观念相悖的独特性。骑士们热恋的对象往往是神格化的女性——高贵、贤淑、美貌，富有知性与极具道德感；骑士们忠诚于热恋对象，将她们奉为心目中唯一的偶像情人。骑士热恋对象的唯一性，与欧洲自古以来的单婚制、宗教信仰与政治制度有关。他们将传统基督教信仰中对唯一的神——耶稣的崇拜、热爱与忠诚——转换成恋爱物语中对理想情人的情感。

三、两部小说中恋爱观的对比

"哪里有兴盛的高层宫廷文化，哪里就产生爱的哲学。"《源氏物语》与《克莱芙王妃》对比研究的价值不在于探询其各自潜藏的历史素材，而在于认识两位女性贵族作家通过精心选择叙述方式建构了不同的女性历史认识，而这种历史认识又与日本平安时期和法国路易十四时期的文化语境有着一定的内在关联。

（一）共同点

日本与欧洲两地远隔重洋，中古时期从未有任何联系，但从两部文本中仍可管窥其历史语境有诸多相互交织与殊途同归之处。两部文本都为经典宫廷爱情故事，讲述的都是对理想男性或女性的追求，都以悲剧收场，最后女主人公都遁入空门。

第一，对"理想女性"的追求是骑士爱情的核心，亦是《源氏物语》通篇的中心议题。光源氏与德·内穆尔公爵高贵、俊美，富有知性，是他们所处时代完美男性人物形象的具体化身，《源氏物语》中描述的诸多贵族女性与克莱芙王妃一样高雅、贤淑、美丽，是时代理想女性的化身。

第二，两部作品在空间叙事上都是以宫廷的历史生活语境为背景，一方面，宫廷生活等级森严、派系倾轧、争权夺势；另一方面，统治者又极力用艺术来粉饰和掩盖宫廷生活的血腥与枯燥。爱情文学成为宫廷趣味生活的主要调料，深受当权者与贵妇们的欢迎。宫廷贵族小说"风雅""华艳"，两部小说都呈现出极具宫廷特色的"好色之途"与恋爱方式的描写，主人公的性格、境遇、言行等莫不源于宫廷真实人物事件。两位作家将零碎的"真实"饰之以虚构的花边，构成了两部小说。具有现实浪漫主义文学特征的小说。

第三，两部小说最为相似的部分是女主人公的性格。《源氏物语》与《克莱芙王妃》中描绘的都是"拒绝型"的恋爱模式，空蝉与克莱芙夫人也都是自我意识很强的女性。这里彰显了两位作家共同的见解，紫式部与拉法耶特夫人认为恋爱与热爱是苦劳的缘由。

（二）相异点

首先，日本和西欧传统的恋爱观迥然不同，恋爱中男女的地位与恋爱的特征相异。日本自古以来男尊女卑，"女性为男性而存在，这是日本社会的基本概念"，恋爱关系中"有选择权利的一方，当然在男性，女性处于被选择地位"。

西欧骑士爱情的特征是男性对女性的崇拜，恋爱关系确定的主导权在于女性。西欧自古以来是单婚制，恋爱是对具体某一对象的情感。其次，男性主人公求爱的方式相异。光源氏无视空蝉的态度，自己寻找机会，夜中潜入空蝉寝室强行与其发生关系。与此相反，德·内穆尔公爵即使告白了自己的爱意，也不贸然行动。最后，丈夫这一人物形象在小说中的功能不同。空蝉逸话中弱化了丈夫这一角色，伊豫介是一位被动隐形的人物，没有直接参与文本对话，对其形象、思想、感受从未有正面或间接的描写。《源氏物语》的若干恋爱主题中都省略了对已婚女性丈夫这一人物的刻画。然而，克莱芙夫人的小说中，丈夫这一角色担任主要叙事功能，贯穿了整部小说。

四、日本与西欧恋爱观的差异

欧洲人初读《源氏物语》时惊讶万分，主人公光源氏滥交、乱伦，让人难以接受。日本从室町时代开始，很长一段时间对《源氏物语》的评价都很低，直至江户时代本居宣长提出"物哀论"后，才有所改变，"《源氏物语》应当作为人类的生活态度与思考方式，及物哀的例。也许并不存在佛教的价值，但文学与审美的价值很高"。

回顾日本平安时代的婚姻形态——"访妻婚"，其特点如下：一是男女双方婚后不同居，各居各家，男方造访女方，暮合晨离；二是男子在正式婚姻之外，通过走婚与若干女子保持性关系；三是婚姻服从政治、经济利益的需要。"访妻婚"是贵族阶层常采用的婚姻形态，有学者称其为变异的专偶制。在这一制度下，日本平安时期"好色文学"的形成也就不难理解。"日本历史上的访婚制不像配偶婚那样具有稳定的婚姻关系，其关系极为宽松，爱情关系更是无常，人的情感也随爱欲流动，难以捉摸。"对光源氏的好色行为，日本学者藤原克己认为：

光源氏与各种各样的女性发生关系，很容易让人联想到不道德的 Don Juan。作者通过对主人公光源氏与众多女性交往的描写，各式各样女性的个性与人生，能被（同一主题）紧密地统一勾画，这一点有必要在（研究）物语的构成技巧上留意。从某种意义上来讲，光源氏（人物形象）亦映照出各式各样女性的不同人生。

藤原克己将紫氏部对光源氏多情、好色的人物形象创作，归结于其独特的叙事技巧。伊凡认为光源氏的行为从佛教和儒学的视角来看不道德，从日本传统的感性之美来看，他是完全纯粹、纯洁的。原因是光源氏这一人物形象充满对他人的怜爱又富有文雅情趣，是古日本美德的典型，是真正意义上的日本式的好人。基于此，光源氏对与其发生关系的众多女子不离不弃，将她们各自安顿，使她们生活幸福，这一举措被日后某些学者们评为"美德"，也就不难理解了。

德·内穆尔公爵这一人物形象让日本人深感奇怪，质疑现实生活中是否真有像德·内穆尔公爵这样的男人。"日本人也许认为：对自己喜爱的女性，有机会接近其肉体而不与其发生关系的男性是不存在的，如果存在，那他不是真正意义上的男人。"骑士爱情恰恰与之相反，骑士认为爱是一件崇高与神圣的事情，称其热恋对象为"女神"，随便与之发生关系是对"神"的玷污。

"热情的""绝对的""永远的"是西洋文学恋爱观的几个重要特征，如果不追溯到12—13世纪的南佛吟游诗人、骑士精神、骑士恋爱小说，便很难以理解其由来。当时流行的卡达尔（Qatar）派宗教，被作为异教遭受猛烈迫害，教徒们借恋爱的形，歌唱对神的热爱。受此影响，教徒们对神的浪漫理想化的"绝对的爱"深入人们的恋爱观中。"绝对性"这一理念的由来可以追溯到旧约圣经中的十诫，出埃及记中上帝对摩西如是说："除了我以外，你不可有别的神。"从而定义了神的唯一性和绝对本质。接下来，上帝说："不可跪拜那些像，也不可侍奉它，因为我耶和华——你的上帝是忌邪的上帝。恨我的，我必追讨他的罪，自父及子，直到三四代；爱我，守我诫命的，我必向他们发慈爱，直到千代。"由此，南佛吟游诗人对神的"热情的""绝对的""永远的"的爱，也就不难理解了。"一体感"是欧洲宫廷文学恋爱观中的要点。13世纪，欧洲基督教神秘主义教认为，两个单独的个体成为一体的瞬间有光闪耀。从宗教角度来看，即人与神达到沟通，融为一体，与神性结合的人性，在神性中升华。在这人性的荣光化、神化的过程中，人与神多次合为一体（合一性）。现实中，人们将脱俗的理念转换为世俗的观念与行为，即人对神的爱——唯一性、一体性、合一性、绝对性——转换为人对人的爱。

日本不存在能统领各种信仰的唯一的神，日本神道上有各种各样的神，如佛教中，人死后成为所谓的「佛」神。"合二为一"的观念，日本人不可理解，更不可能理解到西欧基督教中信仰的"此物在彼物中呈现的光韵"一说。当基督教传入日本，宣传纳妾、通奸是罪恶之事时，许多日本人抱怨不已，认为它扰乱了日本家庭的和平。

五、结　语

《克莱芙王妃》体现了自由意志与传统道德的文化冲突，克莱芙夫人罪恶感源于其传统道德意志与社会舆论的催化，其复归伊甸园的梦想只能是水中月、雾里花。日本平安时代实行的访妻婚给了男性在情感、肉欲上复归伊甸园的可能，但这种婚姻方式、恋爱观念，给现实生活中的女性造成了极大的痛苦与不幸。日本文学从古代《伊势物语》《源氏物语》，直至近世井原西鹤的《好色一代男》、谷崎润一郎的《痴人之爱》、有岛武郎的《一个女人》，跨越了几千年的时空，文本中叙事者对"好色观"的肯定伊始未更。唯有变换的是，从《源氏物语》中男性为恋爱主导者人物形象，转换为《一个女人》中叶子走上游戏的舞台。这一"在爱河里纵情嬉戏，却不走向婚姻"的人物形象，表明两性关系中女性开始具有话语权。我国研究日本文学的学者们往往专注于日本古典恋爱文学中体现的文艺美学，而回避道德审判这一角色。研究欧美文学的专家们对此观点较为明显，"宫廷爱情标志着欧洲人文主义思想和人文主义文学的重大发展，体现了人们对高尚理想、优美情操和人类美好关系的向往与追求，成为西方文明的核心构成"，或许西方文学伊始的"原罪说"早就框定了几千年后评判的价值标准。

参考文献：

［1］姚鹏，等. 东方思想宝库［M］. 北京：中国广播电视出版社，1990：1089.

［2］奥可塔维欧·帕斯. 双重火焰：爱与欲［M］. 蒋显璟，真漫亚，译. 北京：东方出版社，1998：35.

［3］钱澄. 变异的专偶制［J］. 苏州大学学报，2003（4）.

［4］张哲俊. 源氏物语与中日好色观的价值转换［J］. 北京师范大学学报，2007（6）.

［5］秦弓. 复归伊甸园的困境［J］. 外国文学评论，1996（2）：90.

［6］肖明翰. 中世纪欧洲的骑士精神与宫廷爱情［J］. 外国文学研究，2005 年（3）：61.

［7］肖明翰. 中世纪欧洲的骑士精神与宫廷爱情［J］. 外国文学研究，2005（3）：64.

率真、逼真与艺术至上

——浅析志贺直哉的文学思想对郁达夫文学创作的影响

宫　琳

一、郁达夫印象中的志贺直哉

众所周知，郁达夫是于 1913 年 9 月第一次随兄赴日，曾就读于日本东京大学，后于 1922 年 7 月回国。自幼爱好文学的郁达夫在日滞留期间开始广泛涉猎日本及西洋小说。当时，适值日本大正文学兴起和蓬勃发展，自然主义趋于衰落之际。这正如郁达夫后来回忆所说："我在那里留学的时候，明治的一代，已完成了它的维新的工作；老树上接上了青枝，旧囊装入了新酒，浑圆成熟，差不多丝毫的破绽都看不出来了。"

日本大正时期（1911—1924 年），也是所谓白桦派作家的文学创作盛极一时的时期，他们的作品往往取材于自己真实的生活和心理感受，具有明显的私小说的特征。志贺直哉作为白桦派的代表人物之一，于 1917 年发表了《和解》并因此而获得了文坛上的一致好评，从而确立了他在大正文坛上的中心地位；而其唯一一篇长篇小说《暗夜行路》的问世，更是巩固了他的这一地位。大正后期到昭和时期，志贺直哉在文坛上的影响力之大，更是有目共睹。

第一次旅日期间，郁达夫便对日本文学，特别是当时的文坛名家产生了浓厚的兴趣，据他当时的日本同学福田武雄回忆说："八高、东大时代的郁达夫，非常热衷文学论。二人非常喜欢并经常在一起谈论谷崎润一郎、佐藤春夫、志贺直哉、芥川龙之介及其作品……"

我们知道，志贺直哉是作为一个富有正义感的文人而得到当时日本社会的公认，而郁达夫之所以推崇志贺直哉，除了其对于当时日本文坛的巨大影响及其高尚的气节和鲜明的正义感之外，还为其独具特色的创作风格所折服。

结束第一次留学回国后，郁达夫因受福建省委托购买印刷机事宜，于 1936 年 11 月 11 日再次东渡日本，并与前来迎接他的好友小田岳夫在其入住的宾馆中进行了长谈。他们当时不仅谈到了日本的文学界，甚至还谈到了志贺直哉，谈到了他最近的文学创作。

由于对志贺直哉的崇拜由来已久，郁达夫在其工作结束启程回国的前一天，即 1936 年 12 月 18 日下午，特意登门拜访了家住奈良的志贺直哉。临行时，志贺直哉还送给郁达夫一本他新出的著作集《万历赤绘》。郁达夫在 1936 年 12 月 18 日致王映霞的信中，论及此事时说：

> 他的作品很少，但文字精练绝伦；在日本文坛上所占的地位，大可以比得上中国的鲁迅……志贺氏的待人的真诚，实在令人感动。我真想不到在离开日本的前一天，还能遇得到这一个具备着全人格的大艺术家。他是日本第一个寡作的小说家，正唯其寡作，所以篇篇都是珠玉。

由此可见，郁达夫对登门拜访志贺直哉期待已久，喜悦之情溢于言表。在上引书简中，他甚至将志贺直哉与中国的鲁迅相提并论。我们知道，郁达夫对鲁迅先生评价甚高，在《鲁迅的伟大》一文中他曾这样写道："鲁迅的小说，比之中国几千年来所有这方面的杰作，更高一筹"，"至于他的随笔杂感，更提供了前不见古人，而后人又绝不能追随的风格"。

毋庸赘言，将志贺直哉与鲁迅相提并论说明郁达夫对志贺直哉不但有着极高的评价，而且对其是深怀敬仰之情的。在郁达夫看来，志贺直哉不但是一个尊重自己的人格和文格的文人，同时也是一个坚持自己的艺术良心，对社会弱者和弱小民族富有同情心的国际友人。从某种意义上来说，我国抗日战争的全面爆发，使郁达夫对志贺直哉有了更加全面的认识。

抗战爆发后的 1938 年 3 月，郁达夫曾经非常崇拜且交往多年的日本作家佐藤春夫，在《日本评论》发表了一篇题为《亚细亚之子》的作品。在该文中，佐藤春夫别有用心地大肆侮辱、丑化郁达夫等人，这使得郁达夫极为愤怒，并对其进行了理所当然的回击。郁达夫著文声称："疾风知劲草，已到了中日交战的关头，这些文士的丑态就暴露了。"他痛斥佐藤春夫："比中国娼妇还不如"，"佐藤在日本，本来就是以出卖中国野人头吃饭。平常总在说中国人是如何如何好"，"但是毛色一变，现在的这一种阿附军阀的态度，和他平时的所说所行，又是怎么样的一种对比"。

相对于此，郁达夫对此时的志贺直哉却是盛赞有加，他说："当然，日本的文士，也不可以一概说的。……日本老大家中秋田雨雀、志贺直哉、岛崎藤村等，还是良心不昧的人。"

之所以如此，是因为以志贺直哉为代表的富有同情心和正义感的有识之士，而不像佐藤春夫那样随波逐流，在我国抗战如火如荼之际，甘愿做日本军国主义分子摇旗呐喊的马前卒。正如郁达夫所指出的那样，这一派极少数的作家，在社会主义泛滥、左翼作家极盛的时代，也不过暂时停止了写作，只在沉思默考，反省他们的过去与将来。到了现在，就是到了兽欲横行、正义理智完全泯灭的现在，他们也严守着沉默，而不失他们的故度。像白桦派的志贺直哉，浪漫派的谷崎润一郎等就是这些少数人的代表。

据此不难看出，在我国抗战期间，郁达夫对志贺直哉依然十分崇敬，他钦佩志贺直哉的文人气节，更尊重他的不屈人格。

二、人格的率真与文学的逼真

在我国抗战期间，志贺直哉之所以能够不随波逐流，保持自己的气节和人格，富有同情心和正义感，是与其性格的率真密不可分的。

志贺直哉早在日记（明治 44 年 1 月 10 日）中写道：

自己理解所有事物的部分，但对整体的把握能力比较弱。我认为小说家只要写出人生的某部分（主要指自己或身边的人生等）即可，但是一想到自己不了解整体，就难免有些不快。

在上引日记中，志贺直哉坦然承认自己擅长短篇小说的创作，而对长篇小说有点力不从心。显然，这也是他率真性格的表现。而这一点除了表现在他在其他弱小国家面临民族危亡之际所显示出来的民族同情心之外，更多的则表现在他平时的文学创作之中。

芥川龙之介曾问其师夏目漱石，怎样才能写出像志贺直哉那样的文章？漱石回答："他不是为了创作而创作，而是按照自己的想法如实创作，我也写不出那样的作品。"可见，夏目漱石也是从性格率真、如实写作这一角度盛赞志贺直哉的作品的。

《和解》可谓是志贺直哉的力作之一，一经问世，便获得了江口涣、小宫丰隆等评论家的一致好评。江口涣评曾在《时事新报》上做出如下评价："我不由地被作者的真诚所打动。从真正意义上讲，如果不是真实地活着，真诚地行动的人，不可能创作出这么优秀的作品。"

关于其率真的性格与其文学创作的关系，日本学者杉山康彦曾如此评价志贺直哉——"不管是人物还是自然，对于写作小说全体的作者的心境来说没有一丝的虚假……没有与感动无关的一节章段"，其作品具有"强烈的真实性"。

众所周知《创作余谈》是志贺直哉如实叙述自己创作的事实。志贺直哉于1917年发表的短篇小说《在城崎》就像其在《创作余谈》中谈到的那样，它是按照事实写就的小说。老鼠、蜜蜂、蝾螈之死，都是那几天亲眼所见的事实。并且"我"也打算直率、如实地写出看到它们死时的感受。

关于《暗夜行路》中的典型人物，志贺直哉在《续创作余谈》中谈道："关于主人公的原型，谦作大体上等于作者本人。我想，自己假若处于那种场合大概会有那种行动，或者是本来就想将那种行动付诸实践，或者实际上我确实那样行动了。"《暗夜行路》是诸如此类内容之集大成。

除了《暗夜行路》之外，志贺直哉的很多作品也都是基于真实生活的描写。他在《创作余谈》中对其创作的作品做了如下描述——《和解》这部作品描写的是事实。大家普遍认为这是一篇作家现实生活的记录，具有一定的自传性。《和解》所描写的是借"顺吉"之名的作家个人的生活记录，包括孩子的出生和死亡及其与父亲"和解"的记录。此外，《十一月三日午后的事》也是按照事实原样写出的日记。

志贺直哉在《创作余谈》中谈到，他的一些作品都是遵照事实，如实创作而成。但是他所说的遵照事实，并不是像自然主义作家，采用平面描写的方式，将看到的事物不加以区分，原封不动地写下来。志贺直哉还说过："对于每份材料，都有必要找出一种手法、一种心情、一种态度。当然要找出来也绝非易事。顺利的话，一次就可以找到。不顺利的话，很难发现。有些文章的开头部分写得很缠手，就是因此而造成。"这说明，志贺直哉认为小说作品的真实并不是对真实生活的原封不动的堆砌，而是要对其进行严格的筛选、整理。而其标准则是能否更真实地反映生活事实。总之，志贺直哉的大部分作品都是生活事实的真实再现，并且在小说中也都可以看到作者的影子，可见其文学创作与其率真的性格不无关系，而其文学作品中也留下了他这种性格的痕迹。

志贺直哉的这种性格及据此形成的文学创作风格对郁达夫的文学创作的影响是显而易见的。一般认为，凡是读过郁达夫作品的人，无不感到他的小说与日本以志贺直哉的作品为代表的"私小说"有相似之处。而郁达夫本人更是在《艺术与国家》一文中明确地指出："艺术的价值，完全在一个真字上，是古今中外一例通称的。"郁达夫此后还反复强调："小说的生命，是在小说中事实的逼真"，"文学含真实性愈多，内容也愈充实而健全的一句话，却是千真万确的"。显然，这种文学创作主张中不无志贺直哉思想的影响。

在其《茫茫夜》发表后，郁达夫收到大量读者——比较有代表性的有星楼等人——的来信。星楼在信中主要就郁达夫作品中存在的艺术上的缺点，列示了几点。例如："你（郁达夫——引者注）的创作态度，似乎没有作《沉沦》时代那样的率真了。我虽不是 Carlyle，但我很愿你以后不要把 Sincerity 抛弃。唯其不率真，所以《茫茫夜》里配角太多，主人公的性格和重要人物的描写，没有跳跃在纸上。若将《沉沦》拿来对比，则《沉沦》的主人公，我们能想象他是如何的一个人，而《茫茫夜》的主人公，我们竟想象不出来……"对此，郁达夫曾坦诚地说道："这段批评有教我不得不流泪的地方。老实讲起来，我近来也觉得不像从前的率真了。"

五年之后，郁达夫在《日记文学》中，对日记文学的意义进行了如下阐述：

我们都知道，文学家的作品，多少总带有自传的色彩的，而这一种自叙传若以第三人称来写出，则时常有不自觉的误成第一人称的地方。可是我们若只用第一人称来写的时候，说："我怎么怎么，我如何如何，我我我我……"，读者读后就会产生怀疑："你的这些事情为什么要这样的写出来呢""你岂不是在做小说吗"。由此看来，我们可以晓得日记体的作品，比第一人称的小说，在真实性的确立上，更有凭藉，更有把握。

实际上，郁达夫本人也公开发表了其从 1926 年末写就的日记，起名为《日记九种》。除此之外，他的作品中类似日记的也有很多。但是，郁达夫在日记文学这种体裁中观察到的不仅仅是作为现实性保证的"真实性"，同时又是与前面所说的"率真"紧密联系在一起。

关于这一点，郁达夫在《读〈兰生弟的日记〉》中做了如下阐述：

《兰生弟的日记》是一部极率真的记录，是徐君的全人格的表现，是以作者的血肉精灵来写的作品。这一种作品，在技巧上虽然失败，然若以真率的态度，来测文艺的高低，则此书的价值，当远在我们一般的作品之上。

之后，郁达夫甚至在《〈中国新文学大系·散文二集〉导言》中做了如下补充说明：

现代的散文之最大特征，是每一个作家的每一篇散文里所表现的个性，比从前的任何散文都来得强。古人说，小说都带些自叙传的色彩的，因为从小说的作风里人物里可以见到作者自己的写照；但现代的散文，却更是带有自叙传的色彩了……这一种自叙传的色彩是什么呢，就是文学里所最可宝贵的个性的表现。

根据以上论述不难看出，郁达夫对于作家本人性格的率真以及由此而形成的作品的真实性是极为重视的，而这些都说明前述志贺直哉的文学创作对其形成了深刻的影响。

三、文学的真实与艺术至上

志贺文学的显著特征是不注重创作技巧，而是重视真实、直接地把握生命的律动，坦率地表达自己的好恶、善恶。武者小路实笃也曾做过如此评价："他（志贺直哉——作者注）讲的话，很诚恳。他说的事，不乏理解有误之处。但是，绝没恶意，那都是他的真实想法。他不撒谎，他的作品也不写虚假的内容。即使理解错误，那也绝不是撒谎。他说话很坦诚……实际上，他自身性格是非常率真，所以他的想法也很真实。"

从武者小路实笃对志贺直哉的赞誉之词"没有恶意，正直""不撒谎"可以看到，文学作品与作家的人格是不可分割的。在当时的日本文坛，志贺直哉备受尊敬的原因据此也可见一斑。志贺直哉之所以要求文学作品的真实性，除了其率真的性格使然外，更重要的是，这与其所奉行的艺术至上主义不无关系。在他看来，艺术是不容亵渎的，而要保持艺术的纯洁则必须以真实为前提。志贺直哉的作品从取材来看，主要来自与其生活有关的身边杂事，以及对弱小动植物的关心，其他的还有自传性作品及虚构的作品等。对于志贺直哉来说，文学创作的真正源泉是生活的实践和自己的深切感受。现实生活和文学创作，互为手段和目的，息息相关。创作是结果，不是目的。所以，志贺首先是一个生活者，而后是一名作家。艺术是生命的律动，它从属于生活。小林秀雄在《志贺直哉论》中谈到，志贺直哉的作品是现实生活的一部分，是现实生活中的一个缩影，这就是志贺直哉刻意追求的"生活的艺术化"。

众所周知，志贺直哉在《你和我》这部作品中提到，真正的艺术家在某种意义上，可以暗示人类的进步或者命运。他在实际创作中有意识地尊重事实，在描写的现象当中，只描写那些真正需要描写的内容，巧妙地删掉那些应该舍弃的部分。作品中每字每句都一丝不苟，并能确切地抓住事物的关键所在。据此不难看出，他对人生，对艺术的一种极其认真的态度。

志贺直哉在日记（明治44年4月25日）写道："我认为自己是个艺术至上主义者。真实、不注重创作技巧，它能更好地满足自己的嗜好，具有一定的价值。"

真实让美获得满足，真和美对他来说是密不可分的。他认为："艺术上最重要的是真实。创作的时候，如实地看待事物是最重要的。大凡艺术家或现实主义者都是如此。"同时，他在日记（明治45年2月3日）中还强调指出：艺术家其实是现实主义者。并且，即便是坦诚（正直）地看待事物，也与田山花袋提倡的平面描写论不同，而尽可能从多个角度观察事物，才能做出准确的判断。自己照葫芦画瓢是万万不可的，必须培养敏锐的感受力，才能准确、清楚地再现对事物的感受。

志贺直哉认为，优美的语言、漂亮的画卷、精彩的小说，一定会激发人对工作的激情。为什么会产生这样的心情？他自认为是"节奏感"所致。对于一幅作者不详的元朝人画的《松图》，志贺直哉随人认为其并非一流的作品，但却感到"有一种刺激参观者创作欲的力量"，而这种力量便是指节奏感而言的。1923年，志贺直哉在日记风格的短篇小说《偶感》中写到，当他在京都博物馆看到相阿弥、牧溪等人的画作后，受其启发，"自己感觉有点兴奋，于是马上回家，并且什么话也没有说。妻子马上注意到了，提醒孩子不要吵。我坐在书桌前，开始着手修改写了一半的短篇小说"。

可见，对志贺直哉来说，艺术是创作欲的产物。它既有赖于作家的内部心理状态，也有赖于外部刺激的激发。参观博物馆的画作之后，志贺直哉内心萌发了一种冲动或欲望，回家后马上进行了创作。这就是作家的心灵因与现实生活相撞击而产生了创作欲望的缘故。

具体在创作小说时，志贺直哉也指出，为了写小说，少不了添加一些赘言。这与小说内容本身虽有一定的关联性，但小说作为一件艺术品，为了保证其整体的一致性，是没必要的。就破坏了小说的整体风格。其实，它早已自然地包含在某处（也许是行与行之间或者是字与字之间）。不写却已包括，如果状态良好，自然能做到。与自然主义提出的客观、细致的描写不同，志贺直哉主张简洁、生动地描写。他所说的内容，几乎是每倍作家努力的方向，其创作手法也影响了很多人。

在对于文学作品的真实性与其艺术性的关系方面，郁达夫的观点可以说与志贺直哉毫无二致。他在谈到自己的文学创作时说："在感情上是一点儿也没有勉强的影子映着的；我只觉得不得不写，又觉得只能照那么地写，什么技巧不技巧，词句不词句，都一概不管。"他强调自己的作品，"不曾加以推敲，经过琢磨的"。对于郁达夫来说，小说在艺术上的价值，可以以真和美的两条件来决定。若一本小说写得真，写得美，那写作的目的就达到了。至于社会价值，及伦理的价值，作者在创作的时候，尽可以不管。

他认为，艺术所表现的不过是把日常的人生，加以蒸馏作用，由作者的灵敏的眼光从芜杂的材料中采出来的一种人生的精彩而已。所以，写在小说上的事实，是从世界上的万事万物里由作家的天才去剔抉出来的事实，并不是把烂铜破铁一齐描写再现出来，就可以成小说，成艺术品的。

郁达夫的作品，是真，是美，令人有此种感觉者，就是他在写时，绝没有顾忌到他的地位、名誉乃至别人对他的"人身的攻击"，他只是真诚地把他的所感所想照实地写出来，绝没有一丝一毫的矫揉造作。实际上，在郁达夫看来，生活与艺术是密不可分的。我们就是因为想满足我们对艺术的要求而生活，我们的生活本身，就是一个艺术的活动，也就可以说是广义的艺术了。

郁达夫还指出，艺术是人生内部深藏着的艺术冲动，即创造欲的产物。真正的艺术家，是非忠于艺术冲动的人不可的。若艺术家丧失了他的良心，不能使艺术冲动与他的表现一致，不能使艺术与生活紧抱在一块，不能使实感与作品完全合二为一。那么，这时候的作品，就是艺术堕落的发轫了。从以上所引郁达夫的论述不难看出，他实际上是一个艺术至上主义者。这说明，无论是在艺术美的创造方面还是在生活的真实与艺术的真实的关系方面，他与志贺直哉在其各自的文学创作生涯中都是忠实地遵守了同一个创作原则的。

总之，志贺直哉作为白桦派的代表人物之一，他在大正文坛中心地位的确立是1917年发表《和解》之后，获得了文坛上的一致好评，后来大正《暗夜行路》的问世，更加稳固了他的地位。大正后期到昭和时期，志贺直哉在文坛上的影响力之大，更是令人惊讶。对于志贺直哉这样在文坛上有影响力的人物，郁达夫对其倍加关注也是不言而喻的。在大正时期浓郁的文化氛围的冲击和感召下，郁达夫的作品中无论是在文学创作与作家本人的生活的关系方面，还是在艺术特色的表现方面，他与志贺直哉的观点和主张都极为相近。而这一点毫无疑问是自其留学日本以来，他所受到的志贺直哉的强烈影响在其思想意识中潜移默化的结果。

参考文献：

[1] 郁达夫. 郁达夫全集：第四卷 [M]. 广州：花城出版社，1982：92.

[2] 肖霞. 浪漫主义：日本之桥与"五四"文学 [M]. 济南：山东大学出版社，2003：211.

[3] 小田岳夫. 郁达夫传——诗、爱、日本 [M]. 东京：日本中央公论社，1975：149.

[4] 郁达夫. 郁达夫全集：第四卷 [M]. 广州：花城出版社，1982：164.

[5] 郁达夫. 郁达夫全集：第七卷 [M]. 广州：花城出版社，1983：27.

［6］郁达夫. 日本的娼妇与文士［J］. 抗战文艺, 1938, 1 (4).

［7］郁达夫. 郁达夫全集: 第七卷［M］. 广州: 花城出版社, 1939: 65.

［8］阿川弘之. 志贺直哉的生活和艺术［M］. 日本新潮书库, 2005: 302.

［9］杉山康彦. 志贺直哉中体现的思想文体［J］. 文学, 1970 (5).

［10］高桥英夫. 志贺直哉随笔集［M］. 日本: 岩波文库, 1995.

［11］郁达夫. 郁达夫文集: 第五卷［M］. 广州: 花城出版社, 1982: 150.

［12］郁达夫. 郁达夫文集: 第六卷［M］. 广州: 花城出版社, 1983: 161.

［13］郁达夫. 郁达夫文集: 第五卷［M］. 广州: 花城出版社, 1982: 124.

［14］郁达夫. 现代散文导论 (下)［M］. 上海: 良友图书印刷公司, 1936: 206.

［15］武者小路实笃. 志贺直哉的［J］. 新潮, 1971 (12).

［16］小林秀雄. 志贺直哉——给世上年轻的新人们［J］. 思想, 1926 (12).

［17］志贺直哉. 革文函［M］. 东京: 座右宝刊行会, 1949.

［18］郁达夫. 郁达夫文集: 第七卷［M］. 广州: 花城出版社, 1983: 250.

［19］刘心皇. 郁达夫论［M］. 台北: 正中书局, 1971.

第三篇

03

翻译研究

汉语词汇的日译选词与语境

——以《三国演义》多种日译本为文本

刘齐文

一、问题的提出

在日本，以三国为题材的文学作品统称"三国志"，《三国演义》也被称为《三国志演义》，三国故事在日本民间广为人知。19世纪末，在大阪庶民区仍有许多说书场常年讲说三国故事等。如故事太长，听者多中场离开，但只要说书场门口贴出"孔明今起出场"告示，听者必又纷至，以至座无虚席，可见三国故事于当时日本之普及。罗贯中《三国志通俗演义》的第一个日语译本是《通俗三国志》，所用底本据考为李卓吾本。译者为京都天龙寺僧人义彻、月堂兄弟，两人从1689年开始，费时三年共同译成后，署名"湖南文山"刻版刊行。译本初时主要在僧人等读书人中流行，后渐流传，几乎家喻户晓。以创作日本版《三国志》而被誉为"日本的新版《三国演义》"成为日本"战后三国热"源头的吉川英治在少年时代曾受此译本的影响。此外，《三国演义》的日译本达到近30余种（包括改译、编译、全译、摘译），《日本书籍总目录》中以三国开头的再版或新版的书目已达百余种。

《三国演义》中有大量文化词汇，如官职、称呼语、成语典故等，可以说是中国传统文化的储存器。这些语言承载了浓厚的历史文化信息，它们的使用或形象鲜明地刻画了人物的个性，或再现了语言表达特色，或增添了原语口语色彩，使叙事更加生动、传神。因此，探讨《三国演义》日译文本中汉语文化词汇的翻译，既进一步传播了民族文化，又促进了汉语古典外译的国际化交流，丰富了世界文化的多样性。

二、译词与文化语境

语境，简言之就是语言赖以存在、被人们实际所使用的环境，语言不能生存在真空之中，语言的使用总是发生在具体的、特定的环境里。实践证明：语言学和翻译研究中的所有问题几乎都与语境有关。最先提出语境概念的是人类学家马林诺夫斯基，他观察了原始部落中的语言使用情况，认为语言离开了使用和语境，自然就谈不上语言的意义了。因此，研究语言必须同时考虑语言使用者的文化与生活环境。为此，他提出了"情景语境"和"文化语境"的概念。前者指语言使用的一般具体环境，后者指语言使用的文化现实环境和人们的生活与习俗。利奇明确地谈到语境对确定语义的三大作用：（1）语境消除信息中的歧义和多义；（2）语境指出某些指称词的所指；（3）语境能提供说话人和作者省略的信息。文化语境指语言运用的社会文化背景、历史文化传统、思维方式、价值观念、情知及社会心理等。"文化语境是社会结构的产物，是整个语言系统的环境。具体的情景语境则来源于文化语境。"作为整个语言系统的环境，文化语境对整个语言系统起着决定性的作用。语言的翻译不仅是语符表层指称意义的转换，更是两种不同文化的相互沟通和移植。因此，文化语境对翻译的影响不可忽视。

2000 多年前，汉字传入了日本，并经历了被接纳、创新、"和"化的过程直至今日。日本的文字系统是假名汉字的混用。按理说，汉、日翻译本应比其他语种要容易得多。其实不然，原因是多方面的，但对语境的把握不够却是造成误选译词的关键之一，特别是在《三国演义》翻译成日语的过程中，语言跨越了巨大的时空差异，如何根据语境和词义的变迁选择译词更是一个不容忽视的问题。通过考察《三国演义》日译本中汉语词汇的日译选词，更能凸现语境对于古典作品翻译的意义和重要性。

三、《三国演义》汉语词汇的日译选词考察

本文围绕《三国演义》的日译本，从文化语言学的角度，运用话语分析方法，在具体的社会历史文化语境下，围绕《三国演义》汉语词汇日译选词事例，通过个案分析，探讨语境在选词中的重要性。

姜维曰："陛下休听小人之言，致生疑虑。"（第 114 回）

小川訳：姜維は「陛下には、小人どもの申すことに耳を傾け、疑い深くなられてはなりませぬ」。

立間訳：「小人輩のことばなぞに耳を傾け、疑いを抱かれるようなことは、切にお控え下されますように」。

　　村上訳：維は「陛下、なにとぞつまらぬ輩の陰口はお取りあげなく、わたくしをご信用いただきたいものです」

　　井波訳：姜維は「陛下にはなにとぞつまらない者どもの意見を聞かれ、疑いをおこされませんように」。

　　"小人"在中国语境中是一个文化信息浓厚的词汇，且具有贬义色彩，或指见识短浅的人，如"唯女子与小人难养也"；或指人格卑鄙，道德败坏的人。它常与"君子"在一起做比，如《尚书·大禹谟》："君子在野，小人在位。"《论衡·齐世》："上教以忠，君子忠，其失也，小人野。"《论语·为政》："子曰君子周而不比，小人比而不周。"在现代汉语中也经常被使用，指道德低下、败坏的人。而日语中的"小人"乃指小孩，泛指小学生以下的小孩。他们属于弱势群体，在乘火车或购买入场券时享有半价优惠。我们且来回顾一下本文语境：蜀将姜维击败了魏将邓艾，魏兵处境艰难，有全军覆灭之虞。此时，司马望对邓艾建议道："近日闻蜀主刘禅，宠幸中贵黄皓，日夜以酒色为乐。可用反间计召回姜维，此危可解。"于是，邓艾派党均带着金珠宝物，前往成都连结黄皓，并散布流言，说"姜维怨望天子，不久投魏"。为了进一步离间姜维和后主的君臣关系，黄皓乘机上奏后主，后主即遣人星夜宣姜维入朝，达到了罢兵解围的目的。可见，后主的宠臣黄皓是一个道德操守低下、卑鄙下流之人，由于黄皓散布流言致使姜维伐魏功亏一篑。

　　四位译者分别译为"小人ども""小人輩""つまらぬ輩""つまらない者ども"。其中，小川、立间的翻译易使人误解，而村上、井波的翻译"つまらぬ輩""つまらない者ども"也不符合语境。"つまらぬ輩""つまらない者ども"中的"つまらない（ぬ）"，在日语中指"没有价值、无聊""没有意思"之意，与个人的道德品行没有关联。从原文的语境观之，我们认为四位译者未能准确传译出"小人"的深层含义，不能不说令人遗憾。我们认为可直接用汉字"小人"表记，注上振り仮名"しょうにん"，再将其注为"君子の反義であり、人徳が高くない人を意味する"。

　　次日，王经全家皆押赴东市。王经母子含笑受刑。（第114回）

　　小川訳：あくる日、王径の一族ことごとく東市に引っ立てられたが、王径母子は笑みを浮かべつつ処刑された。

　　立間訳：あくる日、王径の一家は東市に引き出され、王径母子は微笑みを浮かべながら首をはねられました。

　　村上訳：かくて次の日、一家がぜんぶ洛陽の東市の刑場に押送された。王径母子が笑って首を斬られたものだ。

　　井波訳：翌日、王径の家族全員が東の市場に護送された。王径母子は笑みを浮かべながら刑につきました。

　　"东市"在本文中有所特指，表示在中国古代的西汉都城长安东市，专门用于处决犯人的行刑场所，故后代用东市指刑场。《汉书·晁错传》："错衣朝衣斩东市。"《世说新语·雅量》："嵇中散临刑东市，神气不变。"小川、立间译为"東市"，井波译为"東の市場"，三位译者显然是误译。村上的译文理解准确，所以表达得也很到位，译为"東市の刑場"并结合当时曹丕篡位后，定都洛阳这一历史语境，加上了"洛阳"，译为"洛陽の東市の刑場"。

　　曹知来意，乃悬回避牌于门。（第 26 回）

　　小川訳：しかし曹操は来意を知って、人払いの牌（ふだ）を門にかけさせた。

　　立間訳：曹操はその来意を知ると、門に回避牌（ことわりふだ）をかけた。

　　村上訳：曹操は、どうせそんなことだ、と予期していた。門前に「本日面会謝絶」の札をかけている。

　　井波訳；曹操は関羽が来たわけを察知したので、門に面会謝絶の札をかけさせた。

　　"回避牌"小川译为"人払いの牌"，立间直接录入汉字，注上振り假名，村上和井波为"面会謝絶の札"。其中，小川对"回避牌"做了注，「人払いの牌（ふだ）—原文「廻避牌」。この語は『水滸伝』の第 18 回（金聖嘆本第 17 回）にも見える。平岡竜城氏によれば「秘密など緊要なことあるとき、其室に入るべからずと示す掛札」である。可见，"人払い"是指有要事或秘密的事时，而让旁边的人退下，或回避。从原语语境来分析，我们认为立间、村上和井波的译法较好。符合原意和语境。因为当初关羽降曹时，提出了三个条件，其中一个是一旦知道兄长刘备的消息，就要离开曹操处，去追随刘备。在曹袁大战之时，关羽出马为曹操诛杀了袁绍大将，立下了大功。为此，曹操封关羽

为汉寿亭侯，想尽办法收买他的心。后来，关羽知道了刘备落脚处后，作书让陈震带给刘备，表达了与兄长相会的决心。此时，曹操也知道关羽已经得知刘备的消息，并令张辽前去打听关羽的意向，探知关羽离去之意已定。曹操明知关羽是重情讲义之人，为了不伤双方的面子，于是就想出了在门上挂"回避牌"的方式，故意不与关羽会面，试图阻止关羽离开。所以，"回避牌"在此解读为"挽留关羽，阻止其前来辞行而挂在门上的表示谢绝见客的一块牌子"，译称日语为"ことわり札"あるいは"面会謝絶の札"。

关公曰："人生天地间，无始终者，非君子也。吾来时明白，去时不可不明白。"（第 26 回）

小川訳：関羽「人として天地の間に生まれたものが、始めあって終わりがなければ、君子ではない。それがし、ここへきた時に公明正大であったからには、ここを去るにも公明正大で無うてはならぬと存ずる」

立間訳：「人としてこの世に生を享け、終わりを全うせぬ者は君子とは言えぬ。わしはここに参ったとき公明正大にして参った。去るときもそうせぬばならぬ。」

村上訳：「天地の間に人と生まれ、始め終わりを清くしないものは君子とは言えない。我輩は来るとき堂々と来た。去るときも堂々と去る。」

井波訳：人として天地の間に生まれながら、首尾一貫しないようでは、りっぱな男とはいえません。私はここに来るときも態度をはっきりさせて来たのですから、立ち去るときもはっきりさせないわけにはいきません。」と関羽

据《古代汉语词典》"明白"在古汉语里有三个义项：（1）确凿无疑；（2）明显，清楚；（3）清白。在本文的语境里，显然是"清白"之意。原文语境中"明白"实指"清白之身"，表明自己是清清白白、堂堂正正之人。由于曹操"吾素爱云长武艺人材，欲得之以为己用"，后经张辽斡旋，他答应了关羽提出的三个条件。关羽降曹后，曹操想方设法地笼络他，关羽不为所动，一心想探知兄长刘备的音讯。在曹操袁绍之战中，关羽立下大功，曹操对其更是器重。当关羽知刘备的下落时，毅然向曹操辞行，追随兄长，践行"忠臣不事二主"的人生信仰，体现了讲信誉、重情义、践言行的儒家文化。所以，此处"明白"应解读为"正大光明做人"或"清白做人"或"堂堂正正做人"，是君子所应

持有的态度。小川和立间译为"公明正大"，村上为"堂々と"，理解准确。井波为"態度をはっきりさせて"，虽说不误，但文化信息缺失。离开具体的历史语境来选词，有可能造成文化信息的缺失和缺损。可以说，对语境的把握，是翻译中国典籍非常重要的关键一环。因为，中国典籍跨越了时空的巨大差异，译者只有深入到原作中去，联系具体的历史文化背景，吃透原作，才能准确地表达原作，单纯地词语对等是不可取的。

孔明自此得病卧床不起。诸将无不感激。（第99回）

小川訳：これより孔明は病の床に臥して起き上がれなくなり、大将たちは感嘆せぬものとてなかった。

立間訳：以来、病の床に伏して立つこともできなくなり、諸将、これに感じていらぬはなかった。

村上訳：孔明が病床にねたっきりとなる。将ら一同が感慨無量であった。

井波訳：これ以来諸葛亮は病床に伏しておきあがれなくなった。諸将はこぞって感激したのだった。

"感激"一词，在现代汉语和日语中均有，两者的语义基本相同，都有感谢之意。但在古汉语里却有三个义项。（1）感动奋发。《后汉书·蔡邕邕传》："臣以愚赣，感激忘身。"诸葛亮《出师表》："由是感激，遂许先帝以驱驰。"（2）激发。《汉书·淮南王刘安传》："其群臣宾客，江淮间多轻薄，以厉王迁死感激安。"（3）感谢。可见"感激"一词在语义变迁中，其词义发生了流变——词义缩小了，已经没有"感动奋发"和"激发"之意了。我们不妨来回顾一下语境。蜀汉建兴七年，司马懿和曹真率大军攻打蜀国，在孔明的运筹帷幄下，经过几次战斗的较量，打破魏兵。于是，司马懿采取坚守策略，闭寨不出，双方呈持久态势。在战斗中，张苞不幸负伤，在成都治疗期间死亡，闻此噩耗，诸葛亮"放声大哭，口中吐血，昏绝于地"，回想出山以来，几次伐魏，均未能北定中原，身边猛将所剩无几；加之事事亲躬，关心将士，因而积劳成疾。在这样的背景下，深受将士爱戴的统帅病倒了，更加激起将士们奋发向上的勇气。所以，原语的"感激"在此处语境中应为"感动而因此奋发"之意。小川、立间、村上均没能正确译出，井波直接译为"感激"不误。

语言是一个系统，由语音、语法、词汇三部分组成。索绪尔认为语言系统是由大量的处于聚合关系和组合关系中的语义单位构成的，具有共时性和历时性的特征。汉语也不例外。对历时语义和共时语义的研究分属历时语言学和共时语言学的研究范畴。历时语言学，"集中研究语言在较长历史时期所经历的变化"；共时语言学，"研究一种语言在某一特定时期内的情况，其所研究的时间，即可是目前的，也可以是过去某一特定的时期的"。"古今词义的演变是异常复杂的，词义的演变如果不改变其指称范围只可能是词义的深化，是量变；如果改变了其指称范围则为质变。"词义的质变大致分为三个方面：一是词义的扩大，指演变后的词义所反映的客观事物的范围比原义的范围大；二是词义的缩小，指演变后的词义所反映的客观事物的范围比原义的范围小；三是词义的转移，指演变后的词义所反映的客观对象，由甲类事物移到相关的乙类事物上去了。词义变迁的结果使许多词语成为多义词。一个词语语义的多寡决定其语义链的长短。语义链愈长，则翻译难度愈大，因为译者要选取的是语义链上的一环，而不是整条链上的所有环节。究竟哪个环节上的语义是所需要的正确意义呢？这就需要译者一方面从词源学的角度对关键词的语义做历时性的分析，另一方面从语用学的角度对其做共时性的分析。如果忽略了其中的任何一个环节，翻译选词的结果往往是词难达意，甚至是违背原文语义的。

四、结　语

就古典汉籍日译而言，忠实于原文是对译文最根本的要求。而对原文的理解和表达则是做好翻译的最根本底线。由于时代与异质文化之间所存在的差异，译者与原文作者由于时空距离而产生疏远感，导致理解上的障碍，进而产生误解、误译。本文以《三国演义》中文文本汉语词汇日译为研究对象，从中日语言对比研究的角度出发，对古典汉译词汇日译选词过程中出现的一些误译问题，结合语境进行了探讨和研究，以期通过上述分析，说明语境在古典作品翻译中的特殊重要性。因为古典汉籍的日译跨时空和地域，而语言是鲜活的，会随着时代的变化、词汇的语义而发生相应的变化：一些古汉语词汇在现代汉语中已经不用或很少使用；或词义发生了变迁。另一方面，由于与中国长期交往并积极吸收先进的汉文化，日语中的汉字词虽然大都保持着原意，但也有一部分发生了词义、使用范围、形态等方面的变化。因此，我们在翻译时要慎之又慎，必须对其语义做历时性的分析，结合语境确定其含义，即明白古典汉籍中汉语词汇在语义变迁中与在原著语境中的准确含义。

参考文献：

[1] 小川环树. 中国小说史研究［M］. 东京：岩波书店，1968：67.

[2] 杂喉润. 三国志与日本人［M］. 东京：讲谈社，2002：80.

[3] 杂喉润. 三国志与日本人［M］. 东京：讲谈社，2002：154.

[4] 胡壮麟，等. 系统功能语法概论［M］. 长沙：湖南教育出版社，1989.

[5] 古代汉语词典编写组. 古代汉语词典［Z］. 北京：商务印书馆，2008.

[6] R．R．E哈特曼，F．C斯托克. 语言与语言学辞典［Z］. 上海：上海辞书出版社，1981：96.

[7] 中美联合编审委员会. 简明不列颠百科全书：第3卷［M］. 上海：中国大百科全书出版社，1986：441.

[8] 贾彦德. 汉语语义学［M］. 北京：北京大学出版社，1999：377.

[9] 周方珠. 翻译多元论［M］. 北京：中国对外翻译出版公司，2005：74.

[10] 罗贯中. 三国演义［M］. 小川环树，金田纯一郎，译. 东京：岩波书店，1988.

[11] 罗贯中. 三国演义［M］. 立间祥介，译. 东京：平凡社，1962.

[12] 罗贯中. 三国演义［M］. 村上知行，译. 东京：社会思想社，1980.

[13] 罗贯中. 三国演义［M］. 井波律子，译. 东京：筑摩书房，2003.

[14] 徐复，等. 古汉语大词典（辞海版）［Z］. 上海：上海辞书出版社，2007.

[15] 汉语大词典编纂委员会. 汉语大词典［Z］. 上海：汉语大词典出版社，1998.

[16] 古代汉语词典编写组. 古代汉语词典［Z］. 北京：商务印书馆，2008.

《三国演义》多种日译本的翻译比较研究

刘齐文

一、导　言

　　《三国演义》是我国古代小说的代表性作品，具有厚重的民族文化积淀，有很高的文学价值和文化价值。日本学者对《三国演义》的翻译研究取得了很多成果，内容涉及广泛。尽管《三国演义》日译本达 30 余种，遗憾的是国内日语界对《三国演义》日译本翻译探讨的成果却不多见。源远流长、丰富多彩的中国古籍，不仅是中国的文化财富，也是世界文化宝库中引人注目的财富。通过对《三国演义》多种日译本的研读和对比，我们发现日本学者对于《三国演义》的翻译，已经有了相当丰富的实践经验。总结经验，加强理论方面的研究，应当是典籍外译的重要课题，也是更好提升文化软实力的举措之一。

二、选择四种日译本的根据

　　我们选择有代表性的四种日译本，分别为：小川环树、金田纯一郎译《三国志》（共 8 册），立间祥介译《三国志》（全二卷），村上知行译《三国志》（共 5 册），井波律子译《三国志演义》（共 7 册）。我们以此为分析文本，对几位译者的翻译态度和方法进行了多角度的研究。选择四种译本的根据为几位译者翻译时所依据的中文底本《三国演义》，均为毛本，由人民文学出版社出版；几位译者均是日本有名的汉学家，对中国古代典籍有很高的造诣，对《三国演义》及相关的知识背景相当熟悉，理解和把握得较全面、透彻；他们均阅读过湖南文山译的《三国演义》（第一个日文译本），体现了学者型译文文本和大众型译文文本的同异之处，反映了两种翻译态度。小川、立间、井波三位译者尊重原著，竭力传译原语文本的语言和文化，主要采取了直译的翻译策略，在译语文本中体现为直译加注释、训读法加注释，具体为汉字＋注假名＋注；村上则采取以目标读者为取向的归化策略，即意译，具体为转化为和语词汇，并用随文注加以解释说明。此外，几位译者对汉字的注假名选择标准并非简单的形式化，而是根据不同的情节及语境，经过个人的判断而做出的选择，均体现了尊重原著、忠实于原著的翻译态度。

三、四种日译本的翻译特色比较

我们以第二回开头一段的翻译为例，来具体说明四个版本的翻译主张。

且说董卓字仲颖，陕西临洮人也，官拜河东太守，自来骄傲。当日怠慢了刘备，张飞性发，便欲杀之。玄德与关公急止之曰："他是朝廷命官，岂可擅杀？"飞曰："若不杀这厮，反要在他部下听令，其实不甘！二兄要便住在此，我自投别处去也！"玄德曰："我三人义同生死，岂可相离？不若投别处去便了。"飞曰："若如此，稍解吾恨。"（第2回）

小川訳：さても董卓（とうたく）のあざなは仲頴（ちゅうえい）、隴西臨洮（ろうせいりんとう）の人、官は河東郡（かとう）の太守であったが、もとから傲慢な男であった。この日も玄徳を侮ったので、張飛が腹を立て殺そうとしたのである。玄徳と関羽とが急いでこれをとめて「かれは朝廷の高官じゃ、自ままに殺すことはならぬぞ」。張飛「こいつめを打ち殺しもせず、あべこべに部下になってこき使われるとは、我慢がなるものか。兄貴たちがここに居ようというのなら、おれはほかへ行くまでだ」。玄徳「われら三人、生死を同じくすると誓った上は、何として離れ離れになることができようぞ。ならば一緒に、よそへいこう」。張飛「そういうことなら、おれの腹も少しはおさまるわけだ」。

立間訳：さて董卓（とうたく）は字を仲頴（ちゅうえい）といい、隴西（ろうせい）郡臨洮（りんとう）県の人、官は河東郡（かとう）郡の太守をつとめ、もともと傲慢な男であった。この日も玄徳を踏みつけにしたので、張飛が激昂して殺そうとした。ところを玄徳が関公とともに急いで引きとめて、「彼は上（かみ）に仕える役人だ、やたらなことはするでない」「あんな野郎を生かしておいて、こっちがあいつの下で働かなければならねいなんて、そんなことおれにできるもんか。兄貴たちがここにいたいなら、おれはおれで勝手に出て行くまでよ」「われら三人は義を誓った仲ではないか。離れたりはできぬ。それなら、いっそのこといっしょにここを去ろう」「そうとあれば、おれの腹の虫もいくらかおさまる」

　　村上訳：董卓（とうたく）は字を仲頴（ちゅうえい）という。隴西（ろうせい）臨洮（りんとう）県の産で、河東（かとう）の太守。傲慢極まる人物である。その日、劉備を冷やかに扱い、張飛の怒りを買って、殺す、刺す、という騒ぎ。劉備と関羽とが「董卓はお上の役人だ。勝手に殺せない」と張飛を止めた。「じゃあ」と張飛が「アン畜生の命令に服従か。いやなこった。お二人がここに残るといいなりゃあ、おれ、ほかに行くだけだ」劉備はそこで「三人が義兄弟の生死を共にする中で、離れるというのは困る。行くなら三人一緒」という。結局「だったら、そういうことでがまんするか！」と張飛も納得したのである。

　　井波訳：董卓（とうたく）は字を仲頴（ちゅうえい）といい、隴西（ろうせい）郡臨洮（りんとう）県の出身、河東（かとう）太守の任についていたが、生来、傲慢な人間だった。この日も、劉備をおろそかに扱ったため、張飛が怒り心頭に発して殺そうとしたのである。劉備と関公は慌てて制止した。「あいつは朝廷の高官だ。勝手に殺してはならぬ」。「やつを殺さず、手下になってヘイヘイいうことを聞くなど、とてもがまんできない。」「兄貴たちがここに止まるなら、わしはどこか別のところに行くまでだ」と張飛。「われら三人、生死をともにすると誓った仲ではないか。どうして離れ離れになれようぞ。一緒に別のところに行ったほうがましだ」と劉備。「そういうことなら、わしの腹立ちもすこしはおさまるというもんだ」と張飛。

　　首先，四位的译文均是「縦書き」排列。对于人名、地名都是直接用汉字表记，再给它们注上假名。其次，小川、立间、井波的回目翻译，模仿中国章回小说的叙事结构，讲究字字对应，用对仗句。每回的开头和结尾，三位译者几乎都套用中国章回体小说的方式，以"却说"（さて或さても）开头，用"欲知后事如何，且听下回分解"（それで次回、まずは次回の分解（ときあかし）をお聞きください、それは次回をお聞きください）收尾。这大概是受18—19世纪中国白话小说的影响之故。中国传统章回小说回目与回尾的叙事结构是密切相关的。尤其是回尾，虽是千篇一律的套话，却对小说的情节结构有相当的约束力，要求每回的故事要在情节发展的紧要处戛然而止，设置悬念，吸引读者继续阅读的兴趣。三位译者用的是直译方法，尽量传译原文的形式和

内容，忠实原文。下面我们来具体分析一下几位译者译文的特色，体会译文的语言差异、语感、文体及用词的不同。

（一）小川译

小川用了「さても」「自まま」这种在日本一般都不太使用的词汇，给人感觉是在讲评书故事，属于学者型译文。他试图将中国白话演义小说的叙事风格原封不动地移植到译文中来，对日语读者而言稍有些生硬，不像日语的「落語」那样滑稽有趣，反倒显得有些庄重和严肃。这反映了译者的翻译态度：尊重原著，尽可能模仿原文的文体和评书语调，旨在传译原文的风格和形式，并忠实于原文。因为《三国演义》本身就是通俗演义小说，语气带有评书味道，并且自宋代以来就产生了专门用于说三国故事的评书形式"说三分"，《三国演义》中的不少故事情节都被用于"说三分"这种体裁形式。对此，译者是很熟悉的，也做了相当多的研究。当然，这种话语方式对于现代读者而言，阅读起来并不是那么轻松和爽快。但正因为带有评书语气，要求阅读时要发出声音，如能像这样阅读的话，那么感觉则大有不同。这正体现了吉川幸次郎所言「七世紀人の言語と思考、また言語表現の方法と思考」的方式，尊重原著和作者意味着使自己与所研究的那个时代的语言、那个时代的人、那个时代的话语方式接轨，并深入那个时代中去，努力营造一种「漢なら漢、魏晋なら魏晋、唐なら唐，元なら元」的语言氛围。这体现了翻译的共时性变化。中国翻译家丰子恺先生翻译日本文学名著《源氏物语》时，用「説話」这种讲故事的话语叙述方式置换日语的「さて」，将《源氏物语》完全翻译成中国的章回体小说，体现了丰子恺先生通过母语来吸取异文化的翻译意识。小川先生用典雅词来传译《三国演义》，有他自己的看法：

中国の古典語と近代語（現代語）とのへだたりは、はなはだ大きい。前者が文言、後者が白話であるが、文言文は簡潔を特色とするのに対して、白話文では委曲を尽くすことができる、というのが常識になっている。文言文では事柄の核心だけを指摘し、白話では事の中心を取り巻く種々の附帯的なものを合わせ示す、ということもできよう。

就《三国演义》的来往书简，他基本上是原封不动地照抄晋代陈寿（233—297）的《三国志》，其语言属于上古中后期汉语。为了达到传译原语文体和风格的目的，译者使用了日本古典的文体"候文"与之相对应。对此，他是这样说的：

書簡の訳文は全て候文にした。文山は書簡の場合に原文をそのまま掲げ返り点を付け訓読するだけですませてある。原文は完全な文語体（文言文）であって、作者の地の文あるいは対話の部分が（文言は相当にまざっていても）口語体（白話）を主としているのとまったく違った調子で書かれている。これを区別して訳しわけるためであった。それは私にとっては一つの実験にすぎなかったのだが、一度はじめると最後まで持ちつづけざるをえないこととなった。

可见，从语言及文体的选择和翻译上，他是主张直译的。

（二）立间译

立间译：译文易懂，所选词多为和语词汇。如「引き止める」「人」「おれ」「腹の虫」「勝手」等，均是日常生活中常用词。译文在阅读方面比井波译文流畅。

日本学者高岛俊男对立间译本做了如下评价：

今では『三国志演義』のちゃんとした良心的な翻訳が出ている。立間祥介先生からの訳したものが徳間文庫に入っている/现在出版了严肃的、有责任心的《三国志演义》的译本。那就是立间祥介先生的译本，已选入德间文库。

立间译文还有一个最大的特点，那就是用另起一行的话语方式来改变故事主人公的话语方式，使叙述者回避，让会话主角置前。小川译文没有用此方法，井波译文时用时不用。比如，"「……」と劉備"（……：表示对话部分），井波仅仅是用符号键「」方式将故事对话者的话语直接放置在里面，不采用另起一行的方式，意味着故事中人物的对话部分被当作普通的叙述话语方式来处理，是故事的讲述者在替代对话中的人物在述说。而立间则尽可能将"「と劉備」"等的话省略，将对话部分放入「」括号中，并换成前后两行，为「……」「と劉備は言った」和「……」另起一行，则述说的效果就大不一样了。它将对话人物从幕后推到前台，让故事中的人物均成为话语主角，造成故事人物就在现场，直接面对观众。同时，让听众直接面对故事主角的声音，就像在说「落語」一样，给人身临其境的视觉氛围。在立间译文里，凡是对话部分均采用此种方法。事实上，日语文本一般都是用直接叙述法的表达方法（日语叫「直接話法」）来表达或传递信息的。

安西徹雄在『日本文の翻訳』中，认为：

　　一般的に言って、日本語は英語より直接話法的な表現を好む傾向が強い。「視点の移動」の結果だ。つまり、話者が他人の言ったことを報告するとき、あくまで報告者としての客観的な視点を貫くのではなく（間接話法とは、つまりはこういう客観的な報告の仕方なのだが）、発言した人の立場に一体化して、その人の視点から、あたかも当人が今現に話しているかのような報告の仕方をするのである。

　　正如安西所指出的那样，日语文本的信息沟通是将叙述者改变身份，设定为话语主角，并从话语主体的角度出发，采用直接叙述法来传递信息。
　　一般而言，不论是否叙述过去所发生的事，在日语文本中均频繁交替使用现在和过去时态，人们通常认为这可形成自然的日语和节奏。比如，英语文本中的过去时，在日语文本中一般都变为现在时，如果英语文本第三人称过去时态的叙述主体的视点是固定的，而且是间接地、客观地传递信息，其结果势必产生翻译腔日本文，日本人是很难阅读的。
　　日本学者伊原纪子也谈到：

　　そこで語り手の視点から客観的に述べられた地の文や間接話法、あるいは自由間接話法が、TT（Target Text）では作中人物の視点で直接話法として表出されているなら、それは同化翻訳であり、ST（Source Text）の三人称視点のまま間接話法として表出されているなら異化と捉えることが出来る

　　板坂元在『日本人の論理構想』中也认为：

　　語り手と主人公の視点移行と時制の変化は、日本人には自然な「時空の遠近法」であるとし、視点を固定して時制を統一し、文末を「……た」で統一した文などは不自然で、読者もそのために非日常的な緊張を強いられる。

　　所以，立间译文文本做这样的处理是符合日本人的审美心理和语言表达特色的。在原语会话的翻译层面上，采用了归化的翻译方法，这是立间译本不同于其他三种译本的独特之处。

（三）村上译

村上的译文相当随意，添加了原文中所没有的词，如「騒ぎ」「結局」「納得」等，语气上也较为随意，如「アン」「じゃあ」等。还有在句子的后面没加上句点，这是一种有意而为。正如在他翻译的『完訳三国志』最后一卷「秋風五丈原の巻」的“あとがき”中，是这样说的：

『演義』の文章には、このような中国の人と、わたくしどもの、ものの考え方の相違により、わたくしどもにとっては不必要な文句がたくさんにある。わたくしは、そのような文句を敬して訳さないことにした。おかげで、ありがたいことに、どんなにか訳文を縮めることができたのである。『演義』の文章が各国の近代文学の文章とひどく違いすぎていること。これもまた翻訳にあたっての障害をなすものである。すでに申しあげたとおり、もともと講談の基盤の上に成長した物語であり、その編集者、大成者、改定者である羅慣中にせよ、毛宗崗にせよ、この基盤を崩すことはしていない。したがって、そこには描写というものがほとんどない。特に人間の心理描写に至っては皆無である。一切がアクションを通して語られているし、また、それを語ることばはいわゆる「陳詞・濫調」なのである。ありきたりの型にはまった月並みなことばなのである。しかもそれが極端に使われている。……口演の講談だと、これらの「陳詞・濫調」がはなはだ効果的である。すなわち急いでいく場合には必ず「星月……」であり、戦は必ず「大喊……」で始まり、大将の出陣には必ず「領兵……」云うがつく。このほか、怒りは必ず「大怒」または「怒」、笑いは必ず「大笑」、または「笑」。それが何百回も繰り返される。口演の講談だと、これらの「陳詞・濫調」がはなはだ効果的である。第一、誰にもよく分って説明を要しないし、はなしのテンポを速めるうえにも、これほど便利なものはない。したがって中国の講談師は、話の半分以上を平易な文章語——ということは、すなわち「陳詞・濫調」——でやってのけている。そうしないと、冗談になり、聴衆があくびをするのと、また、話に重味がなくなってしまうからである。『演義』の文章は、実にこのような文章である。近代の小説の文章ではないのである。それなら、これを講談口調に訳してみたならどうであろうか? 結構である。しかし、その場合には訳ではだめだ。土台から書き直し、日本の観衆のイキにぴったりあわせなければならない。「……でござる」とか「……であります」調で訳しただけでは講談にはならない。一見に非常に楽に訳せそうに見える『演義』が、実は、このように手におえない文章である。ただし、しかもそれでいて中国の読者のイキには美事にぴったり合っている。わたくしは、あちらに長らく居るあいだに、その点を身にしみて感じ取ったことである。わたくしは、だからして、これを訳すにあたり、もっとも考慮したのは文章の調子を日本の読者のイキに合わすことであった。そして、それがために必ずしも小心翼翼、原文の字句にばかりこだわってはよられなかった。……結局、私は『演義』が中国の読者のイキに合うように、訳文もまた、日本の読者諸氏のイキに合わすことに重点を置いたのである。また原文には一種のリズムがある。私は、その点も考慮した。なぜなら、話のテンポと、文章のリズムとは表裏をなすものなのである。私はまた、会話にメリハリにもっとも注意を払った。メリハリがなくでは会話にならないと思うから。

从这些表述中，我们可以窥见村上的翻译观：不拘泥于原文字句，重视读者并以目的语文化为依归，译文易懂、流畅，符合日语的语言表达，是典型的意译。这种翻译态度受到了明治时期翻译家们特别是森鸥外的影响。森鸥外翻译了丹麦小说《即兴诗人》，于明治 35 年出版，其译文在日本知识界引起了很大的反响。

对此，岛田谨二评论道：鴎外の翻訳は原文を読みこなし、すっかり自分のものにしてから打ち出すという方針でいわゆる直訳はしない。あくまで意味を正しく伝え、しかも、それがりっぱに日本文になっているというやり方であった」为达此目的，他在进行翻译时，恪守「原文を崩さないという根本方針を堅く守りながら、ときに彼自身の言葉を原文のようにはさんだり、文勢を蓄えるため、あるいは簡潔なスタイルにするため、あるいは余韻を深めるため、原文の一節（時に数節）をあっさりけずってしまう。

以这种方式进行大胆的处理，达到了很好的效果。

（四）井波译

井波的译文通俗易懂，流畅。在选词方面较谨慎，多选用汉语词汇，如「生来」「人間」「心頭」「高官」等，能造成视觉上的冲击力，但是给读者的感觉稍有些生硬。译者的翻译态度是既尊重原著，尽量选用汉语词汇，同时又竭力照顾目标读者的阅读期待，力求通俗易懂，追求"歴史的現在"。译文讲究一字一句对应，字句对译，带有汉文调文体，是学者型译本。这种汉文调的译文文本，是受到了"和汉混交文"的影响。谷崎润一郎认为"和汉混交文"就是汉文调文体，他在『文章読本』中这样说道：

漢文調と云ふのは、保元物語や平治物語などの軍記物語からもちいはじめるた文体で、在来の和文に漢語を交え、また漢文を日本流に読み下す時の特別な云いまわしを交えたものでありまして、いわゆる和漢混交文のことであります。

其实，明治时期的翻译家们在翻译西方文化时，大量使用汉字或利用汉字的组词方式创造了"和制汉语"来弥补日语词汇的不足，为了调整译文的语调而采用了受汉文训读法影响的汉文体。近代以后的造语「翻訳語」，大多由二字汉字组成，其理由可归结为和汉混交文体。对此，日本学者柳父章做了精辟的论述：

古代大和の頃以来、日本製の高級な文化用語は漢字二字で作られるようになり、やがてこれらの漢字語を、伝来の大和言葉と組み合わせて、和漢混淆文が作られてきた。そこで作られた文体では、二字の漢字語は意味の中心になるので、字形の上でも四角張った漢字として、付属語などの大和言葉の「かな」の柔らかい字形に対して際立っていた。また，文のイントネーションでも、四拍または三拍で一塊の漢字の音は、一拍または二拍で読まれる「かな」の大和言葉に対して際立っていた。すなわち、こういう和漢混淆文体においては、意味の中心になる言葉は、漢字二字であることが文体から要請されていたのである。

对汉文体的特征，加藤周一做了如下总结："第一，继承了古典中国语言中简洁的性质，这是近似口语的日语文体中不具备的特征。第二，语调持独特的缓急，文章蕴有流动。为了把文章写得流畅，多采用定型表现（然而、况且）、对句，引用中国的古典故事、成语、比喻是有效的方法。第三，汉文体是明治初期的知识阶层熟悉的文体，故易懂，起码是给人易懂的印象。但是汉文体却远离日常口语。"

对汉文调译文，井波是很推崇的，并在「『三国志演義』を訳し終えて」文中，表明了自己的看法：

日本の『演義』の翻訳の嚆矢とされるのは、湖南文山『通俗三国志』であり、漢文訓読調の荘重にして雄渾なリズムにのせた、古今の名訳として知られる。私自身この『通俗三国志』の語り口には抗しがたい魅力を感じずにはいられないが、原文の語り口はもっとサラリと端正であり、むしろ淡々としている。詠嘆に流れず、あくまでも淡々と語りながらタイトな緊迫感に満ち溢れた文体といえばよかろうか。

可见，井波译文竭力想模仿《三国演义》的文体，用了很多的汉语词汇，也有不少汉文训读调的译文句子，可以看出其译文显然受到了湖南文山的影响。汉文体也深深地影响着明治时期的翻译家，如中江兆民用汉文来翻译的ジャン.ジャック.ルソー J. － J. Rousseau 的 Du contrat Social『民約訳解』（即现在译为『社会契約論』的日语版），于1882 年在日本（明治15 年）出版，里面就使用了大量的汉语及表达方式。该书的出版对明治前期的日本民权运动的勃兴及对近代日本的学问和思想产生很大的影响。这样一本宣传民主主义的大众读物，面向大众进行思想启蒙，按理应该使用大众都能通读的语言，但译者为什么要反其道而行之呢？

日本学者柳父章认为，日本在明治初期用汉字、汉语对译西方先进文化词汇而形成的「和製漢語」，与日本人自古以来传统的用法相去甚远，也与从中国母国传来的汉字本来的含义不同，而是与西方语汇的概念相近似的一种有别于「日本語」和「西洋語」的「第三の言葉としての翻訳語/作为第三种语言的翻译语」。

另外，井波活用了拟声词"ヘイヘイ"，刻画了张飞直率、嫉恶如仇的个性，让人可以体味当时的场面，有"于无深处听惊雷"的效果。正如她在翻译《三国演义》时所言的，追求一种"歴史的現在/用现代语言再现历史小说"。她于2008 年2 月16 日，在接受日本京都大学校内杂志「京都大学新聞」的采访时，表明了她的这种翻译态度：

問：昔の中国人が話していた、語っていた言葉を現代の日本語に直すのはとても大変なことと想いますが…
「答：そこに「翻訳の難しさがあり」。現代の日本に生きる私が読み、訳すのだから、言語感覚をそのまま引き出すのは無理であって、今の時代に現在的な時間として動く演義世界が描けたらいいなと。「いま、ここに」描かれる三国志世界、「歴史的現在」みたいな感じで。海外の歴史物語を翻訳するときに「ござ侯」みたいな日本の時代小説風の訳をする人がいるけれど、あれはよくないと想います。言葉のにおいがぜんぜん違いますから。だって私が中国語の原文を読んでいるとき、たとえば関羽がそんな言葉遣いをしている

と読んでいませんからね。だれでもそうだと想うけど、外国語を読むときは
自動的に日本語化して今の自分の言語感覚で捉えていると想う。だからもし
かしたら、三国志の人物が今っぽいおしゃべり方してるな、というところはあ
るかもしれないね。ああ、一つ気をつけたのはカタカナはやめとこうという
ことですね、三国志の時代の人がカタカナ語を話しているたら、可笑しいで
しょう。

四、结　语

通过以上分析，我们从中可看出译者们的翻译态度：尊重原著，以直译为
主，竭力保留原语韵味和文体，同时又照顾到现代日语读者的阅读期待，因此
采用多种手法灵活地进行处理。

参考文献：

［1］罗贯中. 三国演义［M］. 北京：人民文学出版社，2006.

［2］罗贯中. 三国演义［M］. 小川环树，金田纯一郎，译. 东京：岩波文
库，1988.

［3］罗贯中. 三国演义［M］. 立间祥介，译. 东京：平凡社，1962.

［4］罗贯中. 三国演义［M］. 村上知行，译. 东京：社会思想社，1980.

［5］罗贯中. 三国演义［M］. 井波律子，译. 东京：筑摩书房，2003.

汉语词汇日译的翻译策略及文化意蕴

——以《三国演义》多种日译本为对象

刘齐文

一、问题的提出

众所周知，日本学者对《三国演义》的翻译和研究取得了许多重要成果。为了推介、弘扬中华民族的优秀传统文化，需要我们不断关注、研究日本学者的翻译成果。反观国内，对具有世界影响的汉语古典《三国演义》日译本的研究关注不够。国内学者对日本学者翻译《三国演义》的介绍较多，如在林煌天主编的《中国翻译词典》收录了"《三国演义》在日本"这一词条。再如，马祖毅、任荣珍的《汉籍外译史》一书中有下列内容："《三国志》有日文本和英文本两种。日文本是今鹰真教授与甘波津子合译的，由筑摩书房刊行。"这段叙述里面把"井波律子"误作"甘波津子"。尽管《三国演义》日译本达 30 余种，遗憾的是国内日语界对《三国演义》日译本的翻译研究鲜见。因此，我们有必要关注日本学者《三国演义》的翻译成果。

二、《三国演义》日译本简介

日本国内《三国演义》完译本主要有以下四种：

1. 完译《三国志》，由小川环树、金田纯一郎合译。最初于 1953—1973 年由岩波书店出版，共 10 册，第 6 册以后是两人的合译，称为旧版。经修订后于 1988 年 7 月出版，称为新版，共 8 册。该译本翻译时借鉴了湖南文山的译本。

2. 《三国志》（上下册），由立间祥介译，于 1958 年出版，于 1965 年被列入《中国古典文学大系》丛书；1993 年入德间文库；2006 年出改订新版，将 1988 年平凡社版 8 卷本改为 4 卷 2 册，进行大幅修改并参考了湖南文山、小川、井波译本。

3. 完译《三国志》，由村上知行译，于 1968 年出版，共 5 卷。1980—1981

年由现代教养文库（社会思想社）出版。

4.《三国志演义》，由井波律子译于 2002 年出版。

我们以上述四个译本为考察对象，是因为这些译者长期从事中国古典小说的研究，汉学修养丰厚，著作等身。其翻译的汉语底本均以毛宗岗为准，有可比性。

三、汉语词汇日译置换策略考察

（一）直接用汉语词汇置换

这是因为中日两国均适用汉字，共属于汉文化圈。加之日本语言文字系统脱胎于母体汉字，在吸收汉文化的同时，也直接移植了相当一部分汉语词汇，成为日本文字的有机组成部分。其中，二者有相当一部分的含义是相同的。

云长曰："兄长既有子，何必用螟蛉"（第 36 回）

小川译：関羽は「兄上にはお子があるではござらぬか。養い子の必要がござるまい」

立间译：雲長が「兄者にはすでにご子息がおいでであるのに養子をされることはないではござらぬか」

村上译：関羽が備に「阿斗というお子さんもできていられる野に、なぜ養子を取られます?」

"螟蛉"，本是一种幼虫。有种蜂叫细腰蜂，它常捕螟蛉来喂养其幼虫。古人误以为它视螟蛉为子，所以称养子为螟蛉。《旧唐书·昭宗纪》："太原李克用上章言王重荣有功于国，其子珂宜承袭，请赐节钺。邠州王行瑜、凤翔李茂贞、华州韩建各上章，言珂螟蛉，不宜缵袭。"小川、立间、村上直接移植为汉语词汇"養子"，进行了转化。

瞻自幼聪敏，尚后主女，为驸马都尉。（第 117 回）

立间译：瞻は幼い頃より聡明さ、後主の姫を娶って駙馬都尉となる。

村上译：瞻は幼いとき聡明だった。後主の女（むすめ）を娶り駙馬都騎とされる。

井波译：瞻は幼いころから聡明であり、劉禅の娘と結婚して駙馬都尉に任ぜられる。

"驸马"，原为官名。汉代置驸马都尉，掌管副车之马。魏晋以后，皇帝的女婿加称此号，简称驸马，后专用来指皇帝的女婿。《汉书·百官公卿表》："驸马都尉掌副马，衔武帝初置，秩比二千石。"《元史·策丹传》："时有以驸马为浙江行省丞相者。"日语中也有此汉语词汇，从『大漢和辞典』的释义观之，应是从中国引进的。所以，立间、村上、井波直接移植为"駙馬"。

（二）直接用和语词汇置换

有司议得："卒非挞妻之人，面非受刑之地；合当弃市。"遂斩刘琰。自此命妇不许入朝。（第 115 回）

立間訳：係りの役人より、兵士はその妻を殴る資格がなく、顔は刑罰を被る場所はない、市にて、斬首に処すべきであるとの答弁があった。かくて劉琰を打ち首とし，以来命婦（みょうぶ）の参内を一切禁じた。

村上訳：裁判の係りの者に劉琰の罪を裁かせてみる。「兵卒は、妻をたたかす道具ではない。妻の顔は、泥履でなぐるべき対象ではない。劉琰死刑……」と、このような判決だった。結局劉琰は刑場で首を刎ねられたのである。後主はこののち、官吏の妻の宮中入りを許さないことにした。

井波訳：担当官は、「兵士は妻を鞭打つべきものではなく、顔面は刑罰を受ける場所ではない。よって劉琰はさらし首にすべきである」と、判定し、劉琰は打ち首にされた。これ以後、命婦（めいふ）が宮中に入ることはきんしされた。

"有司"，有具体职务、做具体工作的人。《管子大匡》："三十里置遽，委焉，有司职之。"后泛指官吏。《管子幼官》："定府官，明名分，而审责于群臣有司，则下不乘上，贱不乘贵。"苏轼《思治论》："百官有司不知上之所欲为也，而人各有心。"原语语境是，大臣刘琰之妻胡氏极有几分姿色，有一次入宫见皇后，皇后将胡氏留在宫中一月有余。刘琰就怀疑其妻与后主通奸，于是将其妻捆绑起来，叫手下士兵以"履挞其面数十，几死复苏"。后主听到后大怒，责令具体负责这项工作的人问刘琰的罪，将其处以极刑。三位译者将"有司"分别置换为"係りの役人""裁判の係りの者""担当官"，用和语进行了文化置换。

孔明率众官奉梓宫回成都。（第 85 回）

小川訳：孔明は一同を連れ梓宮（ひつぎ）を守って成都へ帰った。
立間訳：孔明は諸官を率い霊柩を奉じて成都に戻った。
村上訳：孔明は柩（ひつぎ）を奉じて成都に戻る。
井波訳：孔明は官僚を率い霊柩（ひつぎ）を奉じて成都に帰還した。

　　"梓宫"，古代专指皇帝或皇后的棺材，因用梓木制成，此得名。《后汉书·顺帝传》："济阴王以废黜，不得上殿亲临梓宫。"几位译者均直接用日语词汇"ひつぎ"对译，做了文化转换。小川则竭力保留原文语言"梓宫"，和训为"ひつぎ"，让读者体会到了"洋味"。
　　（三）直译
　　《三国演义》中汉语词汇的文化内涵极其丰富，这是由汉语所代表的民族心理意识、审美取向、思维方式、风土人情、宗教信仰、历史和地理等因素所致。《三国演义》中有大量的典故，大多源自中国历史上著名的故事或事件，如成王杀周公、微子去殷、阳货轻仲尼等。由于中日两种语言的渊源关系，两者存在不少互借性，原文典故形象、用语在上下文中起着比较重要的作用，而在译文中有必要加以突出时，可在正文中译出原典形象，再加注以说明其历史背景及典籍出处，以使读者对其寓意了然于心。译者用或直译或直译加注的手法，既保留了原语的语言形式，如用词和比喻等修辞手段，传达原语文化信息，达到与原文近似的语言效果，再现了原语的形象。同时，译文也将更加流利、易懂，有利于民族之间的文化交流。总而言之，只要不引起读者的错误联想和误解，一般都应直译，保留原语形象及民族色彩。

　　玄德曰："备一身寄客，未尝不伤感而叹息。尝思鹪鹩尚存一枝，狡兔犹藏三窟，何况人乎？"（第 60 回）

　　小川訳：玄德「わしは掛人（かかりうど）の身であれば、嘆息をせぬことはない。みささざいも一枝に巣くい、兎も三つの穴を営むと申すものを、人たるものが宿りなしの世すぎをするとは口惜しい。」
　　村上訳：「余は、いわば、根のない浮き草である。その身の上を嘆かぬときはない。小鳥も、止まる枝はほしいはず、兎も巣につくる穴を求める。人間として、とどまる地のほしくないはずはない。」

　　井波訳：「私は居候の身でありますゆえ、いつも悲しみ嘆き、ため息をついております。鷦鷯（みそさざい）さえ一本の枝に宿り、狡兎（すばしこい兎）でも三つの穴に身をひそめます。まして人の場合はいうまでもありません。」

　　"鷦鷯一枝"，出自《庄子·逍遥游》。原语是："鷦鷯巢于深林，不过一枝。"鷦鷯是很小的鸟，它在林中筑巢，只要一根树枝就行了。"狡兎三窟"，语出《战国策·齐策》。原语是："狡兔有三窟，仅得免其死耳。"意指狡猾的兔子，要有三个洞穴来藏身，才可以避免灾祸不死。

　　可以说，几位译者用直译的方式很好地传译了原文的语言风格和内涵。

　　（四）直译 + 注

　　杨仪曰："昔孙膑擒庞涓，用添兵减灶之法而取胜；今丞相退兵。何故增灶?"（第 100 回）

　　小川訳：すると楊儀、「昔孫臏が龐絹をとりこにしたときは、兵を増やしつつ竈を減らす法にて勝利を得ました。今いま丞相には、兵を引き揚げるに何ゆえ竈を増されまする」。

　　立間訳：楊儀が言った。「昔孫臏が龐絹を取り押さえたときには、兵を増して竈を減らす法を用いましたが、いま丞相は、軍をひかれるというのに、なにゆえ竈を増すのでがざりますか」

　　村上訳：昔孫臏が龐絹を倒しましたときには『添兵減竈（てんぺいげんそう）』の法を用いましたのに、あなたはどうして『減兵添竈』（げんぺいてんそう）で……?」

　　井波訳：「昔、孫臏が龐絹を捕らえたときには、『添兵減竈（てんぺいげんそう）の法』を用いました。今、丞相は退却に際して、どうして竈の数を増やされるのですか」と楊儀

　　"退兵添灶"和"添兵减灶"之法是中国古代的军事用语。战国时，魏国将领庞涓攻打韩国。齐国大将田忌、军师孙膑奉命率军攻魏救韩。庞涓领兵迎战。孙膑主动撤退，并故意逐日减少宿营地的灶数，使庞涓误以为齐军军心不稳，每天都有人在逃，士兵丧失了斗志。庞涓因此轻敌，引兵急追，结果中计，在马陵道被齐军所败，恨而自杀。"添兵减灶"之战法由此而生。"退兵添灶"

则是诸葛亮的军事谋略。"增灶"典故语出东汉大臣虞羽，此人有将帅之略。虞羽征羌兵受阻。羌兵在陈仓、崤谷关拦截他，虞羽每日退军，添灶而行，从而迷惑对手，使之不敢追击，最后打败了羌兵。这两个典故的来龙去脉，已经在上下文中做了交代，上文曰："吾今退兵，可分五路儿退。今日先退此营，假如营内一千兵，却掘二千灶，明日掘三千灶，后日掘四千灶；每日退军，添灶而行。"下文曰："司马懿善能用兵，知吾兵退，必然追赶；心中疑吾有伏兵，定于旧营内数灶；见每日增灶，兵又不知退与不退，则疑而不敢追。吾徐徐而退，自无损兵之患。"

　　三位译者均采用直译，且加了注，既可使典故含义不问自明，又能引起读者正确的联想，有效地保留了原语中的民族特色。村上和井波将典故"添兵减竈"注上了振り仮名（ルビ付き），后半句村上略为"『减兵添竈』"。

　　小川加的注为：「孫臏は斉の軍師として魏の将軍龐絹と戦ったとき、斉の軍隊を敵陣に侵入させて、宿営地に竈を十万人分作らせ、翌日は五万人分、その次は三万人分作らせた。龐絹はこの数から敵は臆病で逃亡者が続出したと喜び、まんまと孫臏の計略にかかった。『史記』巻65、孫子列伝参照」

　　村上加的注为：「孫臏は戦国時代の兵学者で斉の軍師。趙を襲っている魏の龐絹を一趙を救うために一さていだすつもりで、斉の率い、魏に攻め入り、行軍の途中毎日竈の数を減らした。あわてて趙から引き返し、彼の後をつけた龐絹は、竈の減少を見、斉軍に逃亡者おおしとあなどり、無理な強行軍をして命を落としたという」

　　井波加的注为：「兵の数を増やし竈の数を減らす方法。戦国時代、魏の龐絹が趙と連合して韓を攻めた際、韓から救援を求められた斉の孫臏は魏の都に進撃した。そのため龐絹は斉軍のあとを追う形で魏に戻ることになった。魏軍の動きを知った孫臏は、日ごとに竈の数を減らし、斉の兵士がひっきりなしに逃亡しているように見せかけて龐絹をゆだんさせ、昼夜兼行で追撃してきた魏軍に馬陵で一斉攻撃をかけ、龐絹を討ち取った。『史記』孫子呉起列伝」

　　（五）训读法

　　《三国演义》中的成语、谚语均典出中国古代文化典籍，如《论语》《孟子》《老子》《战国策》《庄子》《汉书》等。这些典籍中的语言属古上汉语或中古汉语，都是文言文。文言文在日本被称为汉文，日本人在解读中国古代典籍时所用的阅读方法就是用汉文训读法。

日中则昃，月满则亏：此天下之常理也。（第 65 回）

小川訳：『日（ひ）中（ちゅう）するときは昃（かたぶ）き、月満（みつ）るときは虧（か）く』とは世の定めでござる。

立間訳：『日、中（ちゅう）すれば則ち昃（かたむ）き、月満（みつ）れば則ち虧（か）く』、これ天下の道理でござる。

村上訳：『日、午をすぐれば昃（かたむ）き、月、満つれば欠（か）く』ともいって、これが天下の常理である。

"日中则昃，月满则亏"语出《易经·丰》："日中则昃，月盈则食。"昃，指太阳开始偏西，相当于下午二点左右。原文是说太阳升到正中，就要逐渐偏西；月亮达到正圆，就要逐渐缺损。它喻指事物发展到一定程度就会向相反的方向转化。小川、立间、村上用训读法，并给中国汉字配上和训，传译了原文的语言和比喻意义，从而做了文化转换。

圣人云：小不忍则乱大谋（第 103 回）

小川訳：「聖人の言葉にも『小さきに忍ばざれば、大謀を乱る』とある。」

立間訳：「聖人も『小さきを忍ばざれば則（すなわ）ち大謀乱る』と言っておる」

村上訳：「『小さきを忍ばずば大謀乱る』―これが孔子の仰せだ。」

井波訳：「聖人も『小を忍ばざれば、則（すなわ）ち大謀を乱る』（『論語』衛霊公篇）」と言っておられる。

此语典出中国典籍《论语·卫灵公篇》，其语言属上古汉语。几位译者都用了训读法，本句语言不难懂，用训读法能保留原语的语言特色，又符合一般日本人的阅读习惯，让读者欣赏到了原语的原汁原味。小川、立间还做了译注，指出出典"『論語』衛霊公篇"。

（六）ルビ付き（振り仮名）

适用于官名、人名、地名。中日两国均使用汉字，日语是汉字假名混合体，两国均属汉文化圈，就使得"ルビ付き"这种翻译方法成为可能。构成日语文字系统的核心是汉字，无论是平假名还是片假名，都脱胎于母体汉字。日本人经过引进、消化、吸收汉字及汉文化后，发明了音读（发音已基本固定）和训读两种方法来表达日语，形成了独具特色的「漢字かな交じり」体。我们通过竭力考察，发现四位译者对于官职名、人名、地名均采用了ルビ付き法。「ルビ付き」表记方法，即给汉字注上假名或给假名注上汉字，或给外来语直接注上汉字。如此独特的文字文化，在世界上是独一无二的，说明汉字及汉文化已经扎根于日本民族文化的深厚土壤之中。

大将军窦武、太傅陈蕃，共相辅佐。（第1回）

小川訳：大将軍竇武と太傅陳蕃はともどもに補佐となった。

立間訳：大将軍竇武．太傅陳蕃は相とともに補佐にあたった。

村上訳：大将軍の竇武と太傅の陳蕃が後見の役についた

井波訳：大将軍の竇武と太傅の陳蕃が補佐の任にあたった。

"太傅"，是官名。四位译者直接用汉字表记"太傅"并注上了振り仮名"たいふ"。

曾师事郑玄、卢植，与公孙瓒为友。（第1回）

小川訳：鄭玄（ていげん）．盧植（ろしょく）を師に仰ぎ、公孫瓚らとは友人として交わった。

立間訳：鄭玄．盧植に師事し、公孫瓚らと交わりを結んだ。

村上訳：鄭玄（ていげん）．盧植（ろしょく）に師事し、公孫瓚らと友達付き合いをした。

井波訳：鄭玄（じょうげん）と盧植（ろしょく）に師事し、公孫瓚らと友人になった。

郑玄、卢植、公孙瓒均为人名，所以直接用汉字表记"鄭玄""蘆植""公孫瓚"，注上振り仮名为"ていげんあるいはじょうげん""ろしょく""こうそんさん"。

操叹曰：……公路率南阳之军，驻丹、析，入武关，以震三辅。（第6回）

　　小川訳：曹操が公路殿には南陽の軍を率いて、まず丹析（たんせき）に駐屯し、それより武関（ぶかん）を越えて、三輔（さんぽ）をおびやかしました。

　　立間訳：曹操が公路殿には南陽の軍勢にて丹（たん）. 析（せき）（丹水、析県一帯）に駐屯の上武関（ぶかん）を越えて、三輔（さんぽ）をおびやかしていただきました。

　　村上訳：曹操が袁術には南陽の軍を丹（たん）. 析（せき）におき、武関（ぶかん）を入って長安の近郊をおびやかさせる。

　　井波訳：曹操が公路殿には南陽の軍勢を率いて、丹（たん）. 析（せき）（丹水、析県一帯）に駐屯し、ここから武関（ぶかん）に進入して、三輔（さんぽ）を威圧する。

　　"丹析""武关"是我国汉代的两处地名。日译本均直接用汉字"丹析""武関"表记，注上振り仮名为"たんせき""ぶかん"。

　　四、结　语

　　通过对《三国演义》日译文本汉语词汇日译的考察，总结出四位译者在翻译中国古典《三国演义》时的翻译策略如下：

　　1. 在文本的传译上，四位译者注重直译和与直译相关的既能传达原语意义，又能保留文化信息的多种辅助手段相整合的方式。例如，意译、汉语词汇转换和语词汇置换等。它们构成了《三国演义》日译的主要方法。

　　2.《三国演义》是中国传统文化长期积淀的精华。翻译时，意义和文化信息同等重要，不可偏废。所以，小川、立间、井波译本中有大量的译注，这对于传递原语文本的意义和文化信息起到了不可或缺的重要作用。可以说，译注是《三国演义》翻译的有机组成部分。

　　3. 由于中日语言的互补性和互借性，四位译者采用了训读法和ルビ付き法，以期达到"失之东隅，收之桑榆"的效果。从这个意义上来讲，凸现了中国汉字及文化对日本文化形成的巨大影响。

　　综而观之，尽管四位译者在翻译中也有不尽如人意之处，但瑕不掩瑜，由于根据具体语境而整合使用了多种策略，较好地传译了《三国演义》的意义和文化信息，因此其策略是适当的、可行的。

参考文献：

［1］林煌天. 中国翻译词典［Z］. 武汉：湖北教育出版社，1997：574.

［2］马祖毅，任荣珍. 汉籍外译史［M］. 武汉：湖北教育出版社，2003：119.

［3］罗贯中. 三国演义［M］. 小川环树，金田纯一郎，译. 东京：岩波书店，1988.

［4］罗贯中. 三国演义［M］. 立间祥介，译. 东京：平凡社，1962.

［5］罗贯中. 三国演义［M］. 村上知行，译. 东京：社会思想社，1980.

［6］罗贯中. 三国演义［M］. 井波律子，译. 东京：筑摩书房，2003.

［7］徐复，等. 古汉语大词典（辞海版）［Z］. 上海：上海辞书出版社，2007.

［8］汉语大词典编纂委员会. 汉语大词典［Z］. 上海：汉语大词典出版社，1998.

［9］古代汉语词典编写组. 古代汉语词典［Z］. 北京：商务印书馆，2008.

话语语言学视角的中日同形词置换策略

——以井波律子《三国演义》日译本为文本

刘齐文

一、导　言

对于词汇翻译，有的学者认为"翻译的语言学派把翻译视为一门精确的科学，集中研究语言系统的差异，语言形式的转换，从而归纳出一些诸如语态转换、词性转换、增词减词之类的所谓规则（其中，最荒谬的莫过于研究如何翻译英语的冠词、汉语的把字，等等），企图以这些机械化的手段达到最大限度的对等——字与字、句与句的对等，却回避了文化差异、翻译动机、译文用途等重要问题，因为这些问题是语言学应付不了的。因此，不少学者认为，语言学派的翻译研究已经走进了死胡同。我们认为：对翻译研究既可从语言学的角度研究翻译规则及不同语境中词语的置换，也可从文化等方面探讨翻译策略。这两者之间是相容互补的，没必要也不应该对立。特别是《三国演义》这一文体翻译为现代日语的过程中，更应该重视语言上的一些对译现象，这和纯文学作品的翻译是有所区别的。

二、先行研究

纵观国内对汉日同形词的研究，取得了不少成果。例如，《现代汉语词汇的形成》《汉语外来语词典》的出版。再如，何培忠等人所著的《汉日同形词浅说》，王健宜等人所著的《日汉同形词辨异词典》。又如，万玲华在《辨析汉日同字词的对策》一文中使用了"同字词"的说法，倪永明在其博士论文《中日三国志今译与中古汉语词汇研究》中，提出了"同字语"说法，并认为："使用'同字语'概念可囊括因汉语和日语收词标准的不同而产生的不对称问题。日语中通常把由两个或几个汉字连用在一起并表示一个较完整意义的形式都视作'汉语词'，而不像我们一样去考虑其内部的语法结构是否符合成词标准的问题。"至于论文则不下百余篇,大都论述中日同形词的类型、语源探究、相互借用和影响,或从日汉汉字交流论及。而从日汉对译置换角度论述的,尚不多见。在此借用潘均的话来做一概括:"迄今为止,在我国同形词研究进展不大,有一个重要原因,就是没有采用历时与共时相结合的办法。历史的演变看清楚,很多问题便可以更容易地找到线索……在日本国语学界,有学者提出应该使用"同表记语词"的概念来予以定名,这是为了理清作为表记的汉字与词一级语言单位之间的区别……同形词问题虽然看起来只是"词"的问题,但两国国情、语言不同,甚至对词的定义也都不同,因此难以奢望词义的完全对等了。中日同形词的差异是中日两国语言(特别是词汇)交流、融和的产物,也是两国语言难以摆脱固有语言影响、各自循着各自轨迹发展这一历史过程在共时平面上的呈现。"

三、语境的作用

语言学家利奇清楚地谈到语境对确定语义的三大作用:一是语境消除信息中的歧义和多义;二是语境指出某些指称词的所指;三是语境能提供说话人和作者省略的信息。话语语境即语言语境,情景语境指"使用语言的一般环境",文化语境则指"作为语言基本渊源的文化现实和人们的生活习惯"。总之,要理解话语的意义,不仅要考虑话语语境,还要考虑社会的文化特点,而这些特点在产生某一特定话语的情景语境之中。

四、话语语言学

弗斯认为语言本质上是"一种行为和促使别人行为的方式"。因此,语言学家必须关注"语境中的语言行为过程"。"语言学的主要任务是阐述意义",是解释句子与话语在语境中的含义。海姆斯就曾指出:"要理解语境中的语言,其关键是从语境入手,而不是从语言入手"。人类学家霍尔认为,人类交际都要受到语境的影响,"倘若没有语境,符号是不完全的,因为它只包含信息的一部分……语境是从来没有具体意义的,但交流的意义常常依赖于语境……意义与语境无法分割地相互纠结在一起。虽然语言符号可以在一些层次上得以分解以独立于语境之外(这就是机械翻译想达到的目的),而在现实生活中,符号、语境和意义只能被当作同一事物的不同方面。只顾这一面,忽视另一面是很难行得通的。"

研究语言功能自然就要把语言与语境联系起来,从某种意义上说,语言的功能实际上就是语境对语言作用的结果。归根结底,语言的功能体现在语言的运用中，而语言运用又受制于语言环境，片面地只关注语言而忽视语境，将使我们很难看清楚语言及其运用的真实情况。对语言形式的研究不仅应与意义研究联系在一起，而且也应与语境和社会联系在一起。此外，脱离语境来分析语言使用，也是不可取的。维特根斯坦说过"理解一个句子意味着理解一种语言"，整个语言在这里就成了特定句子的语境。同样道理，理解语言就意味着要了解语言发生和其所涉及的外部世界环境。

五、《三国演义》日译本同形词的转换

《三国演义》日译本中直接使用了许多普通的汉日同形词，没有做其他转换，这些词在词义上与汉语基本一致，如"润色、暴乱、王道、社稷、股肱、进攻、弱冠、短命、天文、重用、决断、元首、暗诵、聪明、谈论、宾客、虎视、霸道、泥泞、流离、精悍"等。另外，一些成语如"一刀两断、战战兢兢、小心翼翼"等也是直接使用。我们所要考察的是在《三国演义》中出现的，但日译本换成了其他一些表达方式的汉日同形词。日译本这样做，有的是因为某些同形词在汉语和日语中意义发生了变化；有的是为了更符合上下文语境；有的是为了体现原语语言特色。但还有一个更重要的原因，那就是日译本如果要把《三国演义》中出现的汉日同形词全部照搬，那译文将会显得呆板、不生动，将会失去日语丰富的词语表现方式。

下面，笔者将举例探讨一下日译本把什么样的同形词做了变换，又是如何置换的。我们相信，这对国内学者也具有很好的学习和借鉴作用。

（一）转换后更符合文本原义

在汉语和日语中词汇的理性意义完全一致，但考虑到更加贴近文本的内部语境，所以日译本做了适当转换。这类词有"布衣、都督、整顿、首尾、气象、奔走、虚实"，等等。

例1：杨任曰："操诡计极多，未知真实，不可追赶。"（第67回）

"真实"一词中日两国语言均有，且含义相同。从上下文语境来分析，日译本译为"ほんとうに撤退したかどうか"更加贴近原文语义。

例2：曰："吾曾教袁绍以轻骑乘虚袭许都，首尾相攻"（第30回）

吕布勇力过人，兼有徐州之地；若布与备首尾相连，不易图也。（第16回）

"首尾"的基本义为两头联结。后语义范围扩大，引申为：

（1）交战。汉魏晋之际，"首尾"义为交战，《魏志·崔琰传》裴注引《九

州春秋》："于时曹、袁、公孙共相首尾，（孔融）战士不满数百，谷不至万斛。"也可谓之连战、连兵。《晋书·慕容皝载记附阳裕》："段辽与皝相攻，裕谏曰：'……不宜连兵构怨，雕残百姓。'"《蜀志·先主传》裴注引《魏书》："备初谓公与大敌连，不得东，而侯骑卒至，言曹公自来，备大惊。"（2）先后相继、持续不断。《六度集经·仙叹理家本生》："四方病者，驰来首尾。"（3）比喻相呼应。《后汉书·班超传》："超守橐囊，与忠为首尾。"（4）比喻关系密切，互有牵连。元孙仲章《堪头巾》四折："这桩事可不道你也和他曾有首尾来。"（5）指男女关系。《京本通俗小说·错斩崔宁》："你既与那妇人没甚首尾，却如何与他同行首尾。"（6）起头的部分和末尾的部分；前面的部分和后面的部分。《汉书·孔安国传》："又采《左氏传》、《书序》为作首尾。"（7）从开始到末了，引申事情的经过始末。唐颜真卿《中散大夫赠太子少保鲜于公神道碑铭》："首尾二载，冒暑渡泸者凡一十八度。"唐韩愈《张中丞传后记》："又不载雷万春事首尾。"据此可知，文本中的含义应为"前后相呼应"。日译本将"首尾"译为"前後あい呼応する"。对第二例中的"首尾"，译者在此处将其译为"手を組めば"（联手），因为下文有"不易图也"。这些都充分体现了译者通过上下文语境，来选择译词。

例3：贼以为官兵至，尽弃财物奔走。坚赶上，杀一贼。（第1回）

"奔走"日汉语均有此词。汉语中的三种解释为。（1）意多指急行。《后汉书·史弼传》："及下廷尉诏狱，平原吏人奔走诣阙讼之"。（2）意指驱使。《国语·鲁语下》："士有陪乘，告奔走也。"韦昭注："奔走，使令也。"（3）为某种目的而多方活动。柳宗元《捕蛇者说》："永之人争奔走焉。"

日语版《大辞泉》释义为："（1）忙しく走り回ること。物事が順調に運ぶようにあちこち駆け回って努力すること。（2）もてなすこと。（3）大切にすること。"《新明解国语辞典》（第5版，金田一京助、山田忠雄、柴田武等编，三省堂出版社、世界图书出版公司，2005年第4次印刷）释义为："「その事がうまくいくように」関係方面を頼み回る（回って、世話をやく）こと。"

综合上述辞书，可知"奔走"在现代汉日语中语义缩小，仅为"为达目的而多方活动"。此例的"奔走"，根据上下语境，为"四处逃散"的意思，译为"逃げ出す"。

例4：玄德在平原，颇有钱粮兵马，重整旧日气象。（第2回）
修曰："此人可使面君，教见天朝气象。"（第60回）

"气象"一词，在中日语中意义相同，指大气中的冷、热、干、湿、风、云、雨、雪、雾、雷电、光象等各种物理状态和物理现象的统称。为了贴近文本语境，日译本分别译为"勢い""盛んなありさま"。

例5：细作探知虚实，报至官渡。曹军新到，闻之皆惧。（第30回）

"虚实"，或虚或实，多指军情。《吴子·料敌》："用兵必须审敌虚实而趋其危。"该词在中日语中意义相同。日译本译为"情況"更贴近上下文语境。

例6：攸慌忙扶起曰："公乃汉相，吾乃布衣，何谦恭如此？"（第30回）

"布衣"具有浓厚的中华民族文化意象，直至现代汉语中也仍然在用，意为"平民，无官职"。诸葛亮在《出师表》中有"臣本布衣，躬耕于南阳"之句，是与有官职者相对应的词。日语中有与之相对应的词为"庶民"。如直接移植，则原语中的文化意象就极有可能丢失。日译本采取直录汉字，配上"振り仮名"（ふい），以注的形式译为"無位無官の身"，从而进行了转化。

例7：华雄遣人赍鲍忠首级来相府报捷，卓加雄为都督。（第5回）

"都督"这一官名，是我国三国时代设置的，主管地方的军事、民政。它在唐代被废除，经元、明两代恢复使用。"都督"译成日语为"太宰帥（だざいのそち）或いは太宰大弐（だざいのだいに）"。日本政府在1906年为了控制、管理关东州，而设置了"关东都督府"，"都督"即指"关东都督府"的长官。日译本没有直接用与之对应的日语译法，是充分考虑了上述历史语境，译者用"司令官"来置换"都督"，便于读者理解。

（二）因词义不同而转换

下列例子中的各词，因其在汉语和日语中词义不同而做了转换。

例1：到县未及4月，朝廷降诏，凡有军功为长吏者当沙汰。（第2回）

"沙汰"一词，语出《晋书·孙绰传》："沙之汰之，瓦石在后。"《北齐书·文襄帝纪》："又沙汰尚书郎，妙选人地以充之。"意为淘汰。日语中也有"沙汰"一词，据《大辞泉》收录共有5个义项，但均无淘汰之意。日译本翻译时，用句子的形式做了替换，译为"不適任者は罷免する"。

例2：二客大喜，愿将良马五十匹相送；又赠金银五百两，镔铁一千斤，以资器用。（第1回）

"器用"日汉语均有此词，但含义不同。古汉语中指器具、兵器、农具。《书·旅獒》："毕献方物，惟服食器用。"《国语·周语上》："阜其财求，而利其器用。"韦昭注："器，兵甲也；用，耒耜之属也。"《汉书·王褒传》："夫贤者，国家之器用也。"《日语汉和词典》中的"器用"既指有用的器具、日用器具，还可比喻有用之人。但在现代日语中，一般指灵巧、精明。译者在正确理解原文本的基础上，译为"軍用"不误。

例3：帝览奏叹息，因起更衣（第1回）

"更衣"在古汉语中为如厕之意。而在现代汉语中，已经没有如厕之意了。因为，语义随着社会生活更迭发生了变化。日语中亦有此汉字，据《日语汉和词典》，其义项有：（1）着物を着替える。また、その部屋；（2）便所に行くこと。汚れた場所に行くことを言い換えた語；（3）昔、女御の次の女官。此外，日语中也有"更衣室"这种说法。日译本译为"手洗いに立った"。

例4：即日命鲁肃为都督，总统兵马。（第57回）

"总统"，在古汉语中是总揽、总管义，作动词用。《汉书百官公卿表上》："太师、太傅、太保，是为三公，盖参天子，坐而议政。无不总统，故不以一职为官名。"在中日现代语言中均为"国家元首"之意。日译本置换为"統率"。

例5：今无故捐宗庙，弃黄陵，恐百姓惊动。（第6回）

日译本把"百姓"译成"天下の人々"是正确的，因为在现代日语中"百姓"专指"农民、庄稼人"，而不是我们通常所说的"平民、庶民"的意思。

例6：猛然思得一计，叫众军不要前去搦战，都结束了在寨中等候。（第63回）

"结束"在古汉语有三个义项。（1）装束；打扮。王衍《甘州子》词："画罗裙，能结束，称腰身。"（2）治装；打点行李。杜甫《最能行》："大儿结束随商旅。"（3）约束。《古诗十九首》："荡涤放情志，何为自结束？"现代日语中"结束"为"捆绑""团结"之意，现代汉语中"结束"为"完了"之意。可见，汉语和日语均没有古汉语的"打扮、打点行李、约束"之意了。由于词义和词性都发生了变化，因此必须转换，日译本译为"まとめて"。

例7：孔明劝曰："生死分定，主公无忧，……并料理葬事。"（第53回）

"料理"在日语中是"做菜"之意，作名词和动词用；在汉语中，没有上述含义，且一般作动词用。日译本转化为"執り行う"，是正确的。

例8：郭嘉曰："诸公所言错矣！主公随威震天下，沙漠之人恃其边缘，必不设备；"（第33回）

"设备"在古汉语里，意为"设防"。《左传·僖公二十二年》："公卑邾，不设备而御之。"与现代汉语的含义、词性均不同。日译本做了转换，译为"備え"，符合文意。

例9：张飞谓云长曰："且听令去，看他如何调度？"（第39回）

赵云曰："主公在虎口中逃出，今已近本界，吾料军师必有调度，何用忧疑？"（第45回）

"调度"一词，日语中也有，为"日用品、家具"之意。已失去古汉语中的"安排、指挥派遣"之意。因此，必须进行转换。日译本分别译为"お手並み"（手腕、本领）"手はず"（方法、办法）。

（三）追求行文变化的转换，体现语言的丰富性和多样性

主要是在两个或几个相同的汉语词汇连续出现的时候，为追求行文变化，日译本常做出转化。

例1：操曰："公如是，奈公之老母妻子何？"宫曰："吾闻以孝治天下者，不害人之亲；使仁政于天下者，不绝人之祀。老母妻子之存亡，亦在于明公耳。"（第19回）

日译本把第一次出现的"老母"译成"老いた母堂"，第二次出现的"老母"保持原样，体现了日译本语言的多样性。

例2：朱听说，催促军马，悉力攻打阳城。（第2回）

却说玄德自云长来取长沙，与孔明随后催促人马接应。（第53回）

日语中也有"催促"一词。日译本将其翻译成"促す"和"急がせる"，用和语来表达同样内容，体现了日译本语言的多样性。

例3：随后一人厉声言曰："大丈夫不与国家出力，何故长叹？"（第1回）

谋士逢纪说绍曰："大丈夫纵横天下，何待人送粮为食！"冀州乃钱粮广盛之地，将军何不取之？（第7回）

"大丈夫"泛指有大志、有作为、有气节的男子。《孟子·滕文公下》："富贵不能淫，贫贱不能移，威武不能屈，此之谓大丈夫。"译者在翻译时，为追求行文的变化，而分别做了不同的处理，译为"大の男""立派な男"。

例4：瑜曰："臣为将军决一血战，万死不辞。只恐将军狐疑不定？"（第44回）

日语中也有"狐疑"一词。日译本将其翻译成"お迷いになる"（犹豫不定），用和语来表达同样的内容，使行文风格更具多样化。

六、结　语

语境在确定源语的词义、句义方面起着极为重要的作用。任何语言活动都不能脱离具体的语言环境。翻译是一种双语活动。在这一活动中，语义的转换是核心，语境分析是获得正确语义转换的重要手段。脱离语境的词语选择肯定要造成译文的不和谐。翻译者应在把握语境、贴近语境、符合语境上多下功夫，使文化词汇的翻译得体到位，使译文更加准确、流畅。因此，在《三国演义》的日译中，对文本语境的正确理解是极其重要的。把握具体的语境，分析《三国演义》日译本中"汉日同形词"对译置换，不仅对古籍日译，而且对日语词汇在语用层面上的研究也有一定的价值。

参考文献：

[1] 张南峰. 走出死胡同，建立翻译学 [J]. 中国翻译，1995 (4)：16.

[2] 马西尼. 现代汉语词汇的形成 [M]. 黄河清，译. 上海：汉语大词典出版社，1997.

[3] 高名凯，等. 汉语外来语词典 [M]. 上海：上海辞书出版社，1984.

[4] 何培忠，等. 中日同形词浅说 [M]. 北京：商务印书馆，1985.

[5] 王健宜，等. 日汉同形词辨异词典 [M]. 北京：商务印书馆，1995.

[6] 万玲华. 辨析汉日同字词的对策 [J]. 上海师范大学学报，2003 (2)：94—99.

[7] 倪永明. 中日三国志今译与中古汉语词汇研究 [D]. 上海：上海复旦大学，2005.

[8] 日语研究编委会. 日语研究：第1辑 [M]. 北京：商务印书馆，2003：163.

[9] 刘辰诞. 教学篇章语言学 [M]. 上海：上海外语教育出版社，1999.

[10] 陶振孝. 翻译过程中文化词汇的选择 [J]. 日语学习与研究，2006 (1)：33.

[11] 罗贯中. 三国演义 [M]. 北京：人民文学出版社，1957.

[12] 罗贯中. 三国演义 [M]. 井波律子，译. 东京：筑摩书房，2003.

[13] 沈伯俊，谭良啸. 三国演义大词典 [M]. 北京：中华书局，2007.

[14] 汉语大词典编委会. 汉语大词典（简编本）[Z]. 上海：汉语大词典出版社，1998.

[15] 徐复，等. 古代汉语大词典（辞海版）[Z]. 上海：上海辞书出版社，2007.

新兴"被 XX"的日译探讨

武　锐

一、导　言

2010 年 11 月 25 日，教育部和国家语委发布的《2009 年中国语言生活状况报告》显示，"被 XX"成为 2009 年新词语的热门格式，其中包括"被就业""被自杀""被股东""被网瘾"等。

"被 XX"在语义上继承了汉语传统被结构的基本语义，与日语被动句"影响波及"是相同的（大河内康宪，1982 年），即在表示蒙受"不幸、不愉快的事"这一点上是相同的。而且从"语义动因"（杉村博文，2003 年）来看，"被 XX"倾向于"说话人的主观感受"（汉语传统被结构则倾向于"客观世界的施受关系"），这一点与日语被动句也是相同的。但是"被 XX"的语义远不限于此，靳开宇曾分析说，"被 XX"实现了"语义增容"。与传统被结构不同，能够进入"被 XX"格式的词语五花八门，像不及物动词、形容词和名词，这样的词语本身不具备实义动词比较明显的自主性、可控性的行为特点，而是具有明显的主观性、自愿性。所以进入"被 XX"这一格式中，词语自身的含义就与"被 XX"格式在语义上的自相矛盾。为了符合传统被结构的需要，进入该格式词语的语义容量就不得不进行调整，其中具有主观性、自愿性语义的成分由于组合的分布关系而临时获得了"被迫发出该动作"的语义，从而完成了词语的语义增容。

这种语义增容在性质上可大致分为两大类：一是像"被自杀、被微笑、被全勤、被捐款"这一类"被迫使发出某动作"的不满、非自愿之意；二是像"被就业、被代表、被小康、被开心"这一类"被谎称处于某某状态而实际并非如此"的无奈、无助之意。前者是客观行为上的被动，后者是主观意识上的被动。两者都带有十足的讽刺意味，而后者隐含有凸显其对立面的否定语义。

这种含有无奈、讽刺乃至否定的语义增容是汉语传统被结构和日语被动句中都未曾有过的，即翻译时找不到现成的对应词语。如何翻译，采取何种方法？笔者想就以下"被"字较多的两句话，做一翻译方法的尝试和探讨。

第一句："被"事件已成为今年的一大热门。"被自杀""被就业""被死亡""被钓鱼"之后，又出现了郑州高校学生"被医保"事件。

第二句：相当长的一段时期以来，由于一些地方政府好大喜功，很多人都有种"被富裕"的感觉，农民生活"被小康"，工人收入"被增长"，甚至"被脱贫""被幸福"的现象也普遍存在。

笔者拟用五种翻译方法对新兴"被XX"尝试做出比较、探讨，为了使译文更具典型性，笔者均采用了单一的翻译方法。

二、翻译方法尝试和探讨

（一）形译法

保留词汇语法层面的全部内容，按照原文的形式和结构产生译文。

第一句译成：

「される」の事件が今年すでに非常に注目された社会問題になった。「自殺される」「就業される」「死亡される」「魚釣られる」に続き、また鄭州大学学生の「医療保険される」事件が現れた。

第二句译成：

長時にわたって、いくつか地方政府が功名心を求めるあまり、多くの人が「豊かにされる」感じがあり、農民の生活は「小康にされる」、労働者の収入は「増加される」、甚だしきに至っては「脱貧される」、「幸福される」の現象もあまねく存在している。

译文虽然保留了原文的结构形式，语法无误，但是语义不通，是个错句。不仅不通顺，而且损伤、打破了原文本身的和谐，易导致译文理解错误。这种只顾形式不考虑语义的译法显然是最糟糕的。可以说，像这种语义空缺的新词是不宜采用"形译法"的。

（二）意译法

"意译"的目标不是弄出一篇与原文百分之百相似的东西，而是创造一篇能够完成使命的东西。翻译工作者的责任就是消除语言和文化障碍，让目的语读者接受译作。翻译最终的目的还应是通过将深层结构转换成表层结构或翻译

"文章内涵"来获得"文化"对等。

第一句译成：

「受身」事件が今年すでに非常に注目された社会問題になった。「自殺したとして発表され」「就職したことにさせ」「死亡と報道され」「囮捜査される」ことに続き、また鄭州大学学生の「医療保険に加入させる」事件も現れた。

首先要确定具体的语义，才能展开翻译。

被自杀：如果公安机关认定为自杀，其实有可能不是自杀，是他杀，就可以译为「自殺したとして発表される」（被宣布为自杀）；如果是将现场伪装成自杀的样子，则可译为「自殺したぶりをさせた」。

被就业：如果说的是并非真的就业，而是被迫伪造成已就业，就可译为「就職したことにさせる」；如果是被要求就业，则可译成「就職しようと要求される」。

被死亡：如果人活着，却被媒体或网站说成死亡，则可译成「死亡と報道される」；如果是误认为是死亡，则可译成「死亡したと誤って考えてしまう」。

被钓鱼："有上了别人引诱的钩，上当受骗"的意思，如果是网上被钓鱼可译为「詐欺される」；如果遭遇钓鱼执法而被钓鱼，则可译成「囮捜査される」。

被医保：说的是学生不愿意交费参加医保，是迫于学校、老师的压力不得已交费参保的，因此译为「医療保険に加入させる」（被迫参加医保）。

第二句译成：

長時にわたって、いくつか地方政府が功名心を求めるあまり、多くの人が「富裕なことにされた」感じがあり、農民の生活は「豊かである目標に達したことにされ」、労働者の収入は「増加したことにされ」、甚だしきに至っては「貧しさから抜き出たことにされ」、「幸福であることにされた」現象もあまねく存在している。

"被富裕""被小康""被增长""被脱贫""被幸福"都是表达实际并不处于这种状态，而是被谎称如此，因此均可使用「～ことにされる」这一句型来翻译。

从上面的译例可见，意译的优点是易解，而缺点是会遗漏某些信息，因为

153

译语读者无法根据译文产生词汇的联想，因此，只能传递部分信息。顾家祖认为意译实际上是处理词义空缺的一种不得已的办法。

（三）零译法

零译法，又叫"不译"，它直接照搬汉字的形，是异化翻译策略的极端表现。

第一句译成：

「被」の事件が今年すでに非常に注目された社会問題になった。「被自殺」「被就業」「被死亡」「被魚釣」に続き、また鄭州大学学生の「被医療保険」の事件も現れた。

将第二句译成：

長時期にわたって、いくつか地方政府が功名心を求めるあまり、多くの人が「被富裕」な感じがあり、農民の生活は「被小康」、労働者の収入は「被増加」、甚だしきに至っては「被脱貧」「被幸福」の現象もあまねく存在している。

这种译法的优点是保留了中文的简明幽默、排比对仗的特点，但是如果译文读者对中国的情况知之甚少，就会一头雾水，翻译效果大打折扣。

近年来，零译法越来越受到学者和翻译家的推崇，使用频率也居高不下。那么，采用零译法的「被XX」能否在译文中存活、扎根呢？应该说，它需要发挥译者的智慧去创造一个适合它生存的翻译生态环境。

（四）零译 + 意译法

将"零译"和"意译"结合起来，用意译来解释零译的部分，优点是可以将中文的表达方式植入日文，促进汉语的对外传播。

第一句译成：

受身という「被」の事件が今年すでに非常に注目された社会問題になった。自殺したとして発表された「被自殺」、就職したことにさせた「被就業」、死亡と報道された「被死亡」、囮捜査された「被魚釣」に続き、また鄭州大学学生の医療保険に加入させる「被医療保険」の事件も現れた。

第二句译成：

長時にわたって、いくつか地方政府が功名心を求めるあまり、多くの人が富裕なことにされた「被富裕」な感じがあり、農民の生活は豊かである目標に達したことにされた「被小康」、労働者の収入は増加したことにされた「被増加」、甚だしきに至っては貧しさから抜き出たことにされた「被脱貧」、幸福であることにされた「被幸福」現象もあまねく存在している。

这种译法不仅保留了中文词汇的结构特征和语言特色，而且能帮助读者较正确地理解词汇的语义。笔者认为这种译法不仅弥补了单一使用"零译法"或"意译法"的缺陷和不足，而且从翻译教学的角度看，这种方法便于学生掌握和运用。

为了证明这种方法的可操作性和适当性，笔者从网上选用三段日本人译介中国新兴"被 XX"的实例。

例1：2009 年に最も造語で使われた漢字は「～させられる」という意味の「被」。大学の就職率を上げるために強引に就職させられる「被就業」、給料を上げたことにさせられる「被漲薪」ほか、「被幸福」「被自殺」という言葉も創られた。

（ネット新語の世界が面白い）

例2：就職率を高めるため書類上で就職させられたことになったことを「被就业（被就職）」、自発的ではいのに寄付金を出させられてしまったことを「被自愿（被ボランティア）」などと使う。

（2009 年中国を象徴する26のキーワード）

例3：被〇〇というパタンは依然からあり、最近では、被小康（そこそこ、ゆとりのある生活ができるようになったことにさせられている）、被就業（就業したことにさせられている）も流行ったらしい。

（流行語から中国社会を見る）

这三个实例无一例外地采用了"零译＋意译法"，填补了语义空白。这样，既可使语篇的连贯得以保持，又能使语义信息得到了较好的传递。

三、结　语

翻译是一种积极、复杂，具有一定创造性的语义再现活动。它不仅指言内意义，还涉及言外意义。本文通过对"被XX"的语义分析及翻译方法尝试和探讨，得出如下结论：

1. 使用"形译法"翻译新兴的"被XX"是行不通的。

2. 使用"意译法"虽然能让译文读者轻松理解，但会遗漏一些信息。它是处理语义空缺的一种不得已的办法。

3. 使用"零译法"，这是传播中国语言文化的最佳方法，但是大部分译文读者对中国的事情并不了解，无法通过"零译"词汇展开联想，不具备可理解性和接受性。尽管翻译家玄奘为了尊重佛经原文，提出了翻译"五不翻"原则，但他并不拘泥于某一种翻译策略。

4. 笔者认为使用"零译+意译法"或"零译+背景加注法"恰恰可以弥补"零译法"的不足，既可以弘扬中国的语言文化，又能增加译文的可理解性和接受性，是一种较恰当的翻译方法。

参考文献：

［1］大河内康憲. 中·日本語の被動表現［J］. 日本語学，1982，2（4）.

［2］杉村博文. 从日语的角度看汉语被动句的特点［J］. 语言文字运用，2003（5）.

［3］郭建中. 当代美国翻译理论［M］. 武汉：湖北教育出版社，2000.

［4］顾家祖. 语言与文化［M］. 上海：上海外语教育出版社，2002.

［5］胡庚申. 翻译与跨文化交流：转向与拓展［M］. 上海：上海外语教育出版社，2007.

［6］靳开宇. "被+XX"式词语结构模式分析［J］. 长春大学学报，2010（7）.

［7］马祖毅. 中国翻译简史［M］. 北京：中国对外翻译公司，1998.

［8］许钧. 生命之轻与翻译之重［M］. 北京：文化艺术出版社，2007.

［9］张建理，朱俊伟. "被XX"句的构式语法探讨［J］. 杭州师范大学学报，2010（9）.

第四篇

04

| 论　考 |

浅析现代日语语料库及其使用技巧

张威 刘骉

一、语料库和语料库语言学

所谓语料库（corpus），是指在语言研究中，为了自然语言处理（Natural Language Processing）研究，大规模汇集自然出现的口语以及书面语，利用电脑进行加工，以电子形式保存的语言材料库。语料库语言学（corpus linguistics），是指将大量语言资料电子化，并在其基础上对语言的各种特性进行观察、描写和分析的语言学。通过客观迅速地调查大规模的语料库，可以在很短的时间内发现人们在日常无法发现的语言特性，并进一步对其进行解释说明。对于当今的语言研究来讲，语料库已经成为不可或缺的重要基础资源。

二、现代日语语料库简介

在本节中，将具体介绍几种日语的书面语和口语语料库，以及日语学习者语料库。

（一）现代日语书面语语料库简介

1. 现代日语书面语均衡语料库（BBCWJ）

网址：少纳言 http：//www. kotonoha. gr. jp/shonagon/，中纳言 https：//chunagon. ninjal. ac. jp/login

现代日语书面语均衡语料库是日本各大语料库中尤为出色的作品，它分为少纳言和中纳言，共收录1亿字以上，而且自带语料库检索引擎。少纳言可以在线使用，但是在检索方面会有一定的限制性。中纳言需要使用者网上注册，登陆之后才能够使用。它目前处于试用阶段，因此暂时可以免费使用。该语料库最为出色的一点，就是根据话语类型上的不同，可以分为不同的几种类型。使用者可以根据研究目的的不同，挑选适合自己研究的话语类型。

书　籍	1971—2005 年、21943 件、约 6230 万字
杂　志	2001—2005 年、1989 件、约 440 万字
新　闻	2001—2005 年、1479 件、约 140 万字
白　书	1976—2005 年、1500 件、约 490 万字
教科书	2005—2007 年、412 件、约 90 万字
广报纸	2008 年、354 件、约 400 万字
Yahoo! 知慧袋	2005 年、91445 件、约 1030 万字
Yahoo! 博客	2008 年、52680 件、约 1030 万字
韵　文	1980—2005 年、253 件、约 20 万字
法　律	1976—2005 年、346 件、约 100 万字
国会会议记录	1976—2005 年、159 件、约 510 万字

表1　现代日语书面语均衡语料库的话语类型、收录年度以及字数

另外一点值得称赞的，就是这个语料库可以按照不同词素，进行更加精细的检索。一般来讲，如果使用 KWIC Finder（在下文中详解）这样的语料库检索软件，便无法按照不同词素进行精检索。例如，调查「は」和「が」的使用频度时，如果无法按照词素检索，就会同时出现「はるか」「はね」「いかが」这些完全不相干的结果。如果在检索条件中规定「は」为「係助詞」，「が」为「格助詞」的话，就会将这种结果完全排除，从而节省观察分析例句的时间。

2. 青空文库语料库

网址：http：//home. ogiso. net/wiki/

青空文库汇集了日本国内大量的文学作品。这些文学作品的著作权有的已经消失，有的已经得到作者的允许。在日本，作家去世 50 年以后，他的作品的著作权就会消失。因此，在青空文库中收藏了大量明治时期和昭和初期的作家作品。

青空文库电子图书馆收录的主要是文学作品，包括历史小说、侦探小说等。截至 2011 年 3 月 15 日，收录的作品已达 1 万部，其中不仅有森欧外、夏目漱石、芥川龙之介等人的作品，还包括中岛敦、太宰治、永井荷风等人的作品。

该语料库可以直接在网上下载，也可以利用「そらまめ」这个软件，来下载青空文库的文学著作。笔者建议进入 http：//home. ogiso. net/wiki/这个网址，下载「青空文庫ダウンローダそらまめ」，直接将这些文学作品下载到电脑中，之后再利用语料库检索软件搜索需要的信息。

3. 日英新闻记事对应资料（JENAAD）

网址：http：//mastarpj. nict. go. jp/～mutiyama/jea/index－ja. html

该语料库是一款对译语料库。通过以上网址，可以从网上下载该语料库。使用者在下载之前，需要下载使用备忘录，填好之后寄给网站管理者。之后，管理者会向使用者发放用户名和密码。最后，使用者在网上输入用户名和密码，就可以下载了。

这款语料库的优点是，由于是对译语料库，所以可以通过观察日英在表达相同内容上的不同方式，进行日英对比研究。不过，这款语料库是新闻和记事方面的语料，需要充分考虑这种语料类型方面的偏离，在其基础上进行利用。

（二）现代日语口语语料库

介绍过几款日语书面语语料库之后，笔者再来介绍几款日语的口语语料库。

1. 日语口语语料库

网址：http：//www. ninjal. ac. jp/csj/

该语料库是由国立国语研究所、信息通信研究机构和东京工业大学共同开发的口语语料库。从以上网址申请，可以获得使用资格。不过，这款语料库虽然很有名，但其价格非常昂贵，四年的使用费用约为50000日元（教师）和25000日元（学生）。即使是学生使用，也是价格不菲。另外，需要指出的是，该语料库存在严重的文体偏离，其中的对话内容非常少，90%以上是独白，而且都是以学会讲演为主，不能算是典型的口语语料。尤其是想研究话语分析的同仁，需要慎重选择。不过，这款语料库包括语音文件，语音学方面的研究者可以考虑使用。

2. 日语口语语料库

网址：http：//www. tufs. ac. jp/ts/personal/usamiken/btsj_ corpus. htm

该语料库中包括日语母语使用者之间的会话，涉及多个话题，语料充足。总共包括294个会话，总时间为4000分31秒（大约为66小时）。如果是以学术研究为目的的话，在利用期间（两年）可以免费使用。

其中的主要内容包括同性亲密朋友之间的交谈，女性朋友第一次见面时的交谈，老师和学生的交谈，女性朋友之间打电话拒绝某事时的交谈，男性女性朋友之间打电话依赖某事时的交谈，等等。不过，在中国国内的同仁也不用担心，可以通过以上网站将利用申请书填好并扫描，之后再以电子邮件的方式寄给审核者就可以了。

3. 现代日语研究会（编）『合本 女性のことば・男性のことば（職場編）』ひつじ書房

这个语料库收录了职业男性和职业女性在公司的会话，包括早上见面、会议中和休息时间，是包括一本书和配套 CD。这本书可以在日本某网上书城买到（约为 6300 日元）。虽然价格稍贵，但是由于该语料库没有使用期限，而且对于社会语言学和语用学方面颇有研究，是非常值得研究者收藏的。

4. CHILDES 口语语料库

网址：http：//childes. psy. cmu. edu/

这是一款国际性的关于幼儿语言习得的口语数据库。所谓语言习得，是人类语言发展的重要过程。第一次语言习得过程，影响着儿童时代的语言能力的发展。第二次语言习得过程，影响着成人的语言发展。CHILDES 口语数据库，为研究儿童时代的提供了很大帮助。该口语语料库不但包括日语母语使用者，还包括汉语、英语等很多其他语种。研究者可以利用该语料库研究日语、汉语以及英语母语使用者在第一语言习得过程中所呈现的特征。

（三）日语学习者语料库

最后，再来介绍一下关于日语学习者口语和书面语的语料库。

1. KY 语料库

网址：http：//opi. jp/shiryo/ky_ corp. html

KY 语料库是以 OPI 测试法为基础制作的。OPI 是 Oral Proficiency Interview 的缩写，是由全美外国语教育协会开发的测试会话能力的方法。它记录了试验者和学习者以一对一的问答形式而进行的 30 分钟的对话。

KY 语料库包括 90 个人的 OPI 语言资料。这 90 个学习者分别来自中国、韩国以及以英语为公用语的国家。而且，将学习者分为初级（Novice）、中级（Intermediate）、上级（Advanced）以及超级（Superior）几种级别。我们在做研究的时候也可以根据学习者的不同级别，分别调查其外语使用方面的问题，探讨不同级别学习者之间的异同。

2. 多语言口语语料库

网址：http：//www. tufs. ac. jp/ts/personal/usamiken/btsj_ corpus. htm

该语料库不但包括日语母语使用者之间的会话，还包括日语母语使用者和日语学习者之间的会话，总共有 37 个会话，总时间为 691 分 11 秒（大约为 11 小时）。如果是以学术研究为目的的话，在利用期间（两年）可以免费使用。

3. 作文对译语料库

网址：http：//jpforlife. jp/taiyakudb. html#p0

以上介绍的都是学习者的口语语料库，这款作文对译语料库，是学习者的书面语语料库。该语料库包括日语学习者的日语作文和作文执笔者本人的母语翻译。作文总数达到 1565 件。而且，在网上登录之后，可以得到用户名和密码进行免费使用。

4. 日本、韩国、中国台湾的大学生日语意见文章语料库

网址：http：//www. tufs. ac. jp/ts/personal/ijuin/koukai_ data1. html

这也是一款书面语语料库，是由东京外国语大学伊集院郁子老师构建完成的。其中，包括 134 名日本大学生和学习日语的 57 名中国台湾大学生、55 名韩国大学生执笔的，表达自己意见的文章。

值得注意的是，该语料库无需登陆，即可下载使用。

三、日语语料库检索软件

在介绍过以上汉语、日语和英语语料库之后，再来介绍两款以分析语料库资料为目的的工具软件。它们可以帮助我们更加快速、更加精确地使用语料库。不过，大部分语料库检索软件只能运行在 Windows 系统。而且，使用这些软件需要一定的电脑知识。在这里，笔者介绍几款比较简单实用，适合初学者的软件。

1. KWIC Finder

网址：http：//www31. ocn. ne. jp/ ~ h_ ishida/KWIC. html

这款语料库检索软件对应 TXT/PDF/WORD/EXCEL 等形式（完全版），也可以在以上网站下载免费版使用（仅能够检索 TXT 文件）。其主要特点是使用方便，功能简单。如果单纯搜索语句的话，KWIC Finder 可能是最为方便的工具软件了。不过，如果使用者想要以词素的不同为前提进行检索的话，仅仅依靠这个软件就有些心有余而力不足了。

这款语料库检索软件的基本使用方法是，选择检索文件夹或者文件。之后，输入需要检索的文字或者短语。使用者可以根据需要，输入检索时的条件。

在检索一个文字组合时，使用者可以在 KWIC Finder 中输入文字组合（比如，"我觉得"），保存检索结果并用 EXCEL 分析。如果是两个以上不同文字组合的话，可以使用软件自带的 AND（两者同时出现）/OR（只出现两者之一）/NEAR（两者之间的距离很近）/NOT（排除后者）等功能。

不过，KWIC Finder 也有不便之处，那就是无法以词素的不同作为前提进行检索。如果使用者需要检索「に」这个助词，就会同时出现「にがい」「かに」等形容词以及名词，这种毫无关联的词语。所以，第一次机器筛选之后，还需

要花费大量时间进行二次观察，排除不相干的词语。

2. KH Coder

网址：http：//khc. sourceforge. net/

KH Coder 可以解决 KWIC Finder 不能够完成的任务，它能够以词素的不同为前提进行检索。这也是能够在以上网站下载并使用的免费软件。不过，这个软件并不像 KWIC Finder 那样简单易用，需要使用者有一定的电脑基础才能够使用。

其使用方法和顺序是，首先打开文件夹或者文件（TXT 格式的纯文本），其次要进行「前处理（也就是词素分析）」，之后再进行检索以及统计。在已经选择好，并进行过词素分析的语料库中，可以输入需要检索的文字组合。如果你需要检索所有名词，也可以在检索结果中进行统计。另外，如果你需要检索"文字组合＋动词"，那么也可以输入例如「食べる＋動詞」这样的组合方式，得出的结果就是「食べたい」「食べない」等各种形式的组合。

这是一款性能非常优秀的语料库检索工具，集合了很多实用的功能。不过，在使用上比 KWIC Finder 要稍微困难一些，需要研究者自己一点点摸索和练习。

以上这些工具软件有一个共同的使用注意事项，那就是检索汉语时和检索日语时的系统 Unicode 不能够相同，否则会出现乱码，从而无法检索。最好是能够有一台电脑配备汉语系统，另一台电脑配备日语系统，这样的话就可以同时进行两种语言的检索。

四、日语语料库实际应用例—考察文脉指示词「この・その」与助词「は・が」的组合方式

上文中所介绍的语料库检索软件，主要是针对纯文本的搜索引擎。下面，笔者将具体介绍一种日语语料库的实际应用例子。本文将选用上文中所介绍的"现代日语书面语均衡语料库（BBCWJ）"。这是由于，这款语料库按照话语类型分类，而且收录 1 亿字以上，属于一种大规模语料库。再者，它自带检索引擎，而且可以按照词素进行检索，结果非常精确。

（一）关于「この・その」与助词「は・が」的组合方式的先行研究

在语言学的研究中，日语「は」和「が」的使用区别是非常重要的一环，很多先行研究都对其进行了解释和说明。但是，这些研究往往例举单个句子进行说明，很少有研究者在语篇或话语层次对这一区别进行考察。而且，关于文脉指示词「この・その」和助词「は・が」的组合方式的研究就更加少见。

针对这一问题，庵功雄（2007 年）曾经调查过「朝日新聞・天声人語」语

料库，得出了这样的结论：

「この」与「は」，「その」与「が」更容易组合在一起使用（见表2）。

	は	が	合　计
この	321	107	428
その	58	119	177
合计	379	226	605

表2　庵功雄（2007：122）关于「この/その+名词+は/が」的调查结果

庵功雄指出，「この」与「は」组合的有321例，而与「が」结合的只有107例，这可以说明「この」与「は」更容易组合在一起。另一方面，「その」与「が」有119例组合，而与「は」只有58例组合，这能够说明「その」与「が」更容易组合在一起使用。

（二）利用现代日语书面语均衡语料库进行调查

为了验证表2的合理性以及妥当性，笔者将利用现代日语书面语均衡语料库，进行实证性的调查。首先，进入日语书面语均衡语料库中纳言的网站，登陆之后，就可以选取「検索対象」。所谓「検索対象」就是表1中的各种话语类型。对于庵功雄在朝日新闻这种单一话语类型的调查结果，本文选取了「新聞」「書籍」「Yahoo! ブログ」以及「Yahoo! 知恵袋（类似于"百度知道"这种问答形式）」这四种话语类型，分别进行了调查。

其次，在「短単位検索」选单中，先选择「キー（关键词）」的「書字形（字形）」，在其右边的对话框中键入「その」（或者「この」）。在选择这一检索条件的同时，点击右方的「短単位の条件の追加」，也就是追加对「その」的限制。这里，从词性出发，选择「品詞 – 大分類 – 連体詞」。

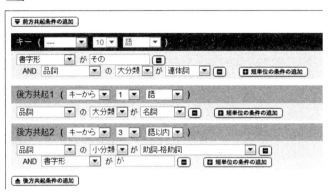

图1　设定检索条件

选好了关键词之后，下一步就要追加「（关键词的）后方共起条件」了。当然，根据研究对象不同，有时也需要追加「前方共起条件」。在本文的调查中，笔者们设定了双重「后方共起条件」。第一，是关键词后方共起词组的词性为名词；第二，同时设定名词后方1—2词之内为「格助词」，并同时限制「书字形」为「が」（请参考图1）。

一切都设定好了之后，就可以点击右方的「检索」键了。在「新闻（出版・コア）」这一话语类型中，一共检索出36组「その＋名词＋が」的组合方式。以此类推，按照「この／その＋名词＋は／が」这种形式，本文又在「书籍」「Yahoo！ブログ」「Yahoo！知恵袋」这三种话语类型中，分别进行了设定与调查。经过语料库软件的"一次过滤"后，得出了以下的结果。

话语类型	新　闻	书　籍	Yahoo! 博客	Yahoo! 知慧袋
この＋NP＋は	90	124	63	21
この＋NP＋が	17	44	9	6
その＋NP＋は	57	135	30	32
その＋NP＋が	36	63	14	19

表3　语料库软件"一次过滤"结果

上述表3的结果是通过语料库软件的"一次过滤"。下面，需要仔细观察每一个例句，将不相关的例句删除。这是由于，无论如何设定词素选项，也会有"漏网之鱼"出现。所以，经过语料库搜索所得到的例句，需要经过研究者自己进行"二次过滤"。

经过"二次过滤"之后，笔者们排除了所有「その」的「代行指示」，如「大統領とその夫人」在汉语中翻译为"他的"情况。而且，例如「そのまま」「このため」这样的接续词，也在二次过滤中被排除了。

下表所显示的表4，就是"二次过滤"后的结果。可以看出，这与表3中的结果有很大出入。也就是说，为了保证语料库检索结果的精确性，"二次过滤"至关重要。

话语类型	新　闻	书　籍	Yahoo!博客	Yahoo!知慧袋	合　计
この＋NP＋は	79	121	60	19	279
この＋NP＋が	16	43	7	4	70
その＋NP＋は	34	108	23	22	187
その＋NP＋が	17	50	7	14	88

表4　"二次过滤"的结果

通过观察表4中的结果可以得知，「この＋NP＋は」这种组合无论是在单一话语类型中，还是在总数上，都要远远高于「この＋NP＋が」这种组合。总数上的数量比例为279比70。这与庵功雄的结果基本一致。

另一方面，「その＋NP＋は」这种组合无论在单一话语类型还是在总数上，也要远远高于「その＋NP＋が」的组合方式。其总数比例为187比88。这与庵功雄（2007）调查单一话语类型「朝日新聞・天声人語」栏目后所得出的结果完全相反。

再次回顾一下庵功雄的结果是：

「この」与「は」，「その」与「が」更容易组合在一起使用。

与此相对，本文通过对四种话语类型的语料库进行调查，所得出的结果为：

无论是「この」还是「その」，都与「は」更容易组合在一起使用。

在此，引用刘骉（2012年）的观点，也就是「この」和「包括的なトピック（inclusive topic）」更容易结合，而「その」更容易与「部分的なトピック（partial topic）」相结合这一观点后可以发现，话者在选择「この」和「その」的时候，会根据主题的属性（「包括的」或者「部分的」）而选择不同的指示词。然而，无论是「この」还是「その」都更容易与主题结合。所以，二者都更容易与主题标记「は」结合这一事实，也就不难理解了。

五、结　语

本文首先介绍了几种具有代表性的日语书面语、口语以及学习者日语使用语料库，并说明了这些语料库的申请方法以及使用方法。其次，本文介绍了两款日语语料库检索引擎，分别为 KWIC Finder 和 KH Coder，并且简单说明了它们的使用方法。再次，通过利用现代日语书面语均衡语料库进行的实证性调查，本文得出了与庵功雄完全不同的调查结果，也就是得出了"无论是「この」还是「その」，都与「は」更容易组合在一起使用"这一结果，并利用刘晓（2012 年）中的观点，对这一结果进行了解释和说明。

在未来的语言研究领域中，需要更加重视语料库及其应用。而且，应该将语料库语言学研究和传统的描写语言学研究（descriptive linguistics）以及理论语言学研究（theoretical linguistics）结合在一起。在上文中，笔者简单提示了利用语料库进行研究时的理想结构。该结构分为三步。

首先，利用大规模语料库，对「この/その + 名词 + は/が」的使用例进行定量调查。

其次，将得出的结果实事求是地描写下来，并与庵功雄的结果进行比较。

最后，援用刘晓（2012 年）的「包括的なトピック」和「部分的なトピック」这种主题属性方面的区分方法，阐述本文所得出的研究结果的理论依据。

图2　语料库语言学、描写语言学和理论语言学结合理的想图

传统语言学，比如生成语法的语言观，一般仅凭研究者本人自己创作例句，证明他所主张的理论。这种"自上而下"的语言观所产生的结果，往往是主观的、模糊的。对此，通过利用语料库，对大量客观事实的观察和把握，可以自下而上地总结出语言现象的规律。总而言之，语料库可以克服传统语言学中的

主观性和模糊性，将客观性和精确性带给文科的语言研究。笔者相信，对于未来的语言研究，语料库的作用将越来越大，其重要性也将越来越被世人所认同。

参考文献：

[1] 石川慎一郎. ベーシックコーパス言語学［M］. ひつじ書房. 2011.

[2] 庵功雄. 日本語におけるテキストの結束性の研究［M］. くろしお出版. 2007.

[3] 劉驫. 物語における日本語と中国語の文脈指示詞の対照研究—談話構造の観点から［J］. 日中言語対照研究論集，2012（14）：78—92.

[4] 張威. 現代日本語複合動詞に関わるデーターベースの構築とその応用研究. 人文社会学・社会理工学最前線の課題と大学教育［C］. 東京工業大学，2007.

晚清时期日本学者对西南少数民族地区的研究

王晓梅

一、日本的大陆扩张政策与海外调查热

自 19 世纪末开始，日本积极推进大陆扩张政策。为全面、准确地收集其东亚近邻中国、朝鲜等地的情报信息。1879 年，在日本皇室的支持下，以北白川宫能久亲王为社长，以渡边洪基、榎本武扬、花房义质、锅岛直大、长冈护美等政府高官为会员的东京地学协会正式成立，所办杂志为《东京地学协会报告》。随着协会的成立，日本国内掀起了前往周边国家探险调查的热潮。

1886 年，日本政府颁布了《大学令》，以东京帝国大学文科大学、京都帝国大学、早稻田大学、庆应义塾大学为代表的主要国立、私立大学相继创办史学科，并以此为契机，日本对东亚各地的情报收集主体逐步由皇室支持的东京地学协会转向在理论和实践上更好地掌握了科学调研方法的大学专职研究人员。从 19 世纪末至 20 世纪初，日本多次派出调查组、探险队对库页岛、西土耳其斯坦、尼泊尔、不丹、朝鲜半岛以及中国西南、东北、华南、西藏等地进行田野调查（详见表 1）。

从表 1 可以清晰看出，日本的海外调查范围与其大陆扩张政策紧密关联，日本民族学研究为政府殖民政策服务的特质亦为众多学者指摘，在此不再赘述。中国西南地处边疆，民族种类繁多，且与台湾、中南半岛诸民族有着千丝万缕的联系，故一直受到日本东洋史学者、民族学者的关注。除历史文献的研究考证外，在交通条件极为不便的晚清时期，仍有部分日本学者历尽重重困难，或为游历，或为调研，踏查足迹遍及西南，留下了不少调查报告、旅行日记以及研究著述，为后代研究近代西南少数民族各方面状况提供了弥足珍贵的田野资料，具有重要的史料价值和参考价值。

时　间	姓　名	主要调查地	派遣机构
1895 年	鸟居龙藏	辽东半岛	东京人类学会
1896 年	鸟居龙藏	台湾（第 1 次）	东京帝国大学
1897 年	鸟居龙藏	台湾（第 2 次）	东京帝国大学
1898 年	鸟居龙藏	台湾（第 3 次）	东京帝国大学
1899 年	鸟居龙藏	千岛群岛北部	东京帝国大学
1900 年	鸟居龙藏	台湾（第 4 次）	东京帝国大学
1899—1902 年	河口慧海	尼泊尔、西藏	
1902 年	井上雅一	西土耳其斯坦	
1902 年	大谷光瑞	中亚、中国西南等	第一次大谷探险队
1902 年	关野贞	朝鲜半岛	
1902—1903 年	鸟居龙藏	中国西南	东京帝国大学
1902—1903 年	伊东忠太	中国西南	
1905 年	伊东忠太	中国东北	
1905 年	鸟居龙藏	中国东北	东京帝国大学
1906 年	林出贤次郎	伊犁、土耳其斯坦、蒙古	
1906 年	日野强	中亚	
1907 年	白鸟库吉	中国东北	
1907 年	伊东忠太	中国南方	
1907 年	关野贞	中国山东省	
1907 年	桑原隲藏	中国山东省、蒙古	
1908 年	八木奘三郎等	中国东北	
1908 年	野村荣三郎等	蒙古、塔里木盆地	第二次大谷探险队
1910 年	内藤湖南等	中国东北	京都帝国大学调查队
1910 年	橘瑞超等	中亚、西藏	第三次大谷探险队
1910 年	白濑矗	南极	
1910 年	白鸟库吉	中国东北	
1912 年	青木文教	西藏	
1913—1915 年	河口慧海	西藏	
1913—1923 年	多田等观	不丹、西藏	

表 1：日本人在 19 世纪末至 20 世纪初进行的海外调查

二、日本学者的研究状况

（一）"汉族西来说"与"苗族原住说"——近代西南少数民族研究之发轫

长期以来，日本的中国研究偏重于文献研究。这一传统的形成，一方面是由于日本保存了大量的汉文文献，甚至包括许多在中国业已亡佚的珍贵典籍；二是由于日语中汉文训读这种特殊的阅读方式，有效地避免了翻译过程中的误读。因此，利用和发掘数量庞大的文献典籍遂成为日本学者研究中国的重要方法和手段。以汉文文献研究为基础，日本学者在中国历史文化研究方面，尤其是汉民族的历史文化研究方面取得了举世瞩目的成就。然而，对于文献记载相对有限的少数民族研究，起步则相对较晚。

明治中期，以东京帝国大学为中心成立了东洋史学会，其主要研究对象为中国和印度，尤以对中国历史、哲学、宗教、语言、文学、民族学和考古学进行的综合研究为主。受 19 世纪盛行于西方的"汉族西方起源"学说的影响，日本的东洋史学者在讨论中国民族起源时普遍站在了"汉族西来"与"苗族原住"的立场上。

1890 年，著名东洋史学家那珂通世用汉语写就《中国通史》。在《首篇·总论·人种之别》和《上世史·唐虞》中，那珂写道：

> 清国人民盖属西人所谓黄色种者，骨骼容貌与我邦人不甚相异，而种类甚多。其大者六，曰支那种，曰韩种，曰东胡种，曰鞑靼种，曰图伯特种，曰江南诸蛮种。支那种者即汉人也，自称华人……江南诸蛮小种落甚众，不暇枚举，其稍著者三种，一曰苗，居湖南、贵州。二曰猺，居湖南两广。三曰獠，居云南。诸种皆性极顽陋，在众夷中为最劣，盖皆太古土人遗裔及汉人繁殖退据山谷者也。

> 自唐虞而上，邈不可考。古书有三皇五帝之号而不指名其人……旧史记太皞、炎帝、黄帝之文者亦多杂荒诞之说，今莫由辨其真伪……今由唐虞国势之隆以意推之，支那之响于开化盖已历数百千年矣。且汉人恐当非支那土人。夫北带之地，虽称中原，故不如中带之沃饶而暖和，然而汉人不先居中带而自北带起者，盖由其本土在西方，沿河流而东迁也。当其入支那，江淮已有诸蛮散处，故先据河北，渐拓地于南疆，及种民益繁，智力益进，则攘斥四夷……

1898 年，由桑原骘藏编著、那珂通世校阅的《中等东洋史》由大日本图书株式会社出版发行。桑原在书中说道：

东洋史的主人公亚细亚人种按惯例分为西伯利亚人种和中国人种两大类。所谓中国人种，即分布在中国本部和图伯特，其后蔓延至印度一带的人种。该人种又可细分为三，曰汉族，曰图伯特族，曰交趾支那族。

（第一）汉族：东洋史上尤为重要之人种，大抵分布于中国本部。此族似于悠远时代，由西方移住至中国内地，栖息于黄河沿岸，次第繁衍至四方者……

（第三）交趾支那族：自中国西南部，即云南、贵州诸省蔓延至安南、暹罗等地，其后又至印度诸国之大部。此族似远古时占据中国本部，后为汉族渐次驱逐者。周代以前之苗民，唐时的南诏，盖属此族。

1899 年，市村瓒次郎与泷川龟太郎共同编撰了《中国史》，在《总序·人种》中，市村等人写道：

居中国境内之人民，其数大约四亿余，……今举其重者，为苗人种、汉人种、蒙古人种、满洲人种、回回人种五种。苗人种住于云贵山中，有生苗熟苗之别。……此人种为最古老之人种，其初居于扬子江及淮水之间，即困扰汉人种的三苗或有苗。厥后，及至汉人种盛，次第遁蹿南方，遂至栖息于云贵山中。汉人种……太古时自西北方而来，驱逐苗人种于南方后不断在中国内地蔓延。……中国内地人民繁衍之始茫邈不可考。……盖是等人民为苗人种及汉人种。汉人种自西北方来，居于黄河沿岸，苗人种自南方来，栖息于扬子江沿岸。如此经漫长岁月渐次繁衍，遂相互争斗，苗人种被驱逐，仅汉人种蔓延至各地。

综观以上几部刊行于 19 世纪末的历史教科书不难发现，日本学者对我国西南少数民族的关心始于对汉族及中华文明起源的探求。尤为值得注意的是，那珂通世、桑原骘藏、市村瓒次郎等人均认为苗族为黄河以南中国之最古老人种，并将上古之"苗"与苗族紧密关联。尽管这种观点早已被否定，但在明治时期的日本，在这些历史教科书的传播和影响下，"汉族西来说"与"苗族原住说"均被视为是欧洲东方学最先进的成果，在日本民间流传甚广，并通过清末旅居日本的中国知识分子，介绍到中国。

（二）鸟居龙藏的西南少数民族调查

1902 年 7 月，受东京帝国大学派遣，日本著名人类学家鸟居龙藏对我国湖南、贵州、云南、四川的苗族和彝族地区进行了长达七个半月的田野调查。关于此次调查的目的，鸟居龙藏在其旅游日记《从人类学上看中国西南》的开篇即云：

余西南旅行之主要目的是前些年亲往台湾调查生蕃之时，产生彼等生蕃与现今居住于西南之苗族从人类学上或有密切联系之疑问，故欲亲赴实地调查以解此问，其次顺便考察散居于云南、四川各地的彝族。关于台湾生蕃与苗族的相似性，拉克伯里氏也曾在《台湾笔记》中发表过此意见，且通过论述台湾北部山区黥面蕃与中国苗族之关系，最后明确指出两族之间的一致性。对此意见，余亦窃为首肯。然两者间并非毫无疑点，这也有赖实地调查后方能做出正确判断。这亦使余苗族探险之念愈加强烈，决心前往调查以解决人类学上饶有兴味之问题，再者亦想检验拉克伯里氏之学说。

鸟居龙藏的调查内容主要包括三方面：一是对诸民族的体质观察和体质测量；二是对诸民族的语言文化调查；三是关于考古方面的调查。所到之处，鸟居都做了详细记载，并用当时先进的干板相机沿途拍摄了 400 余张照片，收集了不少当地的民族服饰、乐器、生活用具等文物。

1903 年 3 月，鸟居龙藏回到日本，先后发表了《清国云南彝族调查》《关于苗族与彝族》《人种学上调查报告（清国西南部）》《清国西南部人类学上的调查报告》《关于中国南方的蛮族》《磨些种族及其文字》《马可波罗游记中有关彝族的记载》《彝族的文字》《清国四川省的蛮子洞》《关于我所带回的一面铜鼓》《苗族之笙》《苗族现今的生存状态》《巴伯氏关于彝族论文中的一节》《彝族的神话》《关于苗族的纹样》《彝族种族的体质》《中国西部的彝族及其他种族》《贵州云南的苗族》《中国南蛮没有弓箭吗》《从人类学上看中国南方》等 20 余篇论文。这些论文主要收录于《鸟居龙藏全集》第十卷和第十一卷，而 1907 年出版的《苗族调查报告》更堪称人类学历史上的经典之作。

《苗族调查报告》共分十章：第一章介绍了考察的具体路线和日程；第二章介绍了有关苗族研究的日文、英文和汉文文献；第三章介绍了苗族的名称及其地理分布与神话；第四章从身体观察和身体测量两个方面记述了苗族的体质状况；第五章介绍了苗族的语言，对在各地收集到的苗语词汇进行了分类整理，着重介绍了苗族语和布依语；第六章介绍了苗族的土俗及土司；第七章介绍了苗族的纹样；第八章介绍了苗族的芦笙；第九章介绍了苗族的铜鼓；第十章为结论章。其中，第二章的参考文献、第四章的体质数据和第五章的苗语词汇，为研究苗族、了解苗族当时的体质特点和苗语词汇的历史变迁提供了极其珍贵的一手资料和重要线索。然而，对于此次西南少数民族调查的主要目的——探索苗族与台湾高山族之间的关系，鸟居在结论部分未能给予明确回答，不过却指出了苗族与中南半岛诸民族的相似性。

除以上研究成果外，鸟居龙藏还应《时事新报》之约在报纸上连载了中国西南旅行日记，1926 年以《人類学上より見たる西南支那》（《从人类学上看中国西南》）为题由东京富山房出版。在旅游日记中，鸟居以其优雅的拟古笔调，对各种历史文献和研究材料的旁征博引，对调查地细致敏锐的观察以及对中日文化关联所进行的联想和比较，使该游记读起来妙趣横生，具有独特的魅力，与特命驻俄全权公使榎本武扬的《西伯利亚日记》一起，被称作日本人类学史上的两大旅游日记。

作为中国西南民族学调查的开创者，鸟居对西南地区民族内部多样性的认识，对民族传统文化变迁所进行的记录与考察，为日后的民族学者提供了诸多启示。而他在调查中所使用的从文献分析入手、多点式调查的研究方法也被认为"基本合乎中国国情，对中国民族学或许有筚路蓝缕之功"。

（三）山田邦彦、米内山庸夫等的西南实地调查

1902 年前后，日本对我国西南地区的调查似乎达到一个小高潮。派遣机构的调查目的各有侧重，回国后整理出版了不少的调查报告、研究论文或旅游日记（详见表 2）。

考察时间	姓　名	目的地	著作名	出版时间
1876 年	竹添进一郎	川陕等地	栈云峡雨日记	1879 年
1899—1902 年	河口慧海	尼泊尔、西藏	西藏旅行记	1904 年
1902 年	鸟居龙藏	西南苗族彝族地区	苗族调查报告	1907 年
			从人类学看中国西南	1926 年
1902 年	伊东忠太	云南、四川等地	中国建筑史	1931 年
1902 年	山田邦彦	云南、四川等地	扬子江上游地方调查日志	1936 年
1902 年	第一次大谷探险队	中亚、中国西南	不明	不明
1902—1905 年	神田正雄	四川	四川省综览	1936 年
1905 年	山川早水	四川、重庆等地	巴蜀	1909 年
1906—1909 年	中野孤山	四川、重庆等地	横跨中国大陆——游蜀杂俎	1913 年
1910 年	米内山庸夫	云南、四川	云南四川踏查记	1940 年

表 2：晚清时期前来我国西南考察的日本人

与鸟居龙藏几乎同时来到西南开展调查的有伊东忠太、山田邦彦和大谷光瑞，以及第一次探险队的四名队员前田德水、茂野纯一、野村礼让和渡边哲乘。伊东忠太为日本著名建筑学家、东京大学名誉教授，为了探索日本建筑的源流，1902 年至 1903 年间来到中国西南进行实地调查，途中与日本净土真宗本愿寺派第 22 代法主大谷光瑞派遣的第一次"大谷探险队"相遇。

山田邦彦是京都帝国大学教授，奉日本外务省之命赴中国四川、云南、贵州调查地质矿产，回国后将调查记录整理为《扬子江上游地方调查日志》，于 1936 年由东京地学协会正式出版。除调查日志外，书中还附有 42 张图片以及"扬子江上游地方旅行线路图"。

米内山庸夫曾于民国时期担任日本驻杭总领事，作为一位精通汉语、深谙中国文化的职业外交官，米内山庸夫的考察足迹可谓遍及大半个中国。1910 年7 月，尚在"东亚同文书院"就读的米内山庸夫，在学校"大旅行调查"计划的安排下，与另外五名同学组成"云南四川调查班"，于 1910 年 7 月至 11 月对中国的云南、四川进行了调查。

回国后，米内山庸夫撰写了《云南四川踏查记》。该书由两部分构成：第一部分为纪行篇，记录了作者游历山水名胜、历史遗迹时的见闻及感怀；第二部分为调查篇，详细记录了云南、四川一带的地形、气候以及交通情况。全书图文并茂，内容丰富。此外，米内山庸夫还著有《蒙古风土记》《中国风土记》《日中之将来》《蒙古草原》《中国的现实与理想》《蒙古及蒙古人》《中国与蒙古》《近年来苏联与中国西北的关系》以及《日本与大陆》等。虽然实地调查为日本当局大陆政策服务的主旨昭然若揭，但客观上也为今天了解当时各地的自然条件、社会状况、文化状况提供了珍贵的第一手资料。

三、结　语

笔者简要梳理了晚清时期日本学者对中国西南少数民族地区开展的研究情况，通过介绍不难发现，日本学者对西南少数民族的关心始于对汉族起源以及中华文明之源的探索，起初的研究以文献研究为主。随着日本大陆政策的不断推进，怀抱各种各样想法的日本学者纷至沓来，田野调查与文献考证相结合遂成研究方法之主流。由于研究动机、兴趣点和考察角度的不同，日本学者的调研范围也不尽相同，从地理环境、物质矿产到经济社会、民族民俗等无不涉及，且都记录详尽、描写细致。可以说，研究、译介晚清时期日本学者的研究成果，不仅可以弥补我国晚清民初时期社会调查之不足，更为今天的研究人员提供了重要的田野材料和新颖的研究视角。并且，资料价值有待进一步深入发掘。

参考文献：

［1］田畑久夫. 民族学者鳥居竜蔵—アジア調査の軌跡［M］. 東京：古今書院，1997.

［2］那珂通世. 支那通史［M］. 東京：中央堂，1890.

［3］桑原騭蔵. 中等东洋史［M］. 東京：大日本図書，1898.

［4］市村瓚次郎，滝川亀太郎. 支那史［M］. 東京：吉川半七，1899.

［5］鳥居竜蔵. 中国の少数民族地帯をゆく［M］. 東京：朝日新聞社，1980.

［6］鳥居竜蔵. 苗族調査報告［M］. 東京：東京帝国大学理学部，1907.

［7］中薗英助. 鳥居龍蔵伝［M］. 東京：岩波書店，2005.

［8］吕思勉. 中国民族史［M］. 上海：世界书局，1934.

［9］吉开将人. 民族起源学说在 20 世纪中国［J］. 复旦大学学报，2012 (5)：36—46.

［10］胡鸿保，张丽梅. 20 世纪早期外国民族学家在华调查对中国民族学建设的影响［J］. 西南民族大学学报，2008 (12)：42－45.

对日本《个人信息保护法》形成过程的考察

池建新　许蓓蓓

一、导　言

近年来，随着我国高容量光纤通信的普及，智能手机、网络检索、网络社交媒体等信息处理软、硬件的功能变得日益强大。但是，社会信息化发展给我们的生活带来了前所未有的便利的同时，也给社会带来了各种负面的影响，甚至践踏人们尊严的情况也日益凸显出来。例如，个人信息被不正当收集，被不合理或不正确地被公开，或被非法篡改，甚至被滥用等。国内违法买卖个人信息也成为"新兴行业"，这足以说明个人信息受到非法侵犯的情况呈现出日益严重的态势。由国务院信息办委托中国社会科学院法学研究所起草的《个人信息保护法》（专家建议稿）虽于 2005 年已完成并提交，但至今个人信息保护法仍未进入正式的立法程序。这说明，在我国进行个人信息保护的立法还需要一个国民认知和政策运行的准备过程。而我国的邻国日本却能够率先紧密结合社会信息化发展的时代要求，及时、迅速地建立起个人信息保护的法制体系，保证了信息社会的稳健、和谐发展。本文试图通过对邻国日本《个人信息保护法》形成的过程进行详细的跟踪研究与考察，希望能为我国的个人信息安全保护政策的制定和实施提供一些借鉴与参考作用，以促进正确认识我国目前个人信息保护制度建设所处的阶段和个人信息保护的未来发展方向。

一、日本个人信息保护的早期意识

（一）政府办公自动化的影响

日本政府早在 1959 年 3 月就开始在中央一级的政府机关推行使用计算机办公。因为计算机的应用可以极大地提高办公效率，随后地方政府也开始积极响应——1960 年，大阪市政府率先开始推广办公计算机的使用；1963 年，东京都、神奈川县政府开始普及计算机；到了 1970 年，当时的日本行政管理厅开始讨论为方便公共事务的管理，计划用计算机对公民进行统一编号处理与个人信息相关的问题。正是政府的这一工作构想让日本国民从那时起就开始普遍感受到有可能出现计算机处理的个人信息会受到侵害的问题。以计算机对公民进行统一编号处理个人信息事件为契机，日本政府和民间人士逐渐注意到计算机便捷地处理各种数据的同时，也存在个人信息被大规模泄漏的风险。1973 年 4 月，时任日本行政管理厅长官的前首相福田纠夫在国会答辩会上讲道："用计算机对公民进行统一的编号进行个人信息处理是全世界大势所趋，日本应该尽快为此取得全民共识。"在这样的背景下，日本政府为推行用计算机对公民进行统一的编号信息处理和消除国民对个人信息泄漏的担心，将行政机关办公计算机的普及所带来的个人信息保护问题正式提上了议事日程。福田纠夫随后转任田中角荣内阁的大藏大臣，新接任行政管理厅长官的保利茂在 1974 年 6 月向日本的行政监理委员会就"随着办公计算机的普及如何建立有效的个人信息保护制度"进行了咨询。此后，政府在每年都会对行政机关计算机处理的个人信息保护情况进行相关的调查，并形成了将调查结果定期向国会进行汇报的制度。

（二）地方政府保护个人信息的具体举措

由于日本地方政府随着计算机办公自动化的发展，比中央机关处理着更多的、贴近民生的个人信息，因此面临的个人信息保护问题也较中央更为迫切，有必要先行制定相应的对策。于是，在个人信息保护制度建设上，日本地方政府比中央先行了一步。1973 年，日本德岛市政府率先制定了地方性的与计算机运营规章及个人信息保护制度相关的《计算机组织运营审议会条例》；1975 年，东京都和国立市也相继制定了类似的《计算机组织运营条例》。在日本地方政府的推动下，日本行政监理委员会经过十多个月的详细评议，于 1975 年 4 月向日本政府正式提交了《关于针对行政机关计算机应用普及所带来的个人信息保护问题应有的制度》中间报告。这份报告日后被日本相关学者和行业专家认为是日本中央政府关于个人信息保护最早的正式调查报告。这份报告虽然无法和原西德黑森州 1970 年制定的世界上第一部地方性《个人信息保护法》及 1973 年瑞典制定的世界第一部国家层次的个人信息保护法律——《个人数据保护法》相提并论，但这也足以说明日本政府意识到个人信息保护问题的时间远早于亚洲各国，而且当初并没有参考欧美发达国家的经验进行制度移植的意识。况且，那时也不存在可供日本在个人信息保护方面学习和参考的目标国家。

回头来看这份《关于针对行政机关计算机应用普及所带来的个人信息保护问题应有的制度》中间报告，其内容对很多的概念界定和一些条款规定并不十分明确，报告的最后部分提请政府在今后要持续关注和进行研讨这一问题。该报告难能可贵的地方是，在当时明确地提出了有必要建立制度对政府计算机处理用的个人信息进行维护和安全管理。日本政府虽然当时无法立刻以立法的形式对个人信息进行有效的管理，但通过该报告表明了政府对行政机关个人信息保护的基本原则是：建立基本制度来加强管理和督促行政机关自律并行。日本政府在此行政监理委员会中间报告的基础上，于1976年1月召开的事务次官会议上正式制定了《计算机处理数据保护管理准则》，用此规定来具体强化计算机数据的管理和个人信息的安全。日本各级部门随后都根据该准则制定了适合各自情况和管理的"内部章程"。

二、国际个人信息保护法制化对日本的影响

（一）"OECD 八原则"对日本的影响

如前文所述，原西德黑森州1970年制定了世界上第一部地区性的《个人信息保护法》。同年，美国政府制定了《公证信用报告法》；1973年，瑞典制定了《个人数据保护法》；1974年，美国政府又制定了《隐私权法》；1977年，原西德制定了《联邦数据保护法》；1978年，法国制定了《数据保护法》；1979年丹麦、挪威、澳大利亚、卢森堡等都相继制定了《数据保护法》。发达国家相继围绕本国国情制定了个人信息保护法，当时不由得让人们担心是否会成为全球经济一体化进程中妨碍个人信息自由流动的新制度障碍。

一度担心美国的计算机信息产业会在全球形成垄断态势的欧洲各国，开始出现欲采取政治措施以保护个人信息为由试图遏制美国计算机信息企业在欧洲不可一世的发展势头。在这样的大背景下，世界经济合作与发展组织（OECD）理事会于1980年9月23日颁布了旨在促进个人数据在国际上的顺利流通和个人信息保护的《关于个人信息保护和个人数据跨国流通的指南建议书》，日本政府随即也在保留容许根据本国情况进行个别条款调整的情况下，对该OECD《指南建议书》表示了赞同和认可。该OECD《指南建议书》的附属条款就是国际著名的体现个人信息保护基本原则的"OECD 八原则"，所谓的"OECD 八原则"就是OECD根据当时先行制定了个人信息保护法的美国、西德、法国等国法律中共同的基本规定，修改而成的针对个人信息保护的收集限制、内容正确完整、目的明确、利用受限、安全保护、公开、个人参与、责任等八个方面的基本原则。"OECD 八原则"既考虑到了个人信息保护的必要性，又兼顾到最大限度地保证个人信息在国际上的自由流动。而且OECD《指南建议书》属于在一定程度上具有弹性的指针，所以OECD建议各个成员国尽快商议以此为参照制定符合自己国情的《个人信息保护法》。该"OECD 八原则"作为个人信息保

护的国际性基本准则，对随后，以及直至今日世界各国的个人信息保护政策的制定和立法产生了巨大的影响。1980 年 9 月，欧洲评议会又通过了一部和 OECD《指南建议书》几乎内容相同的《关于个人数据自动处理的个人保护条约》。

受上述欧美各国相继个人信息保护法制化国际大背景的影响，日本政府强烈意识到针对国内快速的信息化发展必须要尽快认真研讨制定本国的个人信息保护政策。1980 年，日本民社党发表了自身的《隐私保护法纲要》；1981 年 1 月，日本行政管理厅成立了以东京大学教授加藤一郎为会长的"日本隐私保护研究会"；1982 年 7 月，该"日本隐私保护研究会"向日本政府提交了《公私部门随个人数据的计算机处理有必要建立新的隐私保护制度》为题的调研报告。该报告虽然没有直接提请日本政府制定《个人信息保护法》，但该报告对日本各级政府机关个人信息保护条例的出台产生了决定性的影响。日本政府于 1981 年 3 月成立的"第二次临时行政调查会"也在"日本隐私保护研究会"报告的基础上，开始探讨日本面临的个人信息保护课题。"第二次临时行政调查会"在 1983 年 3 月提交的最终报告会上，提议在当时作为行政改革四大支柱之一的确保国民信任方面，与信息公开、行政程序合理化、行政监察员制度等措施并列，提出要尊重国民的意向，要在推进行政信息系统建立、把握各国信息保护政策运行的基础上，积极制定包括立法在内的与个人信息保护相关的制度与政策。这份报告最终成为日后日本针对行政机关建立个人信息保护法的直接促成因素。在此报告的基础上，日本政府为了着手制定各级行政部门个人信息保护的基本规章、制度，于 1983 年 6 月召集各部门办公室课长级成员，专门成立了"行政机关信息体系各部门联络会议组"，并进一步于 1984 年 6 月在该会议组的领导下，成立了由各部门课长助理组成的"数据·隐私专门分会组"来具体研讨、建立个人信息保护的具体部门规章、制度。

（二）《行政机关计算机处理的个人信息保护法》的确立

在 1984 年 12 月的日本内阁会议决议案中，再次明确提出政府要努力建设行政机关保护个人信息的制度。日本总务厅据此于 1985 年 7 月又成立了一个以驹泽大学教授林修三（曾任日本原内阁法制局局长）为会长的"行政机关个人信息保护研究会"。该研究会与前期成立的"隐私保护研究会"不同，明确的工作目标是以立法为前提进行具体探讨。随着日本全民个人信息保护意识的不断高涨，日本政府于 1985 年修订了《居民基本登记法》，政府对居民姓名、住址的公开进行了限制。1986 年 3 月，日本社会党向国会提交了《隐私保护基本法草案》和《计算机个人信息处理业务管制法草案》。虽然这两部由在野党提交的立法草案并未获得日本国会的通过，但该立法草案建议就个人信息保护进行管制的范围已经明确从政府行政机关扩展到了民营部门，无形中给执政党施加了一定的压力。

1986 年 6 月，日本临时行政改革推进审议会向政府提议："政府必须制定具体的方针、策略，尽快推进国内的个人信息保护的基本立法"。1986 年 12 月，日本"关于行政机关个人信息保护研究会"向政府提交了《关于行政机关个人信息保护应有措施》的研究报告，指出日本有必要尽快对行政机关计算机处理的个人信息进行立法保护。在这样的背景下，日本内阁会议也在新的《行政改革大纲》中规定要以立法为目的，对行政机关的个人信息保护进行深入详细的研讨。至此，可以说，对行政机关处理的个人信息先行进行立法保护的政策议案，已经取得了日本全民一致的认同。

日本政府随即在"关于行政机关个人信息保护研究会"提交的《关于行政机关个人信息保护应有措施》的基础上，开始了具体的立法工作。并于 1988 年 4 月 28 日正式向日本第 112 届国会会议提交了《行政机关计算机处理的个人信息保护法案》。该《法案》于 1988 年 5 月 13 日正式委托日本众议院内阁委员会审议，并于同年 11 月 18 日获得众议院批准、通过。《行政机关计算机处理的个人信息保护法》进一步在 1988 年 12 月 8 日召开的日本参议院正式会议上获得多数支持并通过，最终于 1988 年 12 月 16 日正式向社会颁布。其间，该《法案》中有关和"OECD 八原则"相互呼应的"有关目的规定的个人信息保护明文化、个人信息控制权的认定、应用特例的缩减、修正规则"等具体款项在日本国会经历了长达 33 个小时的激烈辩论。在众参两院内阁委员会讨论的有关附属决议中，还涉及了非计算机处理的个人信息、敏感信息、信息收集管制、特殊法人的个人信息，教育医疗机构所涉及的个人信息等广范围的个人信息保护问题。

（三）《行政机关计算机处理的个人信息保护法》的适用

日本之所以先行制定了针对政府行政机关的《行政机关计算机处理的个人信息保护法》，这并非是日本政府忽视了民营部门的个人信息保护问题，其原因主要是受日本第二次临时行政改革调查委员会报告的影响。因为，当时恢复日本国民对各级政府部门的信心是政府工作的重点。制定针对民营部门的个人信息保护法还必须考虑信息保护和自由经营权之间的平衡问题。所以，政府在《行政机关计算机处理的个人信息保护法》的附加决议中指出，政府有必要根据日本国内的社会实情，加快包括民营部门在内的个人信息保护立法。在该项决议的指导下，日本各级政府部门针对所辖范围的情况，开始以行业自律为原则制定针对各民营部门的个人信息保护方针。作为《个人信息保护法》的过渡，日本的《行政机关计算机处理的个人信息保护法》于 1989 年 10 月 1 日起部分实施，于 1990 年 10 月 1 日全面实施。该法附加决议中还明确规定："鉴于日本社会仍处于日新月异的高度信息化发展之中，民众对个人信息的认识，政府机关持有个人信息的内容、方式可能会随时代的变化而发生变化，政府有必要五年内对该法案进行必要的修正和改进。"而在之后的实施过程中，日本政府仅对《行政机关计算机处理的个人信息保护法》中对需要保护的个人信息认定范围进行过扩大修订。

与此同时，1990 年欧盟（EU）提出了个人信息保护提案。1995 年 10 月，欧盟制定并颁布了《关于个人数据处理的保护及保障个人数据自由移动的欧洲议会及理事会指令》（以下简称《指令》）。该《指令》具体由 25 条规章组成，内容要求加盟成员国家在传输个人信息时，被传输目的地国家必须具备与欧盟同等水平的个人信息保护法制基础，否则禁止进行个人信息的传输与交流；并要求所有欧盟国家在三年以内制定相关的法律、制度来贯彻执行该指令。欧盟的这一《关于个人数据处理的保护及保障个人数据自由移动的欧洲议会及理事会指令》随后对世界各国的个人信息保护产生了巨大的影响，在某种程度上为促进个人信息保护政策的国际标准化发挥了巨大的作用。英国在 1998 年、德国在 2001 年、法国在 2003 年……分别根据欧盟《指令》的要求制定或修改完善了本国的《个人信息保护法》。日本政府根据当时的国内外情势，认为日本也有必要和义务根据欧盟《指令》来完善本国的个人信息保护制度。

三、日本《个人信息保护法》的形成

（一）《个人信息保护法》的立法前期作业

1997 年年初，日本通商产业省颁布了《关于民营部门计算机处理个人信息保护指南》。1997 年 5 月，日本内阁会议制定了《为经济结构改革和创新的行动计划》，该计划探讨了当时为电子商务的发展所需制定相应的制度保障课题，提出要在 2001 年前完成必要的制度保障。1998 年 4 月，日本财团法人——情报处理开发协会和数据通信协会分别设定了"个人隐私保护标记"和"个人信息保护标记"的认证制度。1998 年 12 月，日本邮政省发布了《关于电信业的个人信息保护指南》。20 世纪 90 年代，日本政府意识到信息产业的重要性后，为尽早实现社会信息化的大发展，先后出台了各种促进政策措施。日本内阁设置了以时任首相村山富士为"本部长"的"高度信息通信社会推进本部"，作为国家进行信息化建设和促进信息产业发展的领导小组。"高度信息通信社会推进本

部"下属的"电子商务分部"于 1996 年 6 月发布了《日本推进电子商务的应对策略》。1998 年 11 月，"高度信息通信社会推进本部"提出了《推进高度信息通信社会发展的基本方针》，方针指出作为大力推进电子商务发展的一环，日本政府在个人信息保护方面要继续加强监管民间自律的同时，有必要进行相关的立法管制。一系列动向表明，日本政府已经开始酝酿建立国家层次的个人信息保护基本大法了。

日本政府在 1999 年 4 月提出的《国家行动纲领》中规定：要在"高度信息通信社会推进本部"下增设"个人信息保护分会"。同年 7 月，日本成立了以中央大学教授堀部政男为会长的"个人信息保护分会"。该"个人信息保护分会"明确的工作目标就是研讨、拟定日本全面的《个人信息保护法》。"个人信息保护分会"曾以中间报告的形式提请政府尽快成立从专业立法角度出发的个人信息保护法制建设机构。于是，日本政府于 2000 年 1 月在"高度信息通信社会推进本部"内成立了以立命馆大学研究生院客座教授园部逸夫（曾任日本高等法院法官）为委员长的"个人信息保护法制化专门委员会"。该委员会于 2000 年 6 月制定完成了《关于个人信息保护基本法大纲》，并正式公开征求公众意见。同年 10 月，《关于个人信息保护基本法大纲》正式提交于内阁总理大臣。日本 IT 战略本部决定在此大纲的基础上，补充完成具体内容并提交下届国会会议审议，以尽快完成个人信息保护的全面立法。

（二）《个人信息保护法》立法的中期国会审议

2001 年 3 月 27 日，《日本个人信息保护法（草案）》正式提交日本第 151 届国会会议审议。该法案第 11 条规定政府有义务针对行政机关、独立行政法人、特殊法人等公共部门制定专门的个人信息保护法规或政策，并且附加条款还规定这些法规必须在本法实施开始后的一年之内完成。这与 1989 年 10 月 1 日实施的《行政机关计算机处理的个人信息保护法》第 27 条规定（日本政府要尽力采取措施确保行政机关、独立行政法人、特殊法人等公共部门制定专门的个人信息保护法规……）有较大的冲突。最后，该法案引发的争议导致在第 152、153 届临时国会上的审议未能顺利通过。日本总务省为了配合该法案的早日成立，于 2001 年 4 月 6 日又专门成立了由总务大臣领头的"行政机关等个人信息保护法制研究会"。该研究会于 2001 年 4 月 18 日召开了由学者专家、企业界代表、政府代表组成参加的专门听证会，并于同年 7 月 27 日完成中期报告，进行公开的意见征求。"行政机关等个人信息保护法制研究会"最终经过长达 11 次会议商讨的结果，于 2001 年 10 月 26 日正式提交了《关于补充强化行政机关持有个人信息保护的报告》。该报告提议具体对《行政机关计算机处理的个人信息保护法》有必要在以下四个方面进行改进。

1. 根据《个人信息保护法草案》的要求，结合行政机关的特点对具体规定进行细化；

2. 对有关行政机关个人信息登记义务方面与《个人信息保护法草案》规定不符的地方进行修订和调整；

3. 扩大行政机关持有信息的公开范围，增加行政手续办理的透明度；

4. 充分考虑独立行政法人、特殊法人、认可法人与一般行政机关的差别，要求独立行政法人、特殊法人、认可法人自律的同时还要按照对行政机关的同等要求制定相应的个人信息保护规章制度。

日本政府根据此报告的提议，分别修改和制定了《关于行政机关持有的个人信息保护法》《关于独立行政法人等持有的个人信息保护法》《信息公开及个人信息保护审查会成立法》《关于实施个人信息保护法相关的法制配套法》四部法律。最后，相关部门将这四部法律连同前期提交过的《个人信息保护法》捆绑作为重要广泛议案向 2002 年 3 月 15 日召开的第 154 届国会会议提出审议，并于 4 月 25、26 日在众议院的正式会议上进行了专门的解释与说明。众议院内阁委员会就此对五部法律案进行了包括由参事现场答疑在内的 7 次会议审议。审议的焦点主要集中在《个人信息保护法》与正在实施的居民基本登记网络体系的关系，各部法律案的社会评价，《个人信息保护法》与《关于行政机关持有的个人信息保护法》间的关系，各部门通过不同法律进行治理的合理性，由中央大臣进行制度监督的可行性与合理性，个人信息保护与新闻报道自由的关系，是否仍有必要坚持旧法律对个人信息采集的相关规定，个人信息目的外使用的条件，对行政机关工作人员是否需要明确的罚则，日本防卫省是否适用该法等方面。众议院最后决定对这五部法律的审议延期至 7 月 31 日的临时国会会议。联合执政的三党为了能够让法案得以顺利通过，试图在国会休会期间进一步对五部法律被质疑的条款进行修订。由于未能及时完成预定的修订工作，关联五法案在 7 月 31 日召开的第 155 届国会临时会议上还是未能获得通过。

（三）日本《个人信息保护法》的正式成立

经过前述一波三折的曲折过程，2002 年 12 月 6 日联合执政的三党国会对策委员长通过会谈一致同意进一步对这五部法律进行修订，并决定在下一届国会会议上再度提请审议。执政党主要针对《个人信息保护法》中的个人信息保护与言论报道自由的关系方面，对《关于行政机关持有的个人信息保护法》等根据行政机关的信息化实际情况，以确保国民对政府的信赖为原则进行了具体的修订。重新修订后的五法在 2003 年 3 月 7 日再次向日本第 156 届国会会议提出

审议请求。在这次的国会会议上，在野党也联合提交了对除《个人信息保护法》
之外的其他四部法律的修订案请求审议。这次在众议院成立的个人信息保护委
员会的反复审议、听证、辩论之后，联合执政的三党提交的五部法案在众议院
个人信息保护委员会获得通过，而在野党提出的四部修订案则均遭到否决。同
年5月6日，五部法案在众议院的正式会议上获得通过，并转送参议院审议。
日本参议院为审议这些法案还成立了专门的"个人信息保护法特别委员会"，该
委员会对法案的个别条款提出了具体的修改要求。在一系列的协商、妥协下，
于5月9日召开的参议院正式会议上对五法案进行审议，又经过听证、说明、
辩论等程序，《个人信息保护法》等五法案在参议院获得通过，并于5月30日
正式对外公布。至此，如下图所示的日本全方位个人信息保护的法律体系得以
正式确立。

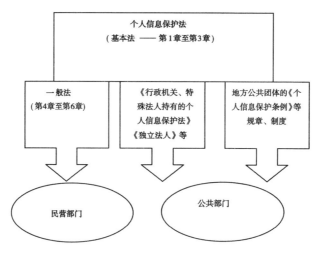

日本个人信息保护法体系

2004年4月2日，日本内阁会议根据新颁布的《个人信息保护法》第7条
第1项的规定，制定发表了日本《关于个人信息保护的基本方针》。该基本方针
规定日本总务省有权依据《个人信息保护法》为各级行政机关等制定信息保护
行动指南，各级行政机关、特殊法人等要根据自身的实际情况依据行动指南的
指导制定具体的规章制度。根据《关于个人信息保护的基本方针》，日本总务省
于2004年9月14日颁布了《关于为确保行政机关对所持个人信息进行适当保
护的措施指南》及《关于为确保独立行政法人等对所持个人信息进行适当保护
的措施指南》。

五、结　语

日本《个人信息保护法》的全面实施已经进行了十多年的时间，其教训和经验非常值得我们进一步的关注与跟踪研究。作为本论文的结语，单从国际比较的视角来看个人信息安全保护的立法管制模式，美国主要是从保证信息流动的角度出发，分别为政府和民间部门制定了一系列的政策、法规，属于典型的"分治式"管理；以英、德两国为代表的欧洲是从保障个人权利的角度出发，制定了政府和民间部门通用的一系列政策、法规，是典型的"集锦式"管理；而日本的《个人信息保护法》其内容具有由基本法（第1章至第3章）和一般法（第4章至第6章）两部分构成的特征，这种结构形式的法律在日本并不常见。日本《个人信息保护法》的基本法部分是采用的欧洲"集锦式"管理，而一般法的部分又具备美国"分治式"管理的特征。所以，国内外都有学者认为日本的《个人信息保护法》是欧美的折中。但从立法理念上看，欧洲采用的是事项变更必须提前申报备案的事前管制方式，而日本政府则认为在计算机已经相当普及的今天要求事前申报备案登记的做法并不现实，无疑会影响正常的经济活动并增加个人信息安全管理的成本。日本采取的是重视投诉的事后救济和行业自律的美国理念。

通过基本立法并建立与之配套的制度、政策体系，进行针对个人信息的保护，已经成为世界主要国家和多个国际组织保证个人信息正常流通和安全管理的国际趋势。日本的《个人信息保护法》规定根据团体、组织的性质，分别适用不同的法律关系，不能不说其制定得相当细密。在近代的立法治国方面，日本从明治维新以来，可以说是在世界范围内"自律"和"他律"两方面执行能力都超强的国家。这是我国目前的社会环境和法制水平所一时无法比拟的。从本文所述日本《个人信息保护法》成立进程中的迂回曲折也可见，在目前我国国民普遍个人信息安全意识淡薄、信息安全技能低下的背景下，国家制定有效的政策、法律来保护个人信息合法权利的任务依然艰巨。

参考文献：

［1］堀部政男. プライバシー・個人情報保護の国際的整合性［M］. 東京：商事法務，2010.

［2］総務庁行政管理局. 行政機関における個人情報保護対策—情報化社会への対応［M］. 東京：ぎょうせい，1987.

［3］渡部喬一. 個人情報保護法のしくみと実務対策［M］. 大阪：日本実

業出版社，2010.

　　[4] 田島泰彦. 個人情報保護法と人権［M］. 東京：明石書店，2012.

　　[5] 松林博己. 个人情报保护法的全面施行［J］. 会社と監査，1990
(11).

　　[6] 宇賀克也. 个人情报保护法的逐条解说（第2版）［M］. 东京：株式
会社成文堂，2000.

　　[7] 三宅弘，小野谷育子. 个人情报保护法［M］. 东京：青林书
院，2003.

　　[8] 吕艳滨. 日本隐私权保障的研究与启示［J］. 广西政法管理干部学院
学报，2005（4）.

　　[9] 齐爱民. 拯救信息社会中的人格——个人信息保护法总论［M］. 北
京：北京大学出版社，2009.

　　[10] 周汉华. 个人信息立法前沿问题研究［M］. 北京：法律出版
社，2006.

　　[11] 周汉华. 中华人民共和国个人信息保护法（专家建议稿）及立法研
究报告［R］. 北京：法律出版社，2006.

　　[12] 周健. 美国隐私权法与公民个人信息保护［J］. 情报科学，2001
(6).

文史互动与日本文学教育的关系

汪徐莹 王 芳

一、导 言

"日本文学"作为一门学科，即便在日语已成为仅次于英语的第二大外语语种的今天，官方公布的"学科分类与代码"中，也仅是"东方文学"覆盖的一个下位学科，在"辈分"上低俄、英、法、德、意、美诸国文学一级。诚如学者考证，中日关系的阴晴冷暖极大地左右了中国日本文学教育的孕育期。日本文学教育的孕育期虽然先天不足，后天发展仍未能避开遭受"经热"抑或"政冷"的影响。时代语境下的中日关系的变动之于日语学习者的影响呈现为：学生只知学，不知为何而学。一旦出现任何风吹草动的"政冷"现象，便惶惶不安，不知未来几何。而较之"无用"的日本文学课程，实用性的课程更受学生青睐。日本文学教育在高校学术生态中日渐式微。由此，笔者不禁要问："日本文学"作为隶属于东方文学一级学科之中、最能投影现实层面关系的二级学科，其本身为何？又能何为？此为本学科不可回避的核心问题。而以日语为课堂用语的"教学"双方，同时无法回避的问题是以"中国思维"为根底，惯性地用"他者"的视线来进入"日本文学"而不自觉。再者，以何种方式进入"日本文学"亦是重中之重。可以说，这些均为日本文学教育中必须直面的课题。

二、日本文学教育之困境

首先，我们不妨回到外国文学进入中国高等教育体制之初，来思考外国文学课程设置的初衷。1898 年，清政府制定《京师大学堂章程》。其仿日本例定大学的分科门目中，文学科目有七种，分别为经学、史学、理学、诸子学、掌故学、词章学和外国语言文字学。外国文亦由外国教习授。在《京师大学堂章程细则》（1898 年）"聘用教习"一节中，对教授外国文的教员做如下安排："仍照向例用英法俄德日本五国文教授，聘用外国教习五员。"并且，"各外国教习之外，仍须用中人通西学并各国语言文字者为副教习"。应当注意到，外国语言文字学最初设置的是以"外国教习授为主，中人副教习为辅"的一种教学格局。现再将视线转向另一边。1935 年，吴宓先生刊登于《清华周刊》的《外国语文学系概况》一文中提到，"盖非语言文字深具根底，何能通解文学而不陷于浮光掠影？又非文学富于涵泳，则职为舌人亦粗俚而难达意，身任教员常空疏而乏教材。故本系编订课程，于语言及文学，二者并重"。可见，外国语文学系在最初的课程设置阶段就定下了"语言文字"与"文学"并重的二原则。发展至今，外国语的语言本位教育与文学的辅助性教育形成了先入为主式的"外语＋文学修养"这一教学模式，无疑不显出"外国语言文学"本身的逼仄——"文学工具论"及其泛化。应该注意到，这种把文学教育当作外语教育中的点缀，抑或"修养主义"的思考方式，与后天将文学作品、作家作为静止的既成品对待的思维方式紧密相关。加之，大学生过多地依靠网络资源汲取极为断片化的知识，更不要说对待他国文化的构成理论认知的薄弱性，即便是面对本土文化，也缺乏本该具备的系统性素养。

其中，"日本文学"作为一门学科进入中国教育体制最早始于 1903 年，而真正进入课堂环节则在稍后几年。中国教育体制对日本文学教育的态度真可谓迂回前进。

目前，日本文学在研究和教学两大方面并不同步。因地区、高校层次与二级学科构成特征而异，在本科的教学实践中，也产生了一些或轻或重的问题。2010 年，北京大学召开了"中国高校日本文学教学与研究"研讨会，与会者分别从教育目标、教学模式、教材建设等方面展开探讨，以改善日益处于被动局面的日本文学课程。可谓良苦用心。亦使笔者颇受启发。再者，就已出版的教材来看，教学中主要按照日本文学史的脉络，从日本纯文学作品的框架中挑选作品。例如，森鸥外的《舞姬》、夏目漱石的《心》（节选）、芥川龙之介的《罗生门》《蜘蛛之丝》、川端康成的《伊豆舞女》等传统名篇。可以说，以典型作家、典型作品为中心的教材选编不可避免地带上编者自身的眼光。很显然，这种以纯文学为主线的经典作品选择缺乏开放性，也非日本文学的全貌。反而观之，日本文学评论家加藤周一的《日本文学史序说》，正是这样一种在广泛的、以封闭的方式探讨日本文学作品的内部中独一无二的存在。孙歌在其《文学的位置》一书中给予加藤《日本文学史序说》如此评述："从今天日本文学研究的基本状态判断，加藤没有能够力挽狂澜建立开放的日本文学研究是一个基本的事实。但是这并不能改变另一个基本事实，那就是作为经历过战争的一代知识分子中的一位，加藤周一与他的同时代人共有着对于精神封闭状态的警觉。"这一点，恰好契合外国语文学教育课程最初设立的目的：博雅教育的情怀与专精外语的人才。在文学文本的真正开放性这一点上，《序说》无疑给了我们许多启发性的体会。

二、文史互动与日本文学教育的互动互补

如前所述，目前的日本文学课程的教材深受日本"国文学"思路的影响。以学主流作家、主流作品为主，也是原有的"日本文学"教学体系的遗留。就课程本身而言，本科生教学现状不尽如人意之处较多。尤其是高年级开设，则不免较多受到教学实习、求职毕设等事务的冲击。教学内容围绕一大堆罗列的材料，如作者生平介绍、作品梗概、时代背景，等等。学生因为是被动地接受教师的复述，怎样形成自己对文学作品的观点或见解便无从说起。加上教学内容过于单调性（纯文学作品），语言上又偏学术性与概括性，与"活日本"的姿态保持一定的距离等诸多因素，难以激发学生的兴趣。而且，教师的授课往往以学生具备相应日文能力与文化为前提。可事实上，多数的学生是不能做到精通日文能力与文化的。因此，与其反复阐述"文史互动"／"文本开放性"的重要性，不如以"文史互动"为理念，"问题意识"为方法在日本文学教学课程中的具体实践进行考察分析。

笔者看来，较之于教学方式与知识传播方式的与时俱进，教学理念更应被先行思考。在国内各高校，如何破解附属于"东方文学"的惯性思维，以学科架构体系为建构基础，着重于日本文学课程教学与史学（并非仅仅文学史）互动的"关系性""动态性""开放性"的网状特征的分析，而非僵死的、封闭的"作家作品集锦式"的模式，则亟待关注与调整。以"文史"互动的方式，适当导入中日双边文学交流关系的知识，帮助学生透过中日文学互相"关系"，了解并意识到它是如何投影于现实层面的关系上，亦是给予他们对于中日关系的一种高屋建瓴式认知。这无论是对于学生而言，在接受过程中出现的困惑、抑或是对本专业课程在理解上的冲击，还是对日本文学教育本身建设的方向及可能性而言，均值得检视。温州医科大学的教学实践正好提供了一个考察的切入点。

首先，在日本文学教学当中，文学史具有指南的作用。通过文学史的学习，使学生了解一段时期的文学的框架，以及当时的社会风貌、背景知识。此外，可以把文学史、社会背景知识、文学作品的解读做互文式阅读，以文鉴史，文史互补，甚至可以对文学史的叙述进行质疑。这样，在能发挥学生的主动性这一前提下，使文学史的教学更加立体化。

其次，重视原作的读解。只有主体亲自阅读，才能体会到其中的魅力。并且，应不拘泥于纯文学为主线的日本文学史脉络。同时，通过文学作品来观察"日本"，利用日本人的视角来回视"中国"。这对于学生来说，能够拓宽其知识视野，从狭隘的"哑式"文学阅读领域中解放出来。以高年级日本文学课程中的一部分为例（如图1）。

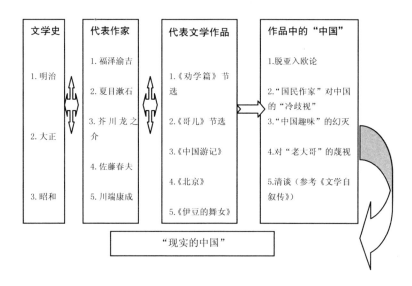

图1

由图1清晰可知，介入日本社会的知识分子眼中的"中国"正在发生着"变貌"。如此，便较容易地使学生对中日正弦波图谱式的交流史有着正确、合理的认知。同时，也使学生对日本文学，尤其是文学关系背后的中日关系形成正确的认识和了解。再次，借鉴 PBL、TBL 课堂教学法，完善日本文学课程的教学内容、实践内容、实现考核评价方式的多样化。此外，课程内容或以问题意识谋局全篇，或以小组协同发表等形式，来呈现（如图2）。

	PBL（问题中心）	TBL（课题中心）	授课内容
课前准备（前作业）	第一周（例）查阅指定文学用语，如明治维新、自由民权运动、脱亚入欧等	第二周（例）1. 小组承担查阅内容：二叶亭四迷生平、《小说总论》2. 阅读《浮云》指定篇章等	PBL：文学思潮、文学用语TBL：代表作家、代表作品
课堂教学（本作业）	查阅近代文学家黎明期、福泽渝吉生平	二叶亭四迷生平、《浮云》鉴赏	1. PBL：文学既定概念的设问；2. TBL：教师精讲→分组发表
教学形式	问题中心：1. 以中国为镜，日本的近代化进程（尤其是"脱亚入欧"口号）是否合理？2. 日本的"欧化主义"是否值得被无条件推崇？3. 欧洲（先进）VS 亚洲（落后）？4. 欧洲的价值观具有普世价值？（以此形式来引导学生思考日本近代的优劣处）	课题中心：小组内讨论《浮云》章节（课后），代表发言（课上）→教师评点、指导→课堂作业（组间互评）→课后作业（组内互评，独立撰写感想文等）	参考阅读的书目：1. 加藤周一《日本文学史序说》；2. 沟口雄三《作为方法的中国》；3. 与那霸润《中国化的日本——日中文明"冲突"千年史》

图 2

由图 2 可知，PBL、TBL 根据授课内容及其难易程度、授课对象的不同，而采取不同的方式。PBL 教学法主要用于对文学用语、概念，通过步步设问的方式来引导学生对既定概念的重新思考，进而培养他们质疑、批判的思维。TBL 则根据组间分工来实现全体学生对所学内容的消化、吸收等目的。教师则通过小组发言来判断学生对教学内容的掌握程度等。考试并不是考核方式的主要手段。学生间的合作发表 PPT、小论文，对他人发表的评述，以及多媒体等多种方式都被给予了相应的认可。此外，电影、电视等"亚文化"与文学一样，已经成为主要的文化消费形式。因此，在文学研究和教学中，应注重与电影、电视等形式的交叉分析。由此，让学生做到"知其然，知其所以然"。总之，文史互动实现了课程的无缝对接，增强了我校日语学习者的学习效果，并在学习中形成正迁移，促进其他知识技能的学习。通过积极、多元的探讨与交流，做好课程的过渡与衔接，把学生的日语文学素养与实践教学结合起来，从而使学生们具备学科上的高屋建瓴式的视野。作为教学实践的尝试，伴随着"文史互动"意识导入的过程中所带来的变化与暴露的问题，均是值得我们深思日本文学课程改革的关键问题。

三、日本文学教育之"何为"与知识生产

整体而言，在课堂上通过对"文史互动"意识的适当导入之后，为教师自身及学生的知识架构、问题意识与思维方式等都带来了一些改变。以《序说》为参照，关于日本文学的特征、每个思想转换期背后的社会风貌的形成，呈现出一个历史的过程，其间牵涉到日本经典文学定着化、思想史的形成等重要问题。对于高年级课程而言，教师不可能、也无法利用一二个学期让学生完全通晓从古至今的日本文学全貌。陈思和先生在《比较文学的课程设置探讨》中指出："比较文学概论之类的课程，作为一种本科生的引导性课程是可以的，但最多也是引引路，如果把一本概论或者原理当作比较文学本身，学生死记硬背来应付考研，基础倒没有打好，反而会把这门学科的基本素质降低了。"陈先生的论述范围与本文旨趣虽实有不同，笔者亦赞同以本科生的引导性课程面世的日本文学课程这一姿态。基于此，教师对于文学作品的选读，即认为什么是好的作品，希望什么样的作品成为日本文学作品的代表，进而进入文学史，则意味着对作品的评鉴。教师的立场可能会对学生形成暗示，产成潜移默化的影响。经典作品在课上被讲述，也被收入图书馆中，为更广的受众阅读。教材本身也保证了这些作品的地位。学生对这些选读的作品逐渐熟悉，它们所代表的东西，如"物哀""幽玄""涩""雅"等审美意识，也逐渐成为评鉴日本文学作品无法绕开的标准。它们也更易激发教学双方的问题意识——文学课程教育的重心由对代表性作家、作品、流派等封闭性知识点的掌握，转移到对这些文学理念、文学作品生产背后隐含的关系结构的分析、探寻。伴随重心的转移，对文学作品的评述则更具客观性，而非自说自话。关键在于借助这门课，训练学生能够具用一种综合性的、打破一元化、封闭性的求学思维。"文史互动"对于日本文学教育的"补充"，部分地改变了长期以来的"介绍性"教学模式，在整个东亚思想史的视角和教学训练中，有可能培养起学生对"问题"的意识。学生们能够主动去追问现象背后的问题；跨学科意识普遍增强；从学期报告时的选题来看，视角愈加独特、开阔。更有甚者，个别同学主动申请校学生课题"近代

浙籍赴日知识群体的东游记之研究"等。"授人以鱼,不若授人以渔。"这种努力的成因虽然不能完全归因于日本文学教育课程,但这种思维方式养成的重要性却是可被感知的。从中日文学交流史的角度来学习日本文学课程,既可以突出日本近代文学与中国文学的关系,也可以激发学生的学习兴趣。而且,将日本文学置于广阔的文化背景中去讲授,可以避免给学生造成"只见树木,不见森林"之感。

当然,所谓"教学相长",教育制度、教材一方面作用于被教育者,另一方面也不断规训着教育者本身的课堂教学乃至个人思想的形成与变动。教育行为对教师思想的修正,集中显现在教师关于教学建设与批评实践之中。对于日本文学课程教材,在寻找合适的既有教材的同时,教师应在现有教材中,加入自己的研究成果,并不断将其形成体系,努力形成满足自身专业需要的新教材。这样,便于教学安排上的统筹和教学内容的系统性和连贯性,强化学科新认识,切实用动态性的"文史互动"的思维来看待日本文学的教学科研问题。同时,在课堂经验中,教师应关注现时与历史,思考、探索日本文学教育的历史发展,逐步积累资料与意见,形成自己教学的风格、角度,甚至理论体系。当然,教师在教学中的主导地位决定了教师自身需要调整原有知识结构,追踪学术态势,了解"参照系",做到"与时俱进"。伴随着学生对网络信息吸收能力的增进,教师自身需要开阔世界性的视野,而非过度阐释作品本身的涵意。

四、结 语

在日本教学课程的文学实践中,对于文学的历史叙述的重视:一来便于梳理文学的起源传承;二来以他者视角为参照来观察本国文学的演变及其趋势,激发问题意识,反倒形成了一种文学性的动态性思维。教师对于文学上的发生与进行,应给出颇为立体化的解释。同时,也要将传统的因素、异域的影响都纳入其中。在这个框架下,学生理应对日本文学的发生与变迁有一个更为立体的理解。否则,"外国语学院"越来越像语言技能补习班、留学培训基地或投机考取其他学科研究生的跳板。在此,不妨思考一下李小均先生的担忧:如果没有了高远的目标,如果丧失了博雅教育的胸怀,只把文学当成外语教育中的点缀,外国语学院"斯文扫地"的那一天,或许已不遥远。

参考文献:

[1] 王升远. 越界与位相:"日本文学"在近代中国的境遇——兼及中国日本文学教育孕育期相关问题的探讨 [J]. 上海师范大学学报(哲学社会科学

版》, 2010, 39 (2).

　　[2] 王成. 修养时代的文学阅读——日本近现代文学作品研究 [M]. 北京: 北京大学出版社, 2013.

　　[3] 孙歌. 文学的位置 [M]. 济南: 山东教育出版社, 2009.

　　[4] 加藤周一. 日本文学史序说 [M]. 叶渭渠, 唐月梅, 译: 北京: 外语教学与研究出版社, 2011.

　　[5] 王奕红. 文化素质教育与专业教育——以南京大学引进课程 "表象文化论" 对日本文学教育的影响为例 [J]. 外语教学理论与实践, 2013 (2).

　　[6] 李小均. 从 "外国语文学系" 到 "外国语学院" [J]. 读书, 2008 (9).

日本生态文学及价值趋向分析

佟　姗

一、导　言

生态文学是以生态整体主义为思想基础，以生态系统整体利益为最高价值，以表现自然与人之间的关系、探寻生态危机之社会为核心内容。生态责任、生态理想、生态预警和生态审美是生态文学的突出特点。从王诺先生对生态文学的定义中可以看出，生态危机催生了生态文学，催生了人文与社会科学领域的生态思潮。文学领域的大家意识到生态危机的严重后果，便开始承担起文学家的义务和责任，即用文学作品的形式向人们呼吁停止一切危害生态环境的行动，还人类一个和谐、平静、健康的环境。生态文学产生的内因，即文学自身发展的结果。自古以来，文学作品所要描写的无非就是人类、社会和自然。三者在文学领域是均衡出现的，如果任何一方出现的次数过多或过少，就会出现失衡，进而导致文学的畸形发展。因此，生态文学是文学发展的自身需要，也是制衡人类、社会、自然和谐、均衡、健康发展的需要。

二、生态文学的主要特点

生态文学的兴起和逐步走向繁荣，是人类减轻和防止生态灾难的迫切需要，是文学领域的必然表现。生态文学的主要特征有五点内容。一是生态文学以生态整体主义或生态整体观作为指导考察自然与人的关系。二是生态责任是生态文学的突出特点。三是生态文学是探寻生态危机的社会根源的文学。文化批判是许多生态文学作品的突出特点。四是生态文学是热衷于表达人类与万物和谐相处的理想、预测地球与人类未来的文学。生态理想和生态预警是许多生态文学作品的突出特点。五是生态文学不仅在思想意识方面有自己的特性，而且在审美和艺术表现方面也有独特的、与其他文学不同的标准。

三、生态文学的主要思想

生态文学的主要思想，换言之，即为生态文学的责任或作用或核心作用或文学的文学宗旨。说到生态文学，很多人会想到生态批判，说到生态批评，美国内达华大学教授彻丽尔·格罗特费尔蒂给出的定义是："生态批评是探讨文学与自然环境之关系的批评。"

其实，生态文学也包括弘扬的作品。王诺先生的观点是："生态批评要揭示文学作品所反映出来的生态危机之思想文化根源，同时也要探索文学的生态审美及其艺术表现。"

纵观生态文学作品，大致可以发现有以下几个主题思想：一是批判人类中心主义；二是批判征服、控制自然观；三是批判欲望动力论；四是批判唯发展主义；五是批判科技至上；六是批判消费文化（消费文化作为一种文化现象，是可以存在也是必须存在的）；七是倡导生态整体观。

四、日本生态文学作品

（一）明治维新前——自然写作的开端

日本的第一部诗歌总集《万叶集》中随处可见描写自然的意境，作者通过对自然界万物描写抒发自己的感情。《万叶集》的诗歌表现方法可以归纳为：寄物型、咏物型、叙景型。《万叶集》成书于8世纪中叶，经多人长期编撰，逐渐丰富内容，最后由大伴家持统一成书。万叶初期（629—686年）的代表舒明天皇有这样一首诗歌："暮色小仓山，今宵不闻鹿鸣声。秋夜静入眠。"诗中的小仓山在今天的奈良县樱井市。秋鹿哀鸣、宛若思妻、梦牵魂绕，诗人对山野之夜有一种难以言喻的微妙情绪。又如，舒明天皇之子中大兄皇子有一首表现大海落日的壮美景色。"海涌千碧浪，长云展旌旗。销金熔落日，今宵明月低。"在《万叶集》的第二个时期（690—697年），人麻吕被誉为"歌圣"。他的歌风浑厚凝重，具有极大的悲剧力量。"章台柳青青，婀娜临风春色新。依依恋君心。"春天来临，垂柳轻柔弯曲，随风摇曳。作者的心如柳丝荡漾，他对妻子的感情也如柳丝一样长长久久。第三个时期（708—733年）最为活跃的诗人当属大伴旅人。旅人对汉文化有着浓厚兴趣，尤其喜欢老子和庄子。他的"我园梅花乱飘落，犹如天上流飞雪"模仿了汉诗"梅雪乱残岸，烟霞接早春"（《怀风藻·初春侍宴》）。旅人把梅花之白比喻成飞雪，以表现梅花的圣洁、华丽。第四时期（733—759年）的代表诗人是大伴家持。家持的诗歌表现对人的生存的一种体验，以及对孤独的一种感受。例如，"春野落霞芳草暮，残阳莺啼亦堪悲。"及"吾庐修篁绿几许，向晚清风送幽韵"等句。这些诗歌不仅仅有伤春之情，更有一种对时事的忧愁。

在《万叶集》之后不久，《古今和歌集》出现了。《古今和歌集》可分三个时期。第一个时期（794—842年）的和歌主要是佚名的作品，作品大多表现出对大自然的亲近。例如，"向晚袖口感嫩寒，恐是降雪吉野山。""秋月山边照晴朗，莫非点数秋叶落。"第二个时期（849—890年）的代表歌者有僧正遍昭、文屋康秀等。"此心不染荷叶浊，露珠胜似玉晶莹。"僧正遍昭出家后从自然景物中获得佛教的启迪，认为社会环境应和个性融为一体。文屋康秀一生为官，但仅是微官，一直没有机会升迁。第三个时期（890—945年）较为活跃的作家为纪贯之。他的和歌中不仅有悲叹春秋的自然描写，也有表达积极向上的歌颂生命的描写。"濯我夫君服，一场春雨一场绿，田畴润如酥。"作者看到农妇为夫君晾晒衣服，望着绿油油的田野，感到春天带给人的活力。

11世纪，日本的佛教徒在自然中开悟。例如，鸭长明的随笔集《方丈记》在大自然中找到了社会不能给予的东西，他认为社会在败坏，朝生夕死的规律如同水泡而已。与鸭长明同一时期的隐居诗人西行的诗歌也表达了人生的无常。"露珠滴滴悬蛛网，此乃尘世之饰物。"隐居诗人的行为和作诗风格在17世纪仍然被效仿。松尾芭蕉的纪行书《奥之细道》被誉为日版重要的环境文本。最早支持环境伦理的作家之一被认为是安藤昌益。他在1753年的《自然真营道》中，指出农村饥荒源于人与自然和土地的异常关系。

（二）明治维新期间——生态文学的突现

明治维新前，日本的文学作品中随处可见"花、草、鸟、兽"等自然的描写，或表达人的感情，或表达日本的季节、风俗等。这些文学作品"干净""纯粹"，暖人心房。19世纪中叶，日本发生了历史上重大的明治革命。美国的船只到达日本，打开了日本封闭的大门，迫使日本开放贸易。经济贸易的变化带来了一系列的变革，比如政治的变革、教育体系的改革。这次在日本的全面革命就是明治维新。随着明治维新的不断深入，越来越多的人口涌向了城市，东京每年增加4~6万人。大量人口的涌入，使城市不堪重负，也出现了很多矛盾。日本作家德富健次郎的作品中曾描写过一个年轻人进入城市中的后悔之情："无论如何，男人必须活着，必须为生存而斗争。他们必须成名，必须赚钱，必须进行殊死斗争。城镇与乡村之间的鸿沟如此巨大，一旦人尝到城市的大米，就无法在乡村定居。因此，他在城市不停地辛勤劳作，瘦弱，浪费精力，几乎流露出扒手的眼神，像一具行尸走肉一样。"其他作家，如岛崎藤村和国木田独步也经历了搬迁，因此感同身受。他们也开始描写关于对自然的新认识和新态度。

当然，岛崎藤村的自然观离不开明治维新的影响，随着维新运动的变革，欧美的浪漫主义和自然主义运动影响了日本文坛，岛崎便是受其影响的作家之一。岛崎试图通过文学作品"准确再现事物的本来面貌"，他相信人与自然之间的深刻联系。被誉为"日本第一部现代小说"的《破戒》便体现了岛崎的这种信仰。小说中，濑川丑松是一个部落民，为尊重父亲遗愿隐瞒身份；另一个部落民炼太郎以自己的身份为耻，强烈反对压迫部落民。小说虽然主要关注的是日本的等级制度，但通过炼太郎的影响教会了丑松如何"观看"风景。据炼太郎说，有段时间他对这种山景无动于衷。信州的风景无疑构成了一副"全景图"，但它在自然描绘的许多图画中连绵起伏，却只给人一种凌乱之感。这是炼太郎早期的感受。但奇怪的是，在此次旅行中他的思想发生了翻天覆地的变化，他真的看到了长着生气勃勃的眼睛的山脉，看到了明暗交错的云层或飘过时流露着激情的云层。他开始以一种新的方式理解这句话："自然在平原上休息，在山中运动。"因此，有人称《破戒》开启了日本自然主义的先河。

（三）明治维新后——生态文学的活跃

明治维新后，日本的工业革命加速了日本的经济发展，但也加剧了环境的恶化。1907年，日本发生了足尾铜矿事件。当时，政府为了开采足尾铜矿，破坏了栃木的乡村地区，最后整个村庄被夷为平地。随后，出现了几部讲述此事件的作品，但似乎对日本民众没有太多触动。直到水俣病事件，自然保护运动深入人心，随即几部相关作品相继出版。1908年，日本发生了水俣病事件，智索株式会社在水俣湾建立工厂生产化肥所需的碳化物，生产过程中排出的工业废水没有经过任何净化程序就直接被排入水俣湾。此事件可以说对日本民众的触动极大，当时杰出的自然作家石牟礼道子在《苦海净土——我们的水俣病》一书中，将自己的成长经历与水俣病的发生、影响及当时社会的反响完完整整地记录了下来。此书也成为见证此事件的重要依据。《苦海净土》获得了两个重要的奖项，但是作者拒绝领奖，因为水俣病事件中受害的民众没有得到任何的赔偿。

随着此类公害环境的作品问世，日本人总体上开始更多地关注自然循环，自然保护运动也更深入人心。20世纪70年代初，日本政府举行了关于环境污染的专门会议，成立了环境厅，并通过了环境保护法案。

20世纪90年代，日本的文学期刊《对开》《新发现》《英语青年》等发表了自然写作方面的文章。同时，如野田研一的《空间感：美国自然写作文集》、伊藤诏子和结成正美合编的《另类美国：美国自然写作中的动物》等自然写作文集也陆续出版。此外，日本的很多协会、组织也极力推动日本的生态发展。

例如，1994 年，日本的文学与环境研究协会主办了几次极有影响力的国际年会，与会成员有 200 多人，包括英、法、德、日的文学爱好者、环境教育者和新闻工作者等。其学会期刊《文学与环境》每年刊行一期，主要刊登学会信息、期刊信息和会员的文章等。作为培养高素质人才的大学——庆应大学文学院的英、日、德、法等文学专业在 1999 年合编了《环境学开端》一书。该书跨学科的从生物学、经济学、政治学、社会学、伦理学等方面探讨了生态环境问题。它一经出版，在日本社会产生了巨大影响，让人们再一次从思想上重视环境问题。作为续篇，庆应大学又在 2001 年又推出了《自然与文学》一书。该书从文学角度讨论了自然环境问题，书中内容时间跨度较大，从中世纪到现代；文学领域涉及面也较广，有欧美文学也有中日文学。这两部书的出版，可以说是日本文学界关注生态问题的文学大家们呕心沥血的结晶。

进入 21 世纪，日本的文学与环境研究协会又举办了两次重要的国际会议。一次是 2003 年在冲绳的琉球大学举行的会议，与会成员有日、美和中国台湾的学者、研究者。会议从文学角度讨论了日本环境现状以及从都市、田园到原生态自然等诸多方面进行了深入探讨。另一次是 2007 年由日韩两国共同举办，在日本的金泽市召开的会议，与会人员共同讨论了环境文学的问题。此外，一批关于生态文学的作品，如结城正美的《水的记忆——生态批评初探》《生田省悟》、岩岗中正的《从浪漫主义到石牟礼道子》以及野田研一、结城正美的《环境文学论序说》等更深入、更全面地讲述了生态文学的一系列问题，提醒人们从思想上、从内心里重视生态问题，而且类似的作品每年都在以递增的速度面世。

五、生态文学的价值

（一）助推文学思潮的大发展

文学不再仅仅是人学，也是人与自然的关系学、人类的精神生态学；文学史也应该是人与自然的关系史。生态文学作为一种文学体裁，其发展和崛起不仅为文学世界的进步拓宽了新的思路、视角和研究范围，并在其他领域诸如政治、经济等领域起到了敲响警钟和催人觉醒的重要作用。纵观古今中外的文学作品，我们会惊喜地发现生态问题是人类自古以来都在关心和关注的。中国古代"天人合一""用物以度""和实生物""民胞物与"等思想，现在看来就是生态文学所提倡和赞扬的。所以，研究者们开始更深入、更彻底地挖掘古代作品，如陶渊明、李白、杜甫等人关于人与自然的作品被研究者发现了更多的现实价值。这种价值在那个时代是不曾被发现的，但对今天的人类来说具有启迪和引领作用。从这一方面来说，生态文学会让过去经典的作品赋予新的内涵，让那些不曾被关注的作品变为经典。如同我们今天回头来看日本的《万叶集》《古今和歌集》，"黄昏茅屋吹秋叶，门前稻田叶摇曳""山上山苔草，根深永不凋"……诸如此类的自然景象正是现代人类所期盼和向往的，也是人们努力的方向。

（二）引发政治领域的高关注

恩格斯曾说过，"我们不要过分陶醉于人类对自然界的胜利。对于每一次这样的胜利，自然界都对我们进行报复"。自然与人类本是统一的整体，因此人类需要改造自然，也需要依靠自然。

在日本，关注生态循环的日本人越来越多，之前关于足尾铜矿、水俣病的作品被重新印刷。文学思潮引发了政治界的高度重视，因此从 20 世纪中期开始，日本政府举行了关于环境污染的会议，关于 1971 年成立了环境厅，还通过了环境保护法，如《公害对策基本法》《大气污染防治法》《噪音规制法》《水质污染防治法》《海洋污染防治法》《恶臭防治法》和《自然环境保护法》等。中央政府在全国范围内制定环境质量标准以保证公众的生存环境。同时，地方政府也根据各地的实际情况细化标准，保证各项法律法规的贯彻和实施。

日本政府在制定各项法规的同时，还投入了更多的财政资金治理环境污染。一方面，日本政府向发展银行、中小企业提供贷款，设立环境控制公司，向公司提供技术和财政支持；另一方面，政府还积极减免各项税收。以汽车为例，日本政府鼓励购买环保车辆，对于购买这种车辆的民众在两三年内减免汽车使用税，对购买清洁能源车的单位或者个人给予适当的补助。环境的污染有相当一部分来自企业，随着民众对生态环境保护意识的提高，很多企业成为民众关注的焦点。各地企业为了竖立在民众心中的良好形象，采取了很多有效措施，如对产品回收利用、净化排出的工业废水等。与此同时，很多中小企业配备了专门的环境管理人员，指导本企业制订环境保护计划书。要真正解决环境污染问题，民众的积极配合和支持也是必不可少的，如每天将垃圾分类，使用环保用品，低碳出行等。总之，政府、企业和个人的相互支持、理解、配合，必将在社会领域形成良性的循环基础。

（三）倡导人们简单生活

简单的生活并不是要人们回到原始社会那样的环境中生活，而是拥抱一种更健康、更绿色环保的生活。美国生态学家亨利·大卫·梭罗就是简单生活的倡导者。梭罗不仅追求简朴的生活，在经济上也是追求简单的物质。但这里所说的简单生活并不是像梭罗一样隐居在大自然之中，而是呼吁人们尽可能将自己的生活简单化，与大自然多多交流，尽可能地提高精神层次的追求。

文学的作用不可能立竿见影。它需要一个人们对自然、对社会甚至对自己重新审视的过程。只有人们的认识提高了，保护环自然、爱护自然与自然共存、共进的意识才能变成一种自觉的行动。令人欣喜的是，人们的自觉行动已经逐渐地深入日常生活，如不使用一次性碗筷，不捕杀濒危稀有物种，将垃圾分类等行为随处可见。

新鲜的空气，清澈的水流，遍布大地的森林，干净的城市街道，拧开水笼头就能喝的自来水，可以放心享用的生鲜蔬果……是全世界人们所期盼和期待的。然而，全球一体化的今天，各国经济快速发展的同时，环境却受到了重大污染，自然环境的恶化给人们生活、工作、学习都带来了极大危害。为了停止人类对自然的破坏，也为了停止自然对人类的报复，各个国家、各个领域的有识之士纷纷行动起来，为人类和自然的健康有序发展而尽其所能。文学领域的大家们也从生态文学的角度出发，通过一系列鲜活的作品、铿锵有力的文字从思想上呼吁人们停止伤害自然、伤害人类社会的一切活动，还自然还人类以健康、和谐、有序的生态环境。文学领域的呼吁，引起了政治、经济等领域的重视，所以从这一方面来说，文学力量是不可小觑的。由此，我们看到了日本政府提倡召开清凉商务活动，颁布一系列关于保护环境的法律，加大环保科技的投入，建设生态工业园等诸多做法。这些做法取得了令人瞩目的成绩和效果，很多国家也纷纷借鉴了部分适合本国环境发展的措施和办法。共同生活在一个地球村的人类也意识到只有全世界的生态环境健康发展，整个人类社会才会不断前进。因此，我们看到了日本文学领域的大家们和其他国家的文学爱好者、生态环境的研究者们互相交流、沟通，为致力于整个人类的生态环境而努力。2010 年，我国著名的生态文学作家王诺率领厦门大学生态文学研究团队与早稻田大学团队进行了联合生态文化考察，为两国的合作添上了新的一笔。

人类、社会、自然是天然统一而不可分割的，任何一方失去平衡，整个生态环境都会畸形发展。人类依靠自然生存，自然需要人类社会的保护。因此，爱护自然、保护自然、合理的开发和利用自然才是人类的生存之道，也是人类应尽的责任和义务。现在，全世界的人们都在为了美丽健康的生态环境而努力，在未来的时间里，日本文学包括中国在内的全世界的文学大家们也会不断地推出更加鼓舞人心、更加催人奋进的生态文学作品。

参考文献：

[1] 王长新. 自然主义与日本自然主义文学 [J]. 日语学习与研究，1984

（04）．

　　［2］郑民钦．日本民族诗歌史［M］．北京：燕山出版社，2004．

　　［3］刘文良．和谐社会视域中的生态文学［J］．理论与现代化，2006（09）．

　　［4］王为群．刘青汉论生态文明的价值系统［J］．文艺争鸣，2007（09）．

　　［5］温越．生态文学的发展生态论析［J］．甘肃社会科学，2008（03）．

　　［6］李光贞．日本自然主义文学的形成及其特点研究［J］．山东外语教学，2009（01）．

　　［7］姜桂华．生态文学及其意义简论［J］．沈阳师范大学学报（社会科学版），2010（05）．

　　［8］石海毓．生态文学的现实价值［J］．山东外语教学，2012（02）．

　　［9］宿久高．日本生态文学研究略述［J］．外语研究，2012（04）．

　　［10］闫慧霞 高旭国．生态的称谓与界定［J］．广西社会科学，2012（12）．

　　［11］杨泽文．生态批评：颠覆“文学是人学”［J］．中国社会科学院报，2008（10）．

　　［12］刘青汉．生态文学［M］．北京：人民出版社，2012．

　　［13］王诺．欧美生态文学［M］．北京：北京大学出版社，2003．